CHILDCARE TEACHER HUMANITY

보육교사 인성론

김 선 김진선 곽은복 박연희 전혜숙 공저

수양재

머리말

보육교사 인성론은 영유아의 건강한 성장과 발달을 지원하는 보육교사의 직무를 이해하고, 영유아의 전인적인 발달을 돕기 위해 보육교사가 갖추어야 하는 인성과 자질을 살펴봄으로써 예비 보육교사가 올바른 보육철학을 확립할 수 있도록 하는 교과목이다. 또한 보육교사의 사명감과 책무성에 기초하여 꾸준한 자기개발 및 인성 함양의 중요성을 인식하고 전문인으로서의 미래비전을 갖도록 한다.

보육교사는 영아를 마치 자신의 아이처럼 애정을 지니고 돌보며, 항상 충분한 신체적인 접촉을 하며 보살펴 줄 수 있어야 한다. 교사는 새로운 환경에 대한 영아의 불안감을 해소해 주고 영아가 건강하게 적응하고 정서적으로 안정감을 가질 수 있도록 온화하고 따뜻한 태도로 대해야 한다. 영아와 친밀한 정서적 관계를 형성하도록 하며 영아의 행복을 추구해야 한다. 영아를 있는 그대로 받아들이고 정서적으로 지지하며, 영아의 감정을 수용해 줄 수 있어야 한다. 느긋하게 여유를 가지고 허용적으로 돌보아 줄 수 있어야 한다.

보육교사는 전문적인 자질을 지니고 올바른 인격을 지닌 교사의 무한한 노력으로 교사의 질이 높아지고 그에 따라 교육의 질이 높아지는 것이다. 그러한 교사는 교육으로서 유아들에게 자아의 개념을 잘 형성해 나갈 수 있도록 도와 줄 것이며, 유아들과 보육기관을 통해서 사회의 복지에 이바지하며 나아가 국가에도 공헌하게 될 것이다.

급속히 변하는 현대사회에 신축성 있게 적응하고 융통성 있게 대응하기 위해서 노력해야 하며 유아들의 꿈과 희망을 마음껏 펼칠 수 있도록 도와주어야 한다. 그리고 학생들로 하여금 바람직한 인생의 목표를 설정할 수 있도록 도와주어야 하며, 더욱이 소외되어 있거나 올바르지 못한 사고와 행동을 하는 유아들도 밝은 빛을 볼 수 있도록 잘 인도해 주어야 한다.

이 책은 총 5부 12개 장으로 구성되었다.

제1부는 보육교사의 출발로 보육교사의 기초와 보육교사의 특징을 다루었다. 제2부는 보육교사의 인성과 윤리로 보육교사의 인성과 보육교사의 윤리에 관하여 다루었다. 제3부는 보육교사의 역량으로 보육교사의 역할과 직무를 다루었으며, 제4부는 보육교사의 성장으로 보육교사의 자기개발, 영유아 이해 및 지도, 보육교사의 직무스트레스 관리, 보육교사와 조직환경, 보육교사의 전문성에 관하여 다루었다. 제5부는 보육공동체의 협력으로 보육교직원 간의 협력과 가정 및 지역사회와의 연계를 다루었다.

보육교사의 인성은 자라나는 영유아의 인성형성에 많은 영향을 준다. 미래의 보육교사들이 영유아기 아이들의 삶을 보다 내실 있고 행복한 시간들로 만드는 데 조금이나마 보탬이 되었으면 하는 마음을 이 책에 담고자 하였다.

끝으로 이 책이 나올 수 있도록 도와주신 출판사 대표님과 직원들에게 감사의 마음을 전한다.

2019년 4월

저자 일동

차 례

PART 01

보육교사의 출발

CHAPTER 01

보육교사의 기초

1. 보육의 개념

1) 보육의 개념

보육은 과거의 '탁아'라는 용어가 변화한 것으로, 개별적 또는 집단적으로 아동들을 '보호하고 교육'함으로써 건전하고 건강한 발달을 도모한다는 의미를 함축하고 있다. 보육 용어의 일반적인 사전적 의미는 영유아를 보살펴 기르고, 정상적인 발달을 목적으로 베푸는 교육이다. 보육(保育, Educare)의 어원적 의미는 보호(保護)의 보(保 : 지킨다)와 교육(敎育)의 육(育 : 기른다)을 접목한 합성어이다. 우리나라의 현행 유아 교육체계와 영유아 보육체제의 이원화에 근거한 것이다. 우리나라 영유아 보육 관련 제도 및 정책적 변화 속에서 보육개념의 역사적 변천을 이해할 수 있다.

미국 노동부 부녀국에서는 "부모의 고용, 질병 등의 다른 이유로 인하여 아동의 보호가 불가능한 낮 동안 보충적 보호, 관리와 좋은 그룹 보호를 제공하는 기본적인 것을 제공하는 것이 1차적 기능이다"라고 하였다. 이러한 개념은 보육을 교육적 의미보다는 단순하게 아동들의 보호와 양육의 의미로 정의하였다(Kadushin & Martin, 1988).

초기 보육은 단순 아동보호에 국한되었고, 우리나라에서도 같은 의미로서 탁아라는 용어가 사용되었으며, 탁아는 '아동을 위탁한다', '맡긴다'라는 의미로서 아동의 양육을 개별적인 사유로 인하여 어머니가 아닌 다른 대상에게 위임시키는 것이다. 즉, 보호자의 질병, 기타 사정으로 어머니가 자녀를 양육할 수 없는 경우 보호자의 위탁을 받아

아동을 보호하는 보충적 차원, 개별적인 차원으로 그 기능과 의미가 축소된다(최미현 외, 1996). 이러한 탁아라는 용어는 1991년 영유아보육법이 제정되면서 보육이란 용어로 바뀌게 되었고, 단순한 보호적 개념에서 보호와 교육을 함께 중요시하는 개념으로 바뀌게 되었다.

보육이란 아동들의 보호, 교육받을 권리와 어머니들의 일할 권리를 보장해 주기 위한 제도로서 아동이 속한 가정의 사회계층과 어머니의 취업 여부를 떠나 모든 아동들이 풍부한 인간관계 속에서 심리적으로 건강하게 자라나도록 지원해 주는 것이다. 또한 이를 위한 책임이 개인뿐만이 아니라 사회 · 국가적 책임이라는 차원에서 다루어지는 것을 의미하며 단순한 보호의 기능을 넘어 보다 유익한 교육적 경험을 제공하는 사회적 제도를 말한다고 할 수 있다(최미현 외, 1996).

영유아보육법(2014)에서는 영유아를 만 6세 미만의 취학 전 아동으로 정의하고 있으며, 보육의 개념을 다음과 같이 제시하고 있다.

> '보육'이란 영유아를 건강하고 안전하게 보호 · 양육하고 영유아의 발달특성에 맞는 교육을 제공하는 어린이집 및 가정양육 지원에 관한 사회복지서비스를 말한다.
>
> 「영유아보육법」(2014)

따라서 보육의 개념은 이제 부모의 역할을 보충하는 사회적 서비스로서 보육을 필요로 하는 모든 계층의 가정을 대상으로 하여 국가 및 지방자치단체, 부모 등 모두가 책임져야 할 사회복지서비스로서 위치를 갖게 되었다(한국보건사회연구원, 2000).

보육의 개념과 목적은 시대와 상황에 따라 다소 다르게 규정되어 왔는데 그 출발은 '아동을 위탁한다'는 의미의 '탁아' 개념에서 찾아볼 수 있다. 19세기 전후, 주로 저소득층을 중심으로 기혼여성들이 일터로 나가게 되면서 돌보아줄 사람 없이 방치된 상태에 놓이게 된 그 자녀들을 보호하기 위한 구빈적 차원에서 보육시설들이 자생적으로 생겨나게 된 것이다. 이때의 '탁아'는 아동이 본인의 가정에서 정상적 양육을 받기 어려운 경우, 하루 중 일정시간 동안만 타인에 의해 제공되는 돌봄을 뜻하였다. 돌봄이 낮 동안에 이루어졌기 때문에 'day care'로 표기되었고, 아동을 특정 시설이라는 장소에 '맡긴다'는 의미가 강했기 때문에 '탁아'로 표기되었다.

2) 보육의 특성

(1) 아동중심성

보육의 1차적 목표는 부모를 대신하여 위탁된 아동을 보호하고, 아동이 우리사회를 살아감에 있어 꼭 필요한 지식을 전수하여 그들이 우리사회 건강한 민주사회 시민으로 그 역할을 하는 데 있어 도움을 주는 것에 있다. 따라서 보육과정은 아동중심적 과정으로 설계된다.

(2) 아동의 전인적 발달에 도움

보육은 아동의 생존권, 성장발달권, 특별보호권, 교육권, 시민권, 양육보장권, 복지권을 동시다발적으로 실현하는 과정이라 할 수 있으며, 이는 아동의 전인적 발달에도 큰 도움을 주게 된다.

(3) 다양한 가족형태의 보완

다양한 가족형태를 보완하는 성격을 지니고 있다. 즉, 현대사회에서 한부모가족이나 조손가족, 다문화가족 등이 증가하고 있는데, 보육과정은 이러한 가족형태 변화로 인한 부정적 영향으로부터 아동을 보호하고, 발달적 결함을 보완하는 역할을 하게 되는 것이다.

(4) 사회화 기능의 대행

아동은 대인관계 기술 내지 일상생활습관을 교육받게 된다. 따라서 보육과정으로 아동은 사회화 기능을 효율적으로 습득할 수 있게 되며, 나아가 우리사회 공동체의 가치관 또한 습득할 수 있게 된다.

유엔아동권리협약이란 무엇일까?

나는 현재 인권기자이기도 하지만 인권기자단을 신청하기 전부터 대구 유니세프 대학생 봉사단에서 활동해오고 있다. 유니세프에서도 인권에 관련된 활동을 펼친다. 바로 아동인권이 그 사례가 되겠다.

유니세프를 간략히 소개하기 위해서 중요한 설립 정신을 말하자면, 유니세프의 설립 정신은 국적과 인종, 이념, 종교, 성별 등과 상관없이 도움을 필요로 하는 어린이가 있는 곳이면 어디든지 달려가 도움의 손길을 전하는 '차별 없는 구호'이다.

그렇다면 이러한 차별 없는 구호 정신을 펼칠 수 있게 하는 것에 대한 여러 법적인 형태의 보장은 어떠한 것이 있을까? 나는 활동을 시작하기 전에 이와 관련된 교육을 받았었는데 그 중에 교환학생 시절 학교 인권 수업에서 배웠던, 교수님이 강조하셨던, 유엔아동권리협약이 있었다. 그래서 요즘 아동인권이 문제시되고 있는 사회 상황에, 인권기자로서 내가 그나마 잘 알고 있는 기본적인 유엔아동권리협약에 대해 정리하고 소개하고 싶었다.

▲ 모든 어린이가 행복한 세상(자료출처: 유니세프한국위원회)

우선 유엔아동권리협약은 1989년 11월 20일 유엔총회에서 만장일치로 채택돼 현재 우리나라를 포함한 전 세계 196개국(2016년 현재)이 지키기로 했다. 유엔아동권리협약에는 이 세상 어린이라면 누구나 마땅히 누려야 할 생존, 보호, 발달, 참여의 권리가 담겨져 있다.

여기서 생존의 권리란 적절한 생활수준을 누릴 권리, 안전한 주거지에서 살아갈 권리, 충분한 영양을 섭취하고 기본적인 보건서비스를 받을 권리 등 기본적인 삶을 누리는 데 필요한 권리이다.

보호의 권리는 모든 형태의 학대와 방임, 차별, 폭력, 고문, 징집, 부당한 형사처벌, 과도한 노동, 약물과 성폭력 등 어린이에게 유해한 것으로부터 보호받을 권리이다.

발달의 권리는 잠재능력을 최대한 발휘하는 데 필요한 권리, 교육받을 권리, 여가를 즐길 권리, 문화생활을 하고 정보를 얻을 권리, 생각과 양심과 종교의 자유를 누릴 수 있는 권리 등을 말한다.

마지막으로 참여의 권리는 자신의 생활에 영향을 주는 일에 대해 의견을 말하고 존중받을 권리, 표현의 자유, 양심의 종교와 자유, 평화로운 방법으로 모임을 자유롭게 열 수 있는 권리, 사생활을 보호받을 권리, 유익한 정보를 얻을 권리 등을 말한다.

유엔아동권리협약은 전문과 54개 조항으로 구성되며 1조부터 40조까지 실제적인 아동권리 내용을 담고 있다. 1조부터 40조까지의 내용을 소개하기에는 내용이 너무 많을 것 같아 포털 사이트에 '아동권리협약'을 한번 검색해보고 읽어 보시는 것을 추천드린다.

아동권리협약과 더불어 추가적인 내용이 있다면, 협약 의무에 따라 가입국 정부는 가입 뒤 2년 안에 그 뒤 5년마다 어린이 인권 상황에 대한 국가보고서를 제출해야 한다는 점과 유엔아동권리위원회는 국가보고서를 심의하여 어린이 인권 보장의 장애요인을 분석하고 대안을 해당국 정부와 모색한다는 점이다.

또한 아동권리협약의 기본 원칙은 네 가지가 있는데, 첫 번째는 무차별의 원칙이다. 모든 어린이는 부모님이 어떤 사람이건, 어떤 인종이건, 어떤 종교를 믿건, 어떤 언어를 사용하건, 부자건 가난하건, 장애가 있건 없건, 모두 동등한 권리를 누려야 한다는 것이다. 두 번째는 아동 최선의 이익 원칙이다. 아동에게 영향을 미치는 모든 것을 결정할 때는 아동의 이익을 최우선으로 고려해야 한다는 것이다. 세 번째는 생존과 발달의 권리이다. 어린이는 특별히 생존과 발달을 위해 다양한 보호와 지원을 받아야 한다는 것이다. 네 번째는 어린이 의견 존중 원칙이다. 책임감 있는 어른이 되기 위해 어린이는 자신의 능력에 맞게 적절한 사회활동에 참여할 기회를 갖고, 자신의 생활에 영향을 주는 일에 대하여 의견을 말할 수 있어야 하며 그 의견을 존중받아야 한다는 것이다.

유엔아동권리협약에서 가장 중요한 것은 모든 권리들은 서로 연관되어 있으며 모두 똑같이 중요하다는 것이며 어린이가 누려야 할 모든 권리를 담은 협약인 동시에 각 나라에서 어린이 상황을 개선하는 기반이 된다는 점이다. 유엔 아동권리협약이 실제로 가정 내에서 조항들을 읊으며 적용하기는 힘들긴 하겠지만 모든 아동들에게 읽혀지고 부모와 아동과 관련된 모든 사람들이 알고 이해하게 된다면 아동 권리에 대해 좀 더 명확하고 쉽게 정의할 수 있는 계기가 될 수 있을 것 같다.

전 세계 많은 국가들이 지키려고 하는 기본적인 협약인 만큼 법 조항이라고 어렵게만 생각하지 않고 어린이와 (어린이의 시점으로 기술된 조항을 유니세프 홈페이지에서 찾아볼 수 있다) 관련된 모든 사람들이 관심을 가져주었으면 좋겠다.

출처: 유엔아동권리협약이란 무엇일까? 대구인권사무소.

3) 보육의 기능

표갑수(2000)는 보육의 기능을 사회사업적 측면에서의 예방적 기능, 보호기능, 교육적 기능, 가정의 지원 및 보상기능, 영유아의 욕구에 맞는 프로그램 개발의 기능, 가정의 지원 및 보상기능, 영유아의 욕구에 맞는 프로그램 개발의 기능, 지역사회의 효율적인 조직기능으로 들고 있다.

첫째, 보육은 산업화가 가져온 사회발전이나 경제개발의 역기능 현상으로 약해진 가족의 기능을 보충해주고 강화해주는 역할로써 보다 적극적이고 예방적인 기능을 한다. 보육은 영유아의 전인적 인격형성을 위하여 심신발달에 위험을 주는 경제적 · 사회적 · 심리적 · 기타 환경적인 장애로부터 영유아를 보호하고 영유아의 건전한 발달을 위하여 모든 가능한 시설과 기회를 제공한다.

둘째, 보육사업의 일차적 기능은 보호의 기능이다. 하루 일과 중 절반 정도에 해당하는 시간을 보호자가 영유아를 양육하기에 부적당한 경우(결손가정, 보호자의 노동, 질병, 인적 결함), 보호자가 영유아를 양육할 수 있으나 영유아가 결함이 있는 경우(영유아의 시민장애 등), 가정에 결함이 있는 경우와 거주지역의 환경이 영유아의 양육에 부적당한 경우 등에 보호한다. 이때 가정에서 제공되는 기본적인 안정감, 대리모로서의 위험물에서의 보호, 건강관리, 영양공급, 적당한 성장기회의 제공 등 보호, 감독, 자극 등이 성인과의 계속적인 관계에서 주어진다. 이는 대리모와 따뜻한 인간적인 관계에서 얻어지며 육체적인 보호뿐만 아니라 정서적 · 사회적 발달에 중추적인 역할을 하게 된다.

셋째, 보육의 교육적 기능으로, 오늘날의 보육은 초기의 보호적 차원에서 벗어나 영유아의 전인적 발달을 위하여 교육의 기능이 점점 더 강조되고 있다. 따라서 영유아의 신체적 발달은 물론, 인지적 · 사회적 · 정서적 발달을 위하여 교육프로그램을 포함시키고 있다. 종래의 보육시설은 교육적인 계획 없이 가정에서 보호하기 어려운 영유아를 보호자의 위탁을 받아 단순히 보호하는 것에 그쳤으나, 요즘은 영유아의 복지 이념에 따라 의도적이며 조직적으로 발달에 필요한 경험이나 활동을 계획하고 영유아의 지적 · 정서적 · 발달을 촉진시키는 교육적 기능으로 변화하고 있다.

넷째, 가정의 지원 및 보상기능으로 보육사업은 영유아가 원해서라기보다는 부모의 필요에 의해서 대리인으로서의 역할이 요구되는 서비스로 가능한 한 어머니가 자신이 원래의 기능을 회복함으로써 영유아에게 최선의 보호가 가정에서 이루어질 수 있도록 영유아 복지적 측면에서도 도움이 동원되어야 한다. 즉, 상담(가족과 부모 · 자녀관계가 긴장 상태일 때 등)과 지역사회의 자원을 동원하여 공급함으로써 그 기능을 할 수 있다.

다섯째, 영유아의 욕구에 맞는, 프로그램 개발의 기능으로 지역사회의 복지 향상은 모든 주민들의 자발적인 참여와 협동성을 전제로 경제적, 사회적 발전을 추구하는 데 있다. 보육사업은 영유아를 매개로 하여 협동 · 단결하는 장으로서 그 역할을 다하며 이를 기초로 지역주민의 소득 수준을 향상시키는 것은 물론 사회개발을 촉진하여 사회연대성의 개발, 사회적 목표의 개발, 산업육성의 개발을 증대시키는 기능을 가질 수 있다. 이러한 점에서 보육사업은 지역사회조직의 효율적인 조직화로 지역사회주민과 밀착이 되어 그 지역을 소단위로 단결시키는 매개 역할을 한다.

여러 학자들의 연구를 종합해 볼 때 오늘날 보육의 기본적인 기능은 사회현상의 하나로써 가족구조의 변화에 따라 약해지고 있는 가정에서의 부모의 역할을 보충해주고, 여러 이유로 낮 동안 다른 사람들에 의해 보호를 받아야 하는 영유아에게 주어지는 사회적 서비스라고 할 수 있다.

2. 보육교사의 이해

1) 보육교사의 의미

보육교사는 보건복지부 장관이 수여하는 보육교사 국가 자격증(보육교사 1급, 2급, 3급)을 보유한 자로 영유아의 건강관리, 보육과정 운영 등의 업무와 보호자와의 상담, 그 밖의 어린이집 관리 업무를 수행한다.

보육교사의 역할은 보호와 양육, 보육과정의 계획과 실행, 평가와 안내, 학부모 상담과 정서적 지원, 발달의 촉진, 훈육, 프로그램 연구 및 반성적 실천이다(이기숙 외, 2015).

보육대상에 따라 영아반 보육교사는 발달적 특성을 이해한 기질 존중, 신뢰감 형성, 일상생활을 활용한 놀이환경 제공 등으로 개인차에 따른 민감한 반응이 강조된다. 유아반 교사는 보육과정의 계획과 실행, 학습환경 조성으로 흥미 있는 지도와 평가, 관찰에 의한 부모와의 협력 및 문제행동 지도, 원활한 의사소통의 역할을 하게 된다(박복매, 2011).

이러한 역할을 수행하기 위해서는 명확한 보육철학과 교육목표, 교육신념이 매우 중요하다(주봉관, 2008). 현대사회의 변화에 따른 자녀양육에 대한 시각의 변화는 보육교사가 영유아와 그들의 가족에 대한 요구를 반영하여 보육서비스를 제공해야 하기 때문이다(이나영, 2015).

2) 보육교사의 철학

(1) 보육교사는 영아를 사랑하는 따뜻한 마음

보육교사는 영아를 마치 자신의 아이처럼 애정을 지니고 돌보며, 항상 충분한 신체적인 접촉을 하며 보살펴 줄 수 있어야 한다. 교사는 새로운 환경에 대한 영아의 불안감을 해소해 주고 영아가 건강하게 적응하고 정서적으로 안정감을 가질 수 있도록 온화하고 따뜻한 태도로 대해야 한다. 영아와 친밀한 정서적 관계를 형성하도록 하며 영아의 행복을 추구해야 한다. 영아를 있는 그대로 받아들이고 정서적으로 지지하며, 영아의 감정을 수용해 줄 수 있어야 한다. 느긋하게 여유를 가지고 허용적으로 돌보아 줄 수 있어야 한다.

(2) 보육교사는 신체적으로나 정신적 건강

영아는 하루일과에서 성인이 도와주고 배려해야 할 부분이 많으므로 교사 자신의 신체적, 심리적 상태는 영아에게 큰 영향을 미친다. 하루종일 영아를 돌보는 것은 많은 희생과 봉사를 요구하며, 신체적으로나 정신적으로 많은 정력이 소모되는 일이다. 신체적으로 건강한 교사는 영아들의 요구에 민감하게 반응하고 그들에게 풍부한 기회를 마련해 주는 가운데 기쁨을 느낀다. 정신적으로 안정된 교사는 영아와 다른 사람들을 편안하게 해 줄 수 있다.

교사가 신체적 · 정신적으로 건강하지 못하면 교사로서의 책임과 의무를 다하지 못할 뿐만 아니라 영아에게도 바람직한 영향을 줄 수 없다. 신체적으로 건강해야 정신적으로 건강하며, 명랑하고, 인내심을 지닌 건강한 교사로서의 자질을 갖출 수 있다. 또한 교사는 건강할 때 열성적이며 부지런할 수 있으며 이런 자세는 영아에게 바람직한 영향을 미친다.

포항시 보육교사 정신건강증진교육 "나를 위한 힐링 타임"실시

포항시 남구보건소는 23일 관내 어린이집 보육교사 100여명을 대상으로 보육교사 정신건강증진교육 『나를 위한 힐링타임』을 실시했다.

보육교사 대상 직무 스트레스 교육은 작년에 이미 두 차례 진행됐고, 참여한 보육교사들의 큰 호응으로 올해도 진행하게 됐다.

이날 교육은 정숙희(한동대학교 상담심리 사회복지학부)교수의 강의로 진행됐고, 교육에 앞서 스트레스 및 우울증 자가 검진을 실시해 자신의 정신건강상태를 점검했으며, 업무에 따른 보육교사들의 고충에 대해 공유하고 업무환경에 따른 스트레스와 해결방법, 나의 감정 인식 및 부정적인 감정 다루기 등 구성되어 큰 호응을 이끌어 냈다.

▲ 사진설명=포항시 보육교사 정신건강증진교육"나를 위한 힐링 타임"실시

포항시 남구 보건소는 보육교사들의 효율적인 스트레스 관리로 심리적, 정서적 안정을 제공하여 영유아들의 정신건강증진을 도모하기 위하여 이번에 실시한 직무스트레스 교육뿐만 아니라 보육교사 정신건강 고위험군을 선별하고, 심리지원 서비스를 제공할 수 있도록 사업을 확대해 나갈 예정이다.

남구보건소 고원수 과장은 "이번 교육이 어린이집에 근무하는 보육교사들의 직무스트레스를 해소하여 건전한 영유아 보육에 기여할 수 있도록 하는데 도움이 될 것으로 기대한다."고 말했다.

출처: 포항시 보육교사 정신건강증진교육 "나를 위한 힐링 타임"실시.

(3) 보육교사는 더불어 살아갈 수 있는 원만한 인격

보육교사는 우선 자신에 대한 신뢰와 긍정적인 자아개념을 지니고 영아들의 부모들과 좋은 관계를 지니고 이야기를 나누며, 함께 일하는 원장, 동료직원 등과 협력하며, 또한 많은 자원봉사자들과도 잘 지낼 수 있어야 한다.

교사는 부모와 의사소통을 원활하게 하여 항상 영아에 관해 의논하고 상담하며 이들이 보육활동에 참여하고 협조하도록 유도하는 능력이 필요하다. 또한 영아 보육활동에 관계되는 전문가와 여러 지역사회의 인사와의 교류를 활발히 하도록 하며 항상 지역사회와 더불어 일할 수 있는 능력을 길러 공동육아를 실현하도록 노력해야 한다. 교사는 여럿이 함께 협동하고 봉사함으로써 보육의 발전을 위해 애써야 한다. 이상과 같이 보육교사는 영아를 돌보는 사회 내의 모든 지원체계와 함께 힘을 합쳐서 일할 수 있는 원만한 인격을 지녀야 한다.

(4) 보육교사는 우리사회와 보육 현실을 바르게 직시

우리사회에서의 보육이 가지는 의미라든가 사회가 지닌 빈곤 아동에 관한 문제라든가, 혹은 남녀평등의 문제, 전통의 계승 발전의 문제, 환경보존 등에 대한 올바른 이해와 이에 대한 바람직한 변화를 시도하는 능력을 지녀야 한다. 또한 오늘날의 여러 당면 문제들을 기초로 미래에 대한 전망을 가져야 할 것이다. 특히 앞으로 영아들이 살아갈 변화가 빠르고 국제화된 미래사회의 모습을 예견하고 미래가 요구하는 어린이상 배출을 위하여 교사는 폭넓게 사고하고 가능한 한 많은 독서와 여러 가지 방법 등을 동원하여 노력하여야 할 것이다

(5) 보육교사는 영유아 개개인이 귀중한 가치를 지닌 존재

영아는 개성을 가진 개별적인 존재로, 즉 고유한 가치와 권리를 지닌 인간으로 존중해야 한다. 이는 곧 영아의 무한한 잠재 가능성을 믿는 태도를 포함한다. 따라서 교사는 영아의 생각, 느낌, 반응 등을 이해하고 수용해 줌으로써 영아가 긍정적인 사고방식과 자아존중감을 기르도록 해주며, 나아가 영아의 잠재능력의 개발을 위해 노력해야 할 것이다.

(6) 보육교사는 자기 발전을 위해 항상 자신의 분야에 대해 연구

보육교사는 모든 문제에 대해 개방적으로 사고하고 새로운 지식, 아이디어, 교수 기술을 개발하기 위해 계속 노력해야 한다. 영아발달이나 보육에 대해서는 전문적이 되고자 노력해야 하며 전문적인 성장을 위해 계속적으로 노력하여야 한다. 교사는 장기간의 교사교육은 물론 현장에서의 계속적인 재교육을 받음으로써 전문적인 기술을 익히고 나아가 교사로서의 전문적 위치를 확고히 하여야 한다. 교사는 보육이론을 탐구하고 실제적인 내용을 알아야 한다. 지식과 경험을 끊임없이 넓히면서 자기 수양을 게을리하지 않으며 가장 능률적이고 효과적인 보육방법을 모색하는 태도는 열성적인 교사가 보이는 특성이다.

3) 보육교사의 중요성

인간의 전 생애에서 영유아기는 모든 발달 영역에서 첫걸음을 내딛는 시기이자 인생을 살아가는 데 있어 매우 중요한 시기이다. 영유아기의 발달은 장래의 성장과 건전한 생각과 건강한 육체를 가지기 위해 절대로 필요한 것이다. 영유아의 건강을 도모하기 위해서는 신체적 · 정신적 측면에서 발달하여 건강을 유지하는 것이 중요하다.

교육은 밝은 미래를 만들어 내기 위한 인간 노력의 숭고한 모습이며 그 주인공들은 아동과 더불어 바로 교사 자신이다. 영유아기에 교사는 미성숙한 아동들의 주체적이고도 인격적인 자아실현을 도모하고 바람직한 인간 성장을 도모함으로써 나아가 인류의 보편적인 복지를 모색하는 역할을 하며 영유아기 발달의 질을 좌우하는 가장 대표적인 요인인 동시에 영유아기 발달의 방향과 성과를 결정하는 가장 핵심적인 요인이라고 볼 수 있다.

이를 위해 교사는 먼저 자신이 정신적이고 창조적인 능력을 갖춘 사람이 되어 미성숙한 영유아들의 정신생활과 인간적인 성장을 조장해야 하며 영유아 교사는 유아들에게 기본적인 생활습관을 길러 주어야 하고, 사회성의 기초를 다져주어야 하며, 신체적인 안전까지 책임져 주어야 한다.

영유아기에 교사는 유아가 능동적으로 활동하고 문제를 해결할 수 있도록 돕고 유아를 보살피고 양육하며 유아가 활동하며 배울 수 있는 환경을 구성한다. 그리고 유아를 교육하기 위해 활동을 계획, 조직, 수행, 평가한다.

영유아기에 교사의 역할은 아동의 최적의 발달에 가장 중요한 요소인 동시에 그 수행이 매우 어렵고 힘들다는 점에서, 영유아기에 교사의 역할에 대한 정확한 이해가 중요하다. 영유아기에 교사의 역할을 정리해 보면 다음과 같다.

첫째, 효율적인 의사결정을 하고 문제를 해결하는 역할을 한다. 영유아기에 교사의 일상은 의사결정의 연속이라고 해도 과언이 아니다. 영유아기에 교사는 어린이집에서 수시로 발생하는 각종 다툼과 문제를 신체적 위해의 가능성이 있는 경우를 제외하고는, 간접적으로 개입하여 해결하는 역할을 수행한다. 영유아기에 교사는 일상생활 속에서 영유아를 지지해주고 자율감을 길러주며, 영유아가 또래와의 문제를 다룰 수 있도록 도와주며, 영유아가 자신의 갈등을 해결하도록 격려하는 것 사이에서 균형을 유지하도록 판단해서 문제해결자로서의 역할수행에 신중을 기해야 한다.

의사결정을 하고 문제를 해결하기 위해 영유아기에 교사는 다양한 상황을 효과적으로 측정하고 이에 반응하는 판단능력을 발달시켜야 한다. 판단능력은 교실에서의 경험, 선배교사의 지도를 관찰하는 것, 부가적인 지식과 통찰을 획득하는 것, 교실에 있는 유아를 개별성을 가진 존재로 인식하는 것 등을 통해 발달될 수 있다. 효율적인 의사결정자와 문제해결자가 되기 위해서는 개별 영유아의 욕구와 흥미, 공포와 좌절을 제대로 이해하고 아동의 관심과 문제를 명확히 파악하는 능력이 필요하다.

둘째, 양육적인 상호작용을 하고 기본적인 생리적 욕구를 충족시켜주는 역할을 한다. 영유아기 교사는 양육적인 상호작용을 함으로써 아동의 신체발달과 심리적 발달에 긍정적인 효과를 제공한다. 영유아기 교사가 양육자로서의 역할을 잘 수행할 때, 아동은 어린이집에서 정서적으로 안정감을 느끼고 타인과 애정적인 관계를 맺을 수 있는 능력을 발달시킬 뿐만 아니라 높은 자아존중감을 발달시킨다. 놀이, 보육, 교수 활동에서의 신체접촉은 신체적 성장과 정서적 건강, 교사와의 애착에 있어서 중요한 역할을 하며 긍정적인 신체상, 자아개념 등 정서적, 인지적 발달에 공헌한다.

아동의 일상생활이 거의 대부분 보육시설에서 이루어지기 때문에, 아동은 교사로부터 부모와 같은 편안함과 신뢰감을 필요로 한다. 이를 위해 영아를 담당하는 교사는 영아들과 개별적인 관계를 맺어 개별적인 보육을 할 필요가 있다. 예를 들어, 영아의 경우에는 수유를 해주거나, 기저귀를 갈아주고, 목욕을 시켜주는 등 생리적 욕구 충족을 위한 요구가 많고 교사는 이에 민감하게 반응해야 하므로, 처음부터 개별 교사가 각자 책임지는 영아를 정해주는 것이 좋다.

셋째, 훈육자의 역할이다. 어린이집에서의 생활은 여러 명의 또래와 어울려 생활하는 과정을 통해 집에서의 경험과는 사뭇 다른 여러 가지 문제상황에 종종 처한다. 요즘과 같은 핵가족시대를 살아가는 아동에게 어린이집의 집단적 양육환경은 상당한 스트레스를 안겨 줄 수도 있다. 부모와 주변 가족의 관심을 독차지하고 살아오던 아이에게는 자신에게만 관심을 집중해주지 않는 교사의 태도가 야속하고 이해되지 않을 수도 있는 것이다. 그러나 이와 반대로 교사가 오히려 어린이집의 집단적 양육환경을 잘 활용할 경우, 요즘 아이들의 문제점으로 흔히 지적되는 사회성 결여라든가 남에 대한 배려의 부족 등 제반 문제점을 해결하는데 긍정적인 효과를 얻을 수도 있다. 이러한 효과를 이끌어 내기 위해서는 결국 훈육자로서의 보육교사의 역할수행이 중요하다.

넷째, 끊임없이 아동과 언어적, 비언어적으로 상호작용자의 역할을 한다. 교사의 관심과 도움을 필요로 하는 영유아에게 언어적 상호작용과 비언어적 상호작용을 통해 교사는 아동에게 애정과 관심을 표현한다. 또한 영유아기 교사는 영유아의 의견을 경청하고 적절한 반응과 대답을 해주며, 영유아의 요구에 민감하게 반응함으로써 영유아의 발달을 촉진하며, 이는 결과적으로 보육의 질 향상에 기여한다. 합리적이면서 솔직하게 표현하도록 도와주기 위해 아동이 긍정적인 자존감을 가지고 또래들과 상호작용하고 적절히 행동하도록 격려하고 감독해야 한다. 훈육자로서의 보육교사는 아동의 잘못된 행동에 대한 처벌을 지향하지 않는다. 대신 훈육의 목적은 아동으로 하여금 다른 아이들과 어울려 잘 지내도록 이끌어 주는 동시에 자신의 감정이나 욕구를 무조건 억누르는 것이 아니라 합리적이면서 솔직하게 표현하도록 도와주는 것이라고 볼 수 있다.

영유아를 훈육하기 위해 생활하는 도중에 어느 순간 발생하는 영유아와 교사 간의 상호작용을 통해 비형식적으로 훈육이 이루어지고 영유아는 이를 통해 사회생활에 적합한 태도와 가치관, 사회규범 등을 내면화해야 한다. 이를 위해 영유아기 교사는 일상생활을 함에 있어 일정한 기준과 일관성 있는 훈육태도를 아동에게 보여주어야 하며, 아동에게 기대되는 행동이라든지 태도에 있어서도 일관성있는 기준을 제시해 주어야 한다. 교사가 상황에 따라서, 또는 아동에 따라 각기 다른 규칙이나 기준을 적용해서 훈육을 할 경우, 아동의 가치관이나 태도형성에 혼란이 야기될 수 있다.

다섯째, 적절한 환경을 구성하고 안전하게 관리하는 역할을 한다. 영유아기 교사는 아동의 안전과 위생을 고려해서 물리적 환경을 조성해야 할 역할 책임이 있다. 그리고 아이들의 동선이나 주로 하는 활동의 종류, 보육실의 크기 등을 종합적으로 검토하여 아동이 활동하기에 적합할 뿐만 아니라 보육교사가 감독하기에도 편리한지 고려한다. 안전사고가 발생하지 않도록 시설물이 안전하게 설치되어 있는지, 교실이나 운동장에 부서진 장난감이나 부서진 곳은 없는지 살펴보아야 하며, 실내의 청결과 환기, 조명, 보온 등에도 신경을 써서 영유아의 건강을 고려해야 한다.

그리고 영유아기 교사는 영유아가 자신에게 적합한 활동이나 장난감을 선택할 수 있도록 환경을 조성해 줌으로써 발달을 촉진시키는 자극을 제공해 준다. 날씨의 변화라든가 영유아가 보이는 흥미의 변화, 이외에 예외적인 상황이 발생하더라도 순발력 있게 대안적인 활동이 가능하도록 교사는 융통성 있게 환경을 조성해야 한다.

여섯째, 아동의 요구를 잘 파악하여 적절한 돌봄과 훈육을 제공하기 위해 평가자로서의 역할을 한다. 평가는 영유아 보육프로그램을 실시하는데 있어 기초적이면서도 필수적인 과정이다. 자신이 담당하고 있는 영유아에게 가능한 한 최상의 환경과 자원을 제공할 책임이 있는 보육교사가 실제로 좋은 환경을 제공하고 올바른 보육을 하기 위해서는 영유아발달에 대한 정확한 지식과 이해 없이는 불가능한데, 이는 영유아의 일상적인 행동이나 반응, 발달상황 등을 관찰, 평가함으로써 가능하다. 특히 영유아기 교사는 각 아동의 특별한 요구와 특성을 평가하고 계획하기 위해 자신이 보육하는 아동의 변화된 발달상태 및 욕구 등을 주기적으로 관찰하고 평가함으로써 보육계획의 구성과 실시에 참고한다.

그리고 평가자로서의 영유아기 교사는 아동에 대한 평가 이외에 보육프로그램에 대한 평가도 실시해야 하며, 교사 자신의 직무수행에 대한 자체평가도 아울러 병행하여야 한다.

영유아 교사는 모든 아동들에게 균등한 양질의 보육을 제공하기 위해서는 교사의 자질이 중요하다. 교사의 자질은 교사가 가지고 있는 본래의 자질이나 인성, 또는 보육교사의 학력, 전공, 자격증, 또는 보육교사가 종사하고 있는 보육시설의 종류 등 요인이 보육교사의 자질향상에 영향력을 준다는 것이다. 따라서 교사의 자질 향상을 위해서는 교사의 개별적 사항뿐 아니라 정부에서 이루어지는 정책적 지원, 그리고 보육기관에서의 교사에 대한 대우 및 관리가 총체적으로 이루어져야 할 것이다. 그리고 영유아의 참다운 이해가 필수적이며 영유아를 관찰하는 예리함과 감정적 중립을 지켜야 할 것이다.

3. 보육교사의 권리와 의무

유아교사는 6세 미만 아동의 교육 및 보육을 제공하는 기관에 근무하는 교사를 의미하며, 우리나라에서는 유치원교사와 보육교사로 구분할 수 있다. 유아교사의 법적 근거 및 자격을 비교하면 〈표 1-1〉과 같다.

〈표 1-1〉 유아교사의 법적 근거 및 자격 비교

구 분	유치원교사	보육교사
근거법	「유아교육법」	「영유아보육법」
소관부처	교육부	보건복지부
자격취득 최소학력	전문대학 졸업(이상)	고등학교 졸업(이상)
자격구분	정교사(1급, 2급), 준교사, 수석교사	보육교사(1급, 2급, 3급)

유치원교사와 보육교사의 법적 명칭을 살펴보면, 유치원교사는 '교원으로서 교사'를 의미하는 반면 보육교사는 어린이집에 근무하는 '보육교직원'으로 분류된다. 또한 유치원은 교육이 이루어지는 학교이며, 교사는 유치원에 등원하는 유아를 교육하는 자를 의미하고(유아교육법 제21조 제4항), 보육교사는 「영유아보육법」에 근거해 어린이집에 근무하면서 영유아를 보육하는 자로서 사회복지서비스를 제공하는 신분으로 영유아를 건강하고 안전하게 보호·양육하고 영유아의 발달특성에 맞는 교육을 제공하는 자를 의미한다(영유아보육법 제2조 제2호).

보육교사는 교사라는 명칭을 사용하고 있지만 유치원교사와는 법적 근거와 자격요건 등에서 상당한 차이를 보인다. 「영유아보육법」 제17조와 제21조에 따르면 보육교사는 보육교직원에 포함되는 구성원으로 그 자격은 보육교사 1·2·3급으로 등급이 구분된다. 보육교사 1급은 보육교사 2급 자격을 취득한 후 3년 이상의 보육업무 경력이 있는 사람으로서 보건복지부장관이 정하는 승급교육을 받은 자, 보육교사 2급 자격을 취득한 후 보육 관련 대학원에서 석사학위 이상을 취득하고 1년 이상의 보육업무 경력이 있는 사람으로서 보건복지부장관이 정하는 승급교육을 받은 자에게 자격이 부여된다. 보육교사 2급은 전문대학 또는 이와 같은 수준 이상의 학교에서 보건복지부령으로 정하는 보육 관련 교과목 및 학점을 이수하고 졸업한 자, 보육교사 3급 자격을 취득한 후 2년 이상의 보육업무 경력이 있는 사람으로서 보건복지부장관이 정하는 승급교육을 받은 사람을 의미한다. 보육교사 3급은 고등학교 또는 이와 같은 수준 이상의 학교를 졸업한 사람으로서 보건복지부령으로 정하는 교육훈련시설에서 정해진 교육과정을 수료한 사람을 의미한다.

이상과 같은 법적 근거를 가지고 있는 보육교사는 교사로서의 권리와 의무를 지니게 된다. 보육교사의 권리(權利, Right)는 교사가 직무를 수행하는 데 있어 전문직으로서 원만히 행하거나 요구할 수 있도록 법이 인정하는 힘을 말하며, 보육교사의 의무(義務, Duty)는 교사로서 요구되는 당위나 규범뿐만 아니라 법적인 의무를 포괄하는 의미로 사용되는 개념이다. 보육교사는 유치원교사에 비해 법적 지위는 낮으면서, 더 많은 의무와 책무가 부가되어 높은 수준을 요구하면서 법적으로 취약한 지위에 놓여 있는 실정이다(김광병 · 김기화, 2015). 보육교사의 권리와 의무를 구체적으로 살펴보면 다음과 같다.

1) 보육교사의 권리

교사의 권리는 교육을 위한 권리뿐만 아니라 교사로서의 신분보장과 사회적 · 경제적 지위에 관한 권리, 더 나아가 국민의 기본권으로까지 확장된 개념으로 볼 수 있다. 따라서 보육교사의 권리는 교원이 전문적으로 영유아의 보육 및 교육의 직무를 원만히 수행할 수 있도록 법이 인정하는 힘으로 해석할 수 있으며, 이 권리에서는 교육할 권리, 신분 및 재산상의 권리, 노동에 대한 권리로 구분할 수 있다(송순옥, 2016).

(1) 교육할 권리

교사의 교육권은 학생 또는 영유아의 학습권을 보장하기 위한 직무상의 본질적인 권리로 이해할 수 있다. 구체적으로 교육권이란 “모든 국민은 능력에 따라 균등하게 교육을 받을 권리를 가진다”라는 「대한민국 헌법」 제31조 제1항인 국민의 교육기본권을 실현하기 위해 교육관련 당사자가 가지는 개별 · 구체적 권리 또는 권한 중 교원이 가지는 권리이다(황보영란, 2011). 또한 「대한민국 헌법」 제31조 제4항에 따르면 ‘교육의 자주성 · 전문성 · 정치적 중립성 및 대학의 자율성은 법률이 정하는 바에 의하여 보장된다’라고 규정하고 있다(표 1-2 참조).

〈표 1-2〉 대한민국 헌법 31조

① 모든 국민은 능력에 따라 균등하게 교육을 받을 권리를 가진다.
② 모든 국민은 그 보호하는 자녀에게 적어도 초등교육과 법률이 정하는 교육을 받게 할 의무를 진다.
③ 의무교육은 무상으로 한다.
④ 교육의 자주성 · 전문성 · 정치적 중립성 및 대학의 자율성은 법률이 정하는 바에 의하여 보장된다.

⑤ 국가는 평생교육을 진흥하여야 한다.
⑥ 학교교육 및 평생교육을 포함한 교육제도와 그 운영, 교육재정 및 교원의 지위에 관한 기본적인 사항은 법률로 정한다.

이처럼 교육할 권리는 교원이 학생을 교육하는 데 있어서 교육내용과 방법, 생활지도 등에 대하여 법이 자격을 부여하여 인정하는 힘이라고 할 수 있다. 하지만 교육권의 세부내용에 대해서는 학자마다 다소 상이한 주장을 하고 있으며, 최양미(2015)는 보육교사의 교육할 권리의 세부내용으로 보육과정 편성 및 운영권, 보육내용 및 방법결정권, 영유아지도권, 영유아평가권으로 구분하고 있다(표 1-3 참조).

〈표 1-3〉 보육교사의 교육할 권리

구분	내용
보육과정 편성 및 운영권	학습계획을 통해 어린이집 내부의 방침을 구체화하는 권리
보육내용 및 방법결정권	보육교사가 전문성을 기반으로 교육내용과 교육방법을 결정할 권리
영유아지도권	보육교사의 자율적 판단에 따라 영유아를 생활지도 할 권리
영유아평가권	보육교사가 영유아의 성장과 발달을 평가하는 데 유용하다고 생각되는 평가기술을 자유롭게 활용할 수 있는 권리(영유아 개개인에게 불공평한 결과가 미치지 않도록 행사되어야 하는 것이 무엇보다 중요)

(2) 신분 및 재산상의 권리

교사의 신분 및 재산상의 권리는 교원의 사회·경제적 권리를 의미하며, 법률이나 타의 규정에 의하지 않고는 교사가 신분상의 불이익을 받지 아니하는 권리라고 할 수 있다(김길숙 외, 2015). 일반적으로 신분상의 권리에는 신분보장권과 소송제기권 등이 있고, 재산상의 권리에는 생활보장권, 복지 및 후생 요구권 등이 포함된다. 구체적으로 보육교사의 신분 및 재산상의 권리에는 신분보유권, 쟁소제기권, 사회적 우대권, 보수청구권, 연금청구권, 실비변상 청구권, 성과급 청구권(초과근무 수당 등) 등이 포함될 수 있으며, 구체적인 내용은 〈표 1-4〉와 같다.

〈표 1-4〉 보육교사의 신분 및 재산상의 권리

구분	내용
신분보유권	학부모나 일반인이 보육교사를 어떻게 인정하는지에 관한 권리로 보육교사에 대한 외부로부터의 평가를 의미함
쟁소제기권	보육교사의 신분보장이 침해된 경우 구제받을 수 있는 권리를 의미하고, 유치원교사보다 규정이 다소 미흡하며, 「영유아보육법」 제16조에 보육교사 결격사유에 대해 규정하고 있음
사회적 우대권	보육교사에 대한 제반 후생복지 요구권을 의미하며, 보육교사의 생활안정과 함께 가족에 대한 부양책임을 덜어줌으로써 교육활동에 전념할 수 있도록 하는 권리
보수청구권	근로의 대가로서 임금을 청구할 수 있는 권리로, 「영유아보육법」 제50조에 경력인정에 대해 명시하고 있으며, 보육교직원 인건비에 대한 지급기준은 해마다 발행되는 보육사업안내에 제시되어 있음
연금청구권	보육교사의 퇴직·사망 및 직무상 질병·부상·장애에 대하여 급여를 지급받을 수 있는 권리
실비변상청구권	보육교사가 직무수행상 소요되는 비용을 지급받을 수 있는 권리
성과급 청구권	직무여건 및 생활여건 등에 따라 지급되는 봉급 이외의 부가급여를 지급받을 수 있는 권리로 기본급 외에 정기 또는 수시로 지급되는 각종 제수당을 말하여, 직무수당, 상여금, 시간외 수당, 가족수당, 명절수당 등으로 어린이집 상황에 따라 추가하거나 삭제할 수 있지만 모든 보육교직원이 골고루 혜택을 받도록 편성의 필요성을 강조하고 있음

(3) 노동에 대한 권리

노동에 대한 권리는 사회적 기본권의 중요한 한 축으로 「헌법」 제32조 제1항에는 근로의 권리와 최저임금제, 제2항은 근로의 의무, 제3항은 근로조건의 기준, 제4항과 제5항은 여자의 근로와 연소자의 근로, 「헌법」 제33조에는 단결권, 단체교섭권, 단체행동권에 관한 근로 3권에 대해 규정하고 있다. 근로 3권은 노동조합과 관련된 것으로서 넓게는 근로에 관한 권리일 수는 있어도 보통 말하는 근로의 권리와는 구분되는 것이다. 근로자는 근로조건의 향상을 위하여 노동조합을 설립, 조직, 결성할 수 있다. 그리고 근로조건의 향상을 위하여 노동조합을 통하여 단체교섭을 할 수 있고, 단체교섭이 결렬되었을 경우 단체행동을 할 수 있다. 근로기본권의 주체가 모든 국민은 포함하고 있다는 점에서 보육교사 역시 근로기본권이 인정된다고 볼 수 있다. 일반적으로 교사의 경우 '교육'이 지니는 공공성으로 인해 근로기본권 중 단결권과 단체교섭권은 인정되지만 쟁의행위인 단체행동권에 제한을 두고 있다(신은수 외, 2013). 보육교사의 노동에 대한 권리는 교원단체 결성권과 교원단체 교섭권이 포함되며, 구체적인 내용은 〈표 1-5〉와 같다.

〈표 1-5〉 노동에 대한 권리

구분	내용
교원단체 결성권	보육교사가 근로조건을 유지·개선하기 위하여 교원단체를 결성할 수 있는 권리
교원단체 교섭권	보육교사의 단체가 교육 및 보육기관 사용자와 근로조건의 유지·개선에 관하여 교섭할 수 있는 권리

교직단체 활동권은 교사의 권리를 대변하고 교사를 보호 및 증진시킬 수 있다. 즉, 교사로서의 업무를 효과적으로 수행하기 위해 단체를 조직하고 자질 향상, 복지 향상, 회원들 간의 상호 유대 강화 등의 공동목표를 추구하면서 전문성을 신장시키고, 사회·경제적 지위를 향상시킬 수 있다. 보육교사가 활동할 수 있는 단체에는 전국보육교사총연합회와 사단법인 한국어린이집총연합회가 있다. 하지만 보육교사는 교권의 보장이 없어 교원단체가 없으며, 국·공립 유치원을 제외한 유아교육기관 또한 교직단체의 보호조차 받지 못하고 있는 실정이다.

2) 보육교사의 의무

보육교사는 권리와 동시에 의무를 지닌다. 일반적으로 교원의 의무는 교사로서의 사회적 책임을 의미한다. 보육교사의 의무는 성실의 의무, 직무상의 의무, 신분상의 의무로 구분하여 살펴보면 다음과 같다(송순옥, 2016).

(1) 성실의 의무

「국가공무원법」 제56조에 따르면 '모든 공무원은 법령을 준수하며 성실히 직무를 수행하여야 한다'라고 규정되고 있다. 따라서 보육교사 성실의 의무는 국민 전체의 봉사자로서 공익에 충실해야 하는 의무라고 할 수 있다. 보육교사의 성실의 의무로 교육·

보육상 의무, 연수의 의무, 윤리강령제정과 자율적 규제의 의무, 근로조건 준수 의무, 직무전념 의무로 구분하여 살펴보면 〈표 1-6〉과 같다.

〈표 1-6〉 보육교사 성실의 의무

구분	내용
교육·보육상 의무	교육자로서 갖추어야 할 품성과 자질을 향상시키기 위하여 노력하여야 하며, 이는 시대에 뒤지지 않도록 교사는 교육 전문직으로서 전문성 신장을 위하여 교육 및 연구 활동에 항상 힘써야 한다는 것을 의미함
연수의 의무	「영유아보육법」 제8조 제1항에 "보육교직원 연수 등의 업무를 위하여 보육개발원을 설치하거나 그 업무를 관련 연구기관에 위탁할 수 있다"고 규정되어 있으며, 「영유아보육법」 제23조의 2에서는 보육교사의 보수교육에 관해 규정되어 있음
윤리강령 제정과 자율적 규제의 의무	교사는 다른 어떤 직업인보다 가르치는 사람으로서 더 높은 윤리의식이 필요하기 때문에 2010년 한국보육시설연합회에서 '보육시설장·교사윤리강령'을 주관하여 발표하였음. 윤리강령이란 교사들이 대인관계에서 지켜야 할 규범이나 원리, 규칙 등을 말하며, 교사들의 양심, 사회적 여건, 관습의 방법으로 영유아와 가족, 그리고 사회에 대한 영유아교사의 책임을 뜻함.
근로조건 준수 의무	근로자는 근로계약에 따라 자신의 근로를 제공하여야 할 의무를 지니는데, 단순히 기계적으로 제공할 의무에 그치지 않고 성실하게 근로할 의무를 포함함. 근로자로서 충실의무에는 근로자가 직무 수행과 관련된 정보에 대해 경영상의 비밀을 유지하거나 누설하지 않을 의무가 있고, 근로자가 사용자의 이익에 반하여 경쟁사업체에 취직하거나 경영하지 않을 의무 등이 포함됨.
직무전념 의무	보육교사는 「사회복지사업법」에 복지와 인권증진의 책임과 인권존중과 최대 봉사의 원칙 등이 있으며, 「영유아보육법」 제15조의 4에 폐쇄회로 텔레비전의 설치·관리하는 자는 영유아 및 보육교직원 정보 주체의 권리가 침해되지 않도록 개인정보보호법 및 관련 법령에 따라 준수하여야 한다고 규정되어 있음

(2) 직무상 의무

직무상 의무는 국가의 공적 서비스인 교육의 담당자로서의 교원에게 직무활동과 관련된 의무를 의미하며, 보육교사의 직무상 의무는 법령준수 의무, 복종의무, 영리 및 겸직 금지 의무, 유아에 대한 공정한 지도 및 평가의무 등이 포함되며, 구체적인 내용은 〈표 1-7〉과 같다(황보영란, 2011).

〈표 1-7〉 보육교사의 직무상 의무

구분	내용
법령준수 의무	영유아를 지도 및 교육하고 유아교육기관의 행정업무를 수행하는 과정에서 관련 법령의 내용을 성실히 준수해야 함을 의미함.
복종의무	보육교사가 직무를 수행함에 있어 소속 상관의 직무상 명령에 복종해야 함을 의미하지만 복종의무가 무조건적·절대적으로 복종해야 함을 의미하는 것은 아님
영리 및 겸직 금지 의무	교사가 영리를 목적으로 하는 업무에 종사하지 못하며, 소속 기관장의 허가 없이 다른 직무를 겸하지 못하는 것을 의미함. 보육사업안내(2018)에 보육교직원(원장, 보육교사 등)은 전임이어야 하므로, 다른 업무를 겸임할 수 없는 것으로 규정하고 있음
공정한 지도 및 평가의무	영유아교육과정에서 영유아 및 학부모를 대함에 있어 차별을 두지 말아야 하며, 온정적인 지도방법과 공평하고 편견 없는 지도 및 평가를 해야 함을 의미함

(3) 신분상 의무

신분상 의무는 교사라는 신분으로부터 나오는 의무로, 교사의 직무자체보다 그 신분으로부터 발생하는 의무를 의미한다. 보육교사의 신분상 의무는 비밀엄수 의무, 청렴의무, 품위유지의 의무, 정치활동 금지의무, 집단행동 금지의무 등을 포함하는 개념으로 이해될 수 있다. 신분상 의무의 내용에 관한 구체적인 내용은 〈표 1-8〉과 같다.

〈표 1-8〉 보육교사의 신분상 의무

구분	내용
비밀엄수의 의무	「사회복지사업법」 제47조에 비밀 누설의 금지가 규정되어 있음. 교사가 어린이집 재직 중은 물론 퇴직 후에도 직무상 알게 된 비밀을 엄수(嚴守)하여야 함을 의미함. 직무상 취득한 비밀이란 자신이 처리하는 직무에 관한 비밀뿐만 아니라 직무와 관련하여 알게 된 모든 비밀을 포함함
청렴의무	영유아교육 등 직무와 관련하여 관련 기관이나 학부모 등으로부터 직접 또는 간접적으로 사례·증여 또는 향응을 주거나 받을 수 없다는 것을 의미함
품위 유지 의무	보육교사가 직무의 내외를 불문하고 그 품위가 손상되는 행위를 해서는 안 된다는 것을 의미함
정치활동 금지의무	교사 및 교육의 업무 특성상 정당이나 그 밖의 정치단체의 결성에 관여하거나 이에 가입하지 못한다는 것을 의미하는 것으로 학생을 지도하고 교육하는 위치

구분	내용
	에 있는 교사는 특정 정당을 지지하거나 반대하기 위한 행위를 하면 안 되며, 학생을 잘못 지도할 우려를 배재하기 위함 것임
집단행동 금지 의무	노동운동이나 그 밖에 공무 외의 일을 위한 집단행위를 원칙적으로 하여서는 안 된다는 것을 의미함. 학생의 전인 발달과 교육받을 권리가 최우선 조건으로 고려되어야 하며, 이를 위해 어떠한 경우라도 파업, 즉 수업거부 등의 일체의 쟁의행위를 금지하고 있음

CHAPTER 02

보육교사직의 특성

1. 우리나라 보육의 변천사

1) 전통기

우리나라 전통적 가족관 혹은 자녀 양육권을 보면 영유아를 보호하고 교육하는 일은 전적으로 가족의 책임이었다. 고대 사회에서부터 우리 민족 정서를 지배해 온 유가의 효사상이 행동규범이었으므로 아동교육 또는 보육의 근본이었고, 이는 부모의 책임이었다. 따라서 국가적 차원에서의 보육정책은 매우 미흡하였으나 신라 유리왕 5년(AD 28년)에 최초의 국가 고아 양육 사업이 있었다.

삼국사기에 의하면 신라 유리왕 때 환과 고독에게 급식을 주고 양육하는 사업 중 아동에 해당되는 것이 그것이다. 그러나 전통사회에서 대표적인 보육 정책은 조선조 22대왕 성종(1783) 때 제정된 자율전칙 중 유기 및 부랑 걸식아동 보호법령으로서 부랑아 수용, 보호에 있어 보호대상자는 친족부양의 책임을 중시 여겼으나, 부모가 너무 곤궁하여 재차 부양책임을 하지 못하는 경우 국가가 부양책임을 인수하여 진흥청에서 유양하였다.

2) 태동기(1945년 이전)

(1) 사회사업분야의 지도 및 통제역할

보육이란 아동을 맡아서 돌보아 주고 심신을 보호해 주고 정상적인 발달을 도와주는 활동이다. 이러한 의미에서 전통사회에서의 보육사업은 극소수의 최극빈 아동의 구호 차원에서 최소한의 생명연장의 선상에 있을 뿐이었다. 보육사업은 해방 이전에 일본의 총독부 관할로 사회사업분야의 지도 및 통제역할로 시작되어, 사회사업시설로서 일본 구호령에 명시되어 법령적 근거가 미비하였다.

(2) 최초의 탁아프로그램 개발

우리나라 영유아보육은 미국 감리교 선교부의 여성계몽사업의 일환으로 1921년 미국 선교사인 M. Myers가 들어와서 태화관을 개설하고 탁아프로그램을 실시한데서부터 시작되었다. 그리고 1926년에 2개의 탁아소가 설치되었는데 이는 부산공생탁아소와 대구탁아소였고, 이후 1939년에는 전국적으로 확산되어 11개 탁아소가 설치되었다. 이 중 무료 4개소와 유료 7개소로서 435명의 어린이들이 탁아시설에서 탁아프로그램의 혜택을 받게 되었다. 이들 탁아소는 관립(1개소), 공립(2개소), 재단설립(3개소), 종교단체 설립(1개소), 사립(1개소) 등의 형태로 분류되었는데 그 중 평양지방에 있었던 전매국 탁아소는 당시에 이미 직장단위의 보육시설이 있었다는 사실을 시사한다. 그리고 이들 시설은 주로 일본인을 중심으로 운영되었기 때문에 8 · 15 해방과 더불어 많은 변화가 초래되었다.

3) 후생시설운영요령시기(1945~1960년)

1945년 해방 이후에서 6 · 25 전쟁을 거쳐 1960년까지는 정치적 · 사회적 혼란기로서 정부가 보육사업에 대한 뚜렷한 방침을 세우지 못한 시기였으며, 또한 이 시기는 아동복리가 사회적 책임이라는 인식이 본격화된 시기로서 국가 및 국내 · 외의 민간단체들이 고아, 기아, 부랑아를 위한 아동보호시설을 설립하여 이들을 보호하고자 하였다. 따라서 1950년대까지 보육사업도 아동구호적인 성격을 벗어나지 못하고 있었다.

1948년 대한민국 정부가 수립되어 건국 초기의 정치 사회적 혼란을 수습하지도 못한 채 1950년 동란을 겪게 되었다. 이로 인하여 수많은 상이자와 전쟁고아 및 미망인이 생기게 되어 이들에 대한 구호문제가 시급한 사회문제로 대두하게 되었고 영유아 보육문제는 우선순위에서 밀리게 되어 발전방향조차 설정되지 않았다. 1947년 9월 당시 전국의 공익보육시설은 서울과 대전에 2개소에 불과하였던 것으로 나타났다.

4) 아동복리법 시기(1961~1981년)

(1) 1961년 아동복리법 제정·공포

1950년대까지 우리나라 보육사업은 임시 구호적인 성격을 벗어나지 못하였다. 그러나 1960년대는 아동복리법 제정을 계기로 정부의 법정 시설로서 보육사업(현 어린이집)이라는 보육서비스가 행해진 시기이며, 이 시기는 종래 구호적 보육형태에서 복지적 보육형태로 전환되는 시점이라 하겠다.

1961년 군사혁명 이후, 정부는 수출주도형 경제성장과 복지국가 건설을 약속하며, 1962년 제3공화국을 출범시켰다. 1961년 한국은 1인당 GNP가 82달러에 불과한 최빈국이었다. 1962년 시작된 제1차 경제개발 5개년 계획은 연평균 경제성장률 8.8%를 기록하고, 제2차 5개년 계획기간 중에는 평균 9.4%, 3차 경제개발 5개년 계획기간 동안에는 평균 10.7%를 달성하여 경이로운 경제성장을 지속하였다. 이에 정부는 1962년 헌법 개정으로 생존권 조항을 강화하여, 모든 국민의 인간다운 생활을 할 권리(30조 1항), 사회복지 증진에 노력해야 할 국가의 의무(30조 2항)를 명시했다. 생활보호법(1961년), 아동복리법(1961년) 등 사회복지 관련 대량입법을 하였으며, 이는 정권의 정당성을 확보해야 하는 정부의 선언적인 목표로서 도구적으로 입법화된 것으로 볼 수 있다.

(2) '1967년 제1차 탁아시설 설치 5개년 계획' 수립

정부에서는 시설보다는 가정에서 보호받게 한다는 취지로 탈시설정책의 일환으로 입양과 위탁보호 외에 탁아시설의 증가를 권장하였다. 1967년 정부는 '제1차 탁아시설 설치 5개년 계획'을 수립하였고 탁아시설 증설계획을 작성하여 각 시 · 도에 시달하였는데, 이 계획에 의하면 탁아사업의 의의를 기아 및 부랑아 예방, 아동복리 시설 수용아동의 감소, 유휴노동력의 감소, 직업인의 직장안정과 능률하향, 지역사회 개발 및 안정, 보호활동을 통한 상부상조, 지역사회의 가용자원 활용 등을 들고 있다.

결과적으로 이러한 탈시설화 정책과 탁아증설계획은 가정의 위치와 부모의 역할을 재확인하는 한편, 시설위주의 수용보호에서 아동에 대한 거택보호체제로 정책전환을 함으로써 탁아시설이 팽창할 수 있는 계기를 마련하였다고 볼 수 있겠다. 탁아시설은 국가와 지방단체 및 법인이 설립하도록 규정하고 1967년부터 정부는 국고와 지방비를 지급하였다. 특히 1960년대 후반에는 정부의 경제개발정책에 따라 대도시로의 인구유입, 결손가정의 증가, 기혼여성의 취업 확대 등으로 탁아소에 대한 수요가 증대되어 갔다.

5) 후기 태동기(1982~1991년)

1980년 제 5공화국 출범과 함께 '복지사회 건설과 정의사회 구현' 그리고, '교육혁신'이 국정 지표로 정해짐에 따라 '유아교육'이 정부의 주요 개혁 시책 중의 하나로 채택되었다.

이에 부응하여 문교부는 유아교육과를 개발, 국립대학에 유아교육과를 신설(2개 대학)하는 한편 초등학교 병설 유아교실 설치 지침(1981)을 마련하고 이에 근거해서 시범사업으로 초등학교 병설 유아교실이 155개 국민학교에 설치 · 운영돼 왔으나 대도시의 경우 과밀학급문제로 폐지시키기로 하고 농어촌에만 유아교육진흥책의 일환으로 증설키로 하였다. 이에 관련 부처의 경쟁적 연구 및 계획 수립 속에 처음으로 외화된 것이 내무부 관장의 '새마을 협동 유아원'이다. 1980년 12월 정부는 유아교육기관의 양적 확대를 꾀하며 법적인 근거 없이 새마을 협동 유아원을 시 · 군 · 구마다 1개소씩 총 218개소를 설치하여 시범적으로 운영하기 위한 지침을 마련하고(1980. 12), 1981년부터 운영에 들어갔다.

6) 보육정책 준비기(1991~1994년)

민간주도의 탁아시설이 시민들의 호응을 얻고 대리양육의 수요가 급증하게 되자, 정부는 1989년 아동복지법시행령에 탁아시설의 법적 근거를 부활시키고, 체계적이고 효율적인 보육사업의 추진을 위하여 별도의 입법과 주관 부서의 일원화가 필요하다는 인식이 제기되었다. 아동복지법시행령에 의거한 사업의 시설 설치의 주체가 법인으로 한정되는 등 그 자체의 제약 요인이 있고 또한 사업의 관장 부서가 내무부, 노동부, 교육부, 보건사회부 등으로 다원화되어 있어 효율적인 사업추진에는 미흡한 점이 많아 독립된 체계 하에서 주관 부서를 현재의 보건복지부인 보건사회부로 일원화하여 본격적으로 추진될 수 있는 기반을 구축하였다.

1990년 1월 9일에는 「아동복지법시행규칙」을 개정하여 보육시설 설치기준과 운영방법 등을 규정하여 아동보육욕구에 따라 탁아사업을 8년만에 다시 수행하게 되었다. 이와 함께 시설의 설치 운영을 위한 세부지침인 「탁아시설의 설치 · 운영 규정」을 마련하여 본격적인 사업추진을 도모하게 되었다.

따라서 그동안 유아교육진흥법에 의거하여 설치, 운영되어 온 새마을 유아원은 1990년 11월 관계부처인 내무부, 교육부, 보건사회부의 3부장관 합의에 의하여 1993년까지 교육법에 의한 유치원이나 영유아보육법에 의한 보육시설로 전환토록 하여 보육사업의 체계를 확립하였다. 이와 함께 각 계층의 의견을 폭넓게 수렴한 영유아보육법이 1991년 1월 14일 의원입법으로 제정 · 공포되어 아동복지법(보건복지부), 유아교육진흥법(내무부, 교육부), 남녀교육평등법(노동부)으로 분산 · 다원화되어 있던 법체계와 주관 부서를 통합 · 일원화하고, 이어서 동법 시행령 「1991. 8. 1」 및 시행규칙 「1991. 8. 8」을 제정함으로써 보육정책은 기존의 파행적인 운영에서 탈피하여 새로운 발전과 도약의 전기를 마련하게 되었다.

7) 보육정책 전기 전개기(1995~1997년)

영유아보육법의 제정 이후, 지속적으로 확대되고 있는 보육수요에 비해서 보육시설에 대한 공급이 원활히 이루어지지 않자 정부는 영유아에 대한 적정한 환경과 전문적인 보육서비스를 제공함으로써 가정복지 증진을 도모하기 위하여 획기적인 보육시설 확충 3개년 계획을 수립하여 실시하였다. 급속한 경제 성장과 함께 정보화의 진전으로 여성의 경제활동 참가율이 급격히 증가하고 있으며 핵가족화의 진전으로 가정 내에서 자녀양육이 점차 제기되면서 자녀양육의 문제는 개인적인 차원을 넘어서 점차 사회적 · 국가적 차원에서의 해결을 필요로 하게 되었다.

8) 보육정책 후기 전개기(1998~2001년)

1995년부터 1997년까지 보육시설확충 3개년 계획에 의해 보육사업은 양적 확대에는 성공하였으나 한편으로는 많은 문제점들이 나타났다. 민간부분의 급속한 확대, 영아보육의 미흡, 지역별 정부지원 보육아동의 불평등 분포, 보육수요에 부응할 수 있는 다양한 서비스의 부재 등이 문제점으로 지적되었다. 정부는 이런 문제점을 개선하고 보육의 질적 수준을 제고하기 위해 1998년 이후부터 보육사업의 목표를 '보육사업의 질 개선 및 보육서비스 향상'에 두고 종사자의 자질 향상, 우수 프로그램 개발 보급, 보육시설 운영 개선, 다양한 보육서비스 제공 등을 계획하고 추진했으나 실제 계획한 대로 이루어지지는 못했다.

1998년에는 장애아 전담 보육시설의 강화, 민간보육시설 교재 · 교구비 지원 등을 강화하고 보육료 특별 소득공제를 신설하였다. 1998년에 신설된 연말정산시 보육료 소득공제액을 100만원까지 확대 실시하였다. 저소득층 보육료 39억원을 추가로 지원하기도 했다. 1999년에는 영유아보육법을 개정하여 보육시설 설치 절차를 간소화하여 신고제로 전환하였다. 2000년에는 만 5세아 무상보육대상지역을 확대하여 농어촌 및 준 농어촌 지역까지 실시하였고 지역설정에 맞게 보육료 징수를 차등화하도록 하는 등 시설 운영의 자율성을 확대하였다. 2001년에는 만 5세아 무상보육 대상지역에 중학교 의무교육 대상 지역을 포함하였고, 보육시설 신고 시 전기안전점검 확인서를 첨부하게 하여 보육시설의 안전을 제고하는 등 다각적인 정책을 수립 · 추진해오고 있다.

9) 보육정책 발전기(2002~현재)

2003년에는 보육수요 충족 및 보육서비스의 질 개선을 통해 안심하고 자녀를 맡길 수 있는 기반을 조성하기 위해서 다양한 보육시설 확충, 종사자의 자질향상, 보육시설 운영 개선, 아동별 지원 확대, 우수 프로그램 개발 · 보급하고, 보육정보센터를 활성화시켰다. 2004년 1월 29일 영유아보육법의 전면 개정안이 공포됨으로써 보육서비스의 다양화와 질적 수준 향상, 그리고 보육에 대한 공적 책임 강화를 통해 보육사업이 더욱 발전할 수 있는 계기를 마련하였다. 또한, 정부조직법 개정으로 2004년 6월 12일부터 영유아 보육업무가 보건복지부에서 여성부로 이관되었으며, 2004년 1월 29일 전문개정된 영유아보육법의 시행(2005. 1. 30)에 따라 보육서비스의 질적 수준 향상과 보육의 공공성 강화 등을 통해 보육사업이 획기적으로 발전할 수 있는 계기를 마련하였다.

영유아에 대한 보호와 건전한 교육을 통해 건강한 사회구성원으로 육성할 수 있는 여건 조성과 보육수요 충족 및 보육서비스의 질 개선을 목표로 다양한 보육시설 및 서비스 확충, 저소득층 영유아 등 보육료 지원대상 확대, 영유아보육법 시행령 및 시행규칙을 개정, 보육서비스의 질을 향상시켰다.

현재 보육업무는 여성가족부에서 2008년 3월 보건복지가족로 이관되었다. 유희정은 기존의 보육정책을 평가하면서 법제도의 정비, 보육시설과 이용 영유아 증가, 보육예산의 증가, 보육서비스 수준의 향상을 위한 노력이 주요 성과라고 보았다.

2. 보육교사직의 특성

1) 일반적 특성

보육교사의 일반적 특성으로 보육교사는 대리부모의 역할을 수행해야 하는 직업적 특성을 갖는다. 교사에 대한 의존도가 높고 환경적 위험에 취약한 영유아를 보육의 대상으로 삼기 때문에 이들의 다양한 욕구를 충족시키기 위해서는 제2의 부모 역할을 수행해야 한다. 따라서 보육교사는 보호자로서의 역할이 우선되는 특성을 갖는다고 볼 수 있다. 이렇기 때문에 보육교사는 사랑에서 시작해야 하는 직업이다. 다른 교직의 특성과는 다르게 가르치는 대상이 어리기 때문에 어려움도 느끼게 되지만 훨씬 더 보람있는 일이 되기도 한다. 모든 교육은 사랑으로 시작해야 하지만, 영유아에게 있어 특히 보육은 교사와 영유아 간의 개별적 관계가 매우 중요하고, 교사와 영유아의 바람직한 관계형성이 보육의 성패를 좌우한다고 볼 수 있다.

영아기에는 특정인에게 애착이 형성되고 분리불안이 나타나는 시기이므로 보육교사는 영아와 안정애착을 형성함으로써 분리불안을 극복하는 것을 도와주고 어린이집의 일상적인 일과에 적응하는 것을 도와주며, 이후의 사회성발달을 도와주는 역할을 하는 것이 보육교사가 갖는 특성이라고 볼 수 있다. 또한 보육교사는 가르치는 일과 돌보는 일 사이의 조화를 유지해야 하는 직업으로서, 나이가 어릴수록 가르치는 것보다는 돌보는 행위가 더 많겠으나 교육이 전혀 이루어지지 않는 것은 아니다. 이는 곧 영아들도 돌봄과 동시에 교육이 이루진다고 볼 수 있다.

이렇듯 보육과 교육이 연령에 따라 탄력적으로 운영되어지며, 교사가 영유아를 관찰하게 됨으로써 적절하게 보육과 교육의 비중을 구성하는 것이 특성이라고 볼 수 있다. 이에 따라 보육교사는 영유아의 발달을 촉진시켜주기 위해 각 발달단계에 대한 여러 전문적인 지식을 갖추는 것은 필수적이며, 발달의 기본적인 틀이 이미 형성되어 있고, 가변성이 큰 영유아들을 대상으로 하기 때문에 보다 더 많은 전문적인 지식을 필요로 하는 직업적 특성을 갖는다. 또한 보육교사는 영유아가 건강한 사회구성원으로 자라도록 전인발달을 도울 뿐만 아니라 신체, 인지, 사회정서 영역의 균형잡힌 발달을 도모함으로써, 특정 영역이 아닌 여러 영역에 걸쳐 광범위한 지식을 바탕으로 영유아의 전인발달을 돕는 직업적 특성을 갖는다.

보육교사직은 눈에 보이지 않는 측면의 상호작용에 민감해야 하는 직업이다. 영유아는 언어로 자신의 생각이나 감정을 표현하는 데 아직 서투르기 때문에 교사가 영유아들이 표현하는 얼굴표정이나 눈빛 등의 비언어적 신호에 민감해야 하는데 이것은 보육교사가 영유아들이 건강한 사회구성원으로 자라는 데 있어 중요한 밑그림을 그리는 사람이라고 말할 수 있다. 이에 따라 일반적 특성을 세분화시켜 인성적, 신체적, 지적인 특성으로 나누어 알아보고자 한다.

2) 인성적 특성

보육교사는 부드럽고 온화한 성품을 지녀야 한다. 정서적 안전성을 가지며, 자기 정서와 감정을 조절할 수 있는 성격의 소유자이어야 한다. 보육교사는 예민하고 반응적이어야 하고, 영유아의 반응에 즉각적으로 민첩한 반응을 보이는 등 순발력을 가지고 있어야 한다.

그리고 열성적이고 정열적인 자세를 가져야 하고, 적극적이고 진취적인 성격을 가지며, 긍정적이고, 수용적이며, 매사 치밀하고 꼼꼼해야 한다. 또한 보육교사는 개방적인 인성을 가져야 하며, 인내심과 지구력을 가져야 한다.

3) 신체적 특성

보육교사는 자신의 체력을 잘 관리하여 항상 건강하고 생동적인 모습을 보이며, 항상 웃음을 잃지 않는 자세로 온화하고 부드러운 목소리를 지녀야 한다. 바르고 곧은 자세로 영유아를 대하며, 유아와의 긴밀한 신체적 접촉이 용이한 자세를 지니며, 항상 유아의 체위를 고려하여 눈과 눈, 얼굴과 얼굴의 높이가 수평이 될 수 있는 신체자세를 취해야 한다.

보육교사는 항상 외모와 용모가 흐트러짐이 없는 항상 깨끗하고 단정한 모습을 유지하도록 노력해야 하며, 교사의 표정, 제스처, 신체적 동작이 부자연스러움으로 인해 유아가 그 행동을 모방하지 않도록 주의한다.

4) 지적인 특성

보육교사는 영유아의 활동에 적극적으로 참여하여 함께 생각하고 논의하는 것을 즐거워해야 한다. 상상력이 풍부하고 엉뚱한 생각을 즐거워하는 지적 특성을 가지며, 매사 관심과 호기심이 많고, 풍부한 유머와 재치를 가지고 있어야 한다. 보육교사는 무엇에나 열심히 몰입하는 자세를 가지며, 다양한 분야에 걸쳐 풍부한 교양과 지식을 갖추고, 영유아의 머릿속에 진행되고 있는 생각과 의견들을 놓치지 않고 파악할 수 있는 통찰력을 지녀야 한다.

보육교사는 단순하고 사사로운 것들을 영유아의 활동주제로 삼을 수 있는 기발한 독창성과 창의력을 가지며, 영유아의 관심, 흥밋거리, 놀이형태, 좋아하는 TV만화프로그램 등에 친숙해져야 한다. 보육교사는 질문하기를 즐거워하고, 영유아의 질문에 적극적으로 반응하며, 사고의 융통성과 개방성을 지녀야 한다.

3. 영유아보육법에 나타난 보육교사직의 특성

1991년 「영유아보육법」이 제정될 당시 우리사회에서는 여성의 사회진출 증가와 가족 구조의 변화, 사회의 변화 등으로 영유아들의 질 좋은 보호와 교육을 제공할 보육기관이 요구되었다. 「영유아보육법」 제2조 제2항에 의하면 '보육'이란 영유아를 건강하고 안전하게 보호 · 양육하고 영유아의 발달특성에 맞는 교육을 제공하는 어린이집 및 가정 양육 지원에 관한 사회복지서비스를 말한다.

따라서 보육교사는 본문에 언급되었듯이, 보육의 개념을 실천하는 사람이며, 보육교사직은 영유아에게 보호와 교육을 지원하는 사회복지 차원의 서비스를 수행하는 특성을 가지고 있다. 이에 보육교사직의 특성을 보호와 양육, 교육, 사회복지서비스 측면으로 알아보고자 한다.

1) 보호와 양육

교사만이 갖고 있는 직업적 특성 중 하나가 인간을 대상으로 하는 직업이라는 것이다. 보육교사직은 가장 어린 연령의 영유아를 대상으로 하는 직업으로서, 보육연령이 낮을수록 교사에 대한 의존도는 상대적으로 높아진다. 가정이라는 사적인 영역에서 이루어지던 보호와 양육이 이제는 공적인 영역인 어린이집에서도 함께 이루어지고 있는데 보육교사의 직무 중 보호와 양육부분이 있기 때문에 '보육교사가 전문직인가?'라는 물음이 제기되기도 한다.

우리나라도 사회 변화에 따라 공공영역에서 보호와 양육이 이루어지고 있으나 여전히 보호와 양육에 대한 일반인들의 인식 부족으로 이 영역이 사회적으로 인정받지 못하고 있는 실정이다. 하지만 현실적으로 보호와 양육은 전문성이 필요한 부분이며, 영유아를 어떻게 돌보는가에 따라 양육의 질이 달라진다.

또한 보육교사는 영유아의 안정적 애착 형성의 과정을 도와주며, 부모와의 협력을 통해 영유아의 건강하고 균형적인 발달을 지원하는 중요한 역할을 하게 된다. 따라서 보육교사는 전문성 있는 보호와 양육을 위해 노력하고 이에 대한 교사로서의 정체성을 확립하는 것이 필요하다.

2) 교육

보육교사직은 아직 성장하지 못한 미성숙한 인간을 대상으로 하는 직업이다. 미성숙한 존재란 무엇이 부족하다는 의미보다는 앞으로 성장 가능성이 높다는 의미이다. 이렇기 때문에 보육교사는 영유아를 보호, 양육뿐만 아니라 동시에 교육을 해야 할 필요성이 있으며, 일반적으로 돌봄과 양육은 서로 구분되는 개념이지만 보육현장에서는 돌봄과 교육이 서로 밀접한 관계에 놓여 있다.

영유아의 학습은 주변 환경에 대한 탐색과 환경과의 상호작용을 통해 이루어지기 때문에 성인의 보호 아래 안전하게 세상을 탐색할 수 있도록 도와야 하며, 즉 영유아기 아동의 전인적 성장과 발달을 추구한다. 보육교사는 단순한 지식 전달뿐만 아니라 영유아의 전인적 성장을 더욱 중요시함으로써 영유아의 어느 한 면이 아닌 총체적인 인간으로서의 성장 가능성을 최대화시키는 중요한 역할을 맡은 사람이 바로 보육교사이다.

보육교사는 보육을 위해 보육과정을 계획하고, 활동을 수행 및 평가하며 교수자의 역할을 한다. 특히 보육교사는 0~2세의 경우 표준보육과정을 근거로, 3~5세에게는 누리과정을 근거로 연령에 적합한 보육프로그램을 수립하고 수업을 진행하며, 영유아의 개별적 눈높이와 능력 수준을 고려하는 것이 전제가 되어야 한다.

3) 사회복지서비스

사회복지란 인간의 행복을 추구하기 위한 사회적 노력과 활동을 말한다. 앞서 언급한 보육의 개념에서 보육의 주요기능은 사회복지의 성격을 지니고 있다. 따라서 사회복지란 모든 사람의 물질적·정신적 행복을 추구하는 일련의 사회적인 노력과 조직적인 실천활동이라고 할 수 있다. 이를 통해 보육도 영유아들뿐만 아니라 그들이 속한 가정의 안녕과 행복을 추구하기 위한 사회적 노력을 포함하는 것이어야 한다.

보육교사는 다양한 정보를 부모와 공유해야 하는 직업적 특성으로 영유아를 부모 대신하여 건강과 안전을 돌보며, 어린이집은 부모의 경제활동이 가능하도록 그들의 육아 부담을 덜어주어 가족복지에 기여하고, 지역사회와의 교류를 통해 지역 공동체의 발전을 가져오는 기능을 수행한다. 이렇듯 보육교사라는 직업의 특성은 개인 및 가족 그리고 지역복지의 향상을 가져오는 사회복지서비스 관점에서 논의될 수 있기 때문에 국가와 사회 발전에 지대한 영향을 주는 중요한 직종이라고 할 수 있다.

4. 보육교사의 자격과 임용

1) 보육교사 자격기준

보육실습에 관련된 규정을 살펴보면 다음과 같다. 먼저 예비 보육교사는 대학 혹은 양성기관에서 정해진 선수교과목을 이수한 다음 보육실습을 하고 보육교사 자격증을 받을 수 있다. 학점은행제로 보육관련 교과목 및 학점(17과목 51학점-보육실습 포함)을 이수

〈표 2-1〉 보육교사 자격기준

<table>
<tr><th>등급</th><th>1급</th><th>2급</th><th>3급</th></tr>
<tr><td rowspan="2">자격기준</td><td>1. 보육교사 2급 자격을 취득한 이후 3년 이상의 보육업무 경력과 보건복지가족부장관이 정하는 승급교육을 받은 자</td><td>1. 전문대학 또는 이와 동등 이상의 학교에서 보건복지가족부령이 정하는 보육관련교과목 및 학점을 이수하고 졸업한 자
* 현행법에 의한 석사 졸업자 포함</td><td rowspan="2">고등학교 또는 이와 동등 이상의 학교를 졸업한 자로서 보건복지가족부령이 정하는 교육훈련시설에서 소정의 교육과정을 수료한 자</td></tr>
<tr><td>2. 보육교사 2급 자격과 보육관련 대학원에서 석사학위를 취득한 자로서 1년 이상 보육업무 경력과 보건복지가족부장관이 정하는 승급교육을 받은 자</td><td>2. 보육교사 3급 자격을 취득한 이후 1년 이상의 보육업무 경력과 보건복지가족부장관이 정하는 승급교육을 받은 자</td></tr>
</table>

하여 학위를 취득하는 경우 반드시 학위취득 이후에 보육교사 자격증을 신청한다. 보육교사의 자격기준 및 구비서류는 등급에 따라 영유아보육법 시행령 제21조에 앞의 〈표 2-1〉과 같이 규정하고 있다.

(1) 보육교사 3급 양성기관

보육교사 양성과정의 자격검정 기준은 교육훈련시설과 대학에 달리 적용되고 있다. 먼저 교육훈련시설(보육교사교육원)에서 교육과정을 수료한 자에 대한 자격검정을 살펴보면 시행규칙 제12조 제2항의 규정에 의한 25교과목, 65학점 이상을 취득하도록 규정하고 있으며, 각 과목당 평균점수가 70점 이상인 경우에 한하여 이수한 것으로 인정한다. 보육교사 3급 양성기관인 보육교사교육원의 교육과정은 보육기초, 발달 및 지도, 영유아 교육, 건강 · 영양 및 안전, 가족 및 지역사회 협력 등 보육실습의 6개 영역으로 구성되어 있다.

보육실습에 관한 기준으로는 실습은 법적으로 인가받은 15인 이상의 보육시설 및 교육청에 등록된 종일제 유치원에서 보육교사 1급 또는 유치원 정교사 1급 자격을 가진 자가 실습을 지도하여야 하며, 실습기간은 1일 8시간, 6주, 240시간 이상을 원칙으로 하되, 야간대학 · 원격대학 등의 경우에는 실습을 2회에 나누어 실시할 수 있도록 규정하고 있다. 또한 보육실습 교과목의 평가는 실습평가점수가 80점 이상인 경우에만 실습을 이수한 것으로 인정한다. 이상의 규정에 적합할 경우 보육교사 3급 자격증을 발급하도록 하고 있다.

(2) 보육교사 2급 양성기관

보육교사 전문성 강화를 위해 개정된 영유아보육법은 대학에서 165개 교과목 중 10과목(보육실습 포함), 30학점을 취득한 경우 보육교사 1급 자격을 취득할 수 있던 종전법을 개정하여, 대학 등을 졸업한 자에 대해 시행규칙 제12조 제1항의 규정에 의한 보육과 관련된 교과목 및 학점 중에서 보육기초 및 보육실습영역을 포함하여 영역별로 규정한 31개 교과목 중 12과목(보육실습 포함), 35학점 이상을 반드시 이수한 자에 한하여 보육교사 2급 자격증을 취득할 수 있도록 하였다. 이수해야 할 교과목과 학점을 늘리고 이를 취득해도 보육교사 1급 자격이 아닌 보육교사 2급 자격을 취득하도록 하여 보육교사 자격요건을 강화한 것이다.

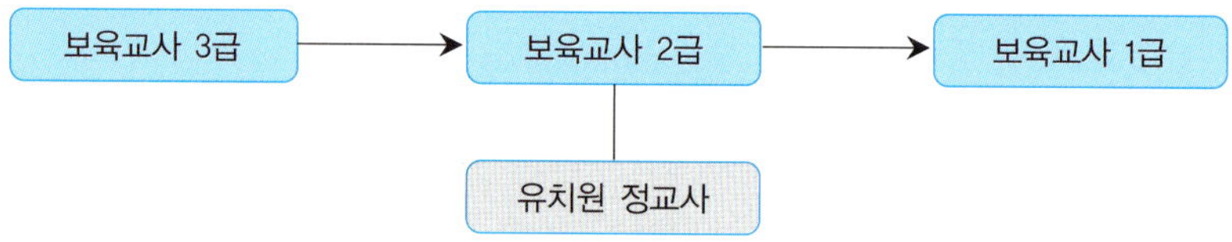

[그림 2-1] 보육교사 자격증 관계도

(3) 보육교사 자격기준 및 자격승급

과거 교육기관의 수료증과 관련대학의 졸업증서 등이 자격증을 대신하던 '인정 자격제'에서 영유아보육법 개정을 통해 2005년 4월 이후부터 보육교사 자격을 국가에서 검정 후 자격증을 발급하도록 하는 보육교사 국가공인 자격증제도 도입을 실시하고 종전의 2등급으로 나누어져 있던 것은 3등급으로 세분화하여 자격기준을 상향조정하였다. 이러한 보육교사 자격기준의 강화는 보육서비스의 질적 향상을 위한 전문적 접근의 필요성이 제기되었고, 더불어 보육의 질적 향상에 대한 사회적 요구가 반영된 것이다. 보육교사 자격기준에 대해 영유아보육법 제21조 제2항에서는 다음과 같이 크게 두 가지 사항을 규정하고 있다.

첫째, 대학(전문대학을 포함한다) 또는 이와 동등 이상의 학교에서 보건복지가족부령이 정하는 보육 관련 교과목 및 학점을 이수하고 졸업한 자이며, 고등학교 또는 이와 동등 이상의 학교를 졸업한 자로서 보건복지가족부령이 정하는 교육훈련시설에서 소정의 교육과정을 이수한 자로 규정하고 있다. 또한 이 규정에 의한 보육교사의 등급은 1·2·3급으로 하고, 등급별 자격기준은 대통령령으로 정한다. 이러한 기준에 따라 보육에 관해 전문적 지식과 기술을 습득한 사람에게 보육교사자격을 부여하여 이들이 보육업무를 담당하게 함으로써 보호와 교육이 필요한 영유아들에게 전문적이고 체계적인 보육서비스를 제공하고자 하는 것이다.

둘째, 보육교사 자격기준은 고등학교 또는 이와 동등 이상의 학교를 졸업한 자로서 소정의 교육과정을 수료하면 '보육교사 3급'을, 전문대학 또는 이와 동등 이상의 학교에서 보육 관련 교과목 및 학점을 이수하고 졸업, 혹은 보육교사 3급 자격을 취득한 이후 1년 이상의 보육업무 경력과 승급교육을 받으면 '보육교사 2급' 자격을 취득할 수 있다.

보육교사 2급 자격을 취득한 이후 3년 이상의 보육업무 경력과 보건복지가족부 장관이 정하는 승급교육을 받거나 보육교사 2급 자격과 보육 관련 대학원에서 석사학위를 취득한 자로서 1년 이상 보육업무 경력과 보건복지가족부 장관이 정하는 승급교육을 받을 경우 '보육교사 1급' 자격으로 승급한다. 보육교사 자격기준을 학력 및 경력 등에 따라 1 · 2 · 3급으로 구분하고 있는 것이다.

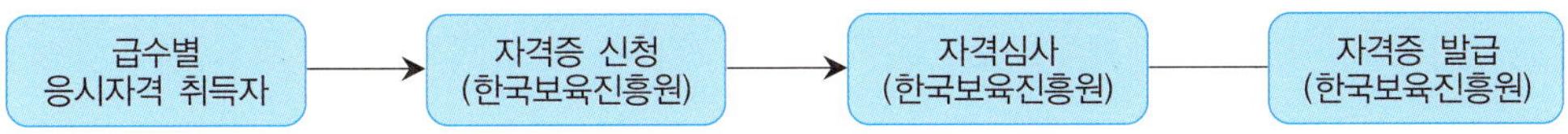

[그림 2-2] 보육교사 자격증 취득절차

(4) 보육교사 보수교육

일정한 자격과 경험을 가진 자들을 대상으로 영유아보육법 제23조에 의거 대학 등 전문교육기관에서 최신 보육이론과 기법 습득 기회 및 승급 기회를 제공하는 것을 '보수교육'이라고 하며, 보육교사 보수교육은 보육종사자의 자질향상과 사기를 진작시키고 나아가 보육서비스의 질 향상을 도모하기 위해 실시되는 것을 말한다. 우리나라 시설장 및 보육교사를 위한 보수교육은 1992년부터 시작되었으며, 1996년부터는 승급 시 보수교육을 의무화하였다.

Conant(1963)가 정의한 보수교육의 필요성은 다음과 같다.

첫째, 틀에 박힌 직업생활에서 벗어나 개인의 성장 발전에 필요한 단체활동을 장려하고 있다.

둘째, 교육신념 확립과 기능 향상, 더불어 협동적으로 교육문제를 해결하려는 태도와 실천력을 향상시키고 있다.

셋째, 교사 자신을 지적으로 성장시키고 새로운 사회의 변화에 효율적으로 대처하는 능력을 양성하기 위함이다.

질 높은 보육의 성공과 실패는 보육교사를 위한 전문적 교사교육 계획에 있다.

보육교사는 사회의 요구에 부흥하고 교육의 효과를 높이기 위해 지속적으로 자기 향상을 하고, 교직 전문성 증대를 위한 노력이 있어야 한다. 지식의 폭주, 다양한 분야의 발전, 세계화, 컴퓨터의 발달 등으로 인한 정보 고속화, 세태의 급속한 변화, 다양한 이론발달 등으로 교사가 계속 교육을 받지 않으면 미래를 살아야 하는 아동들의 교육을 할 수 없게 된다.

따라서 보육교사 보수교육은 보육교사에게 주기적으로 새로운 지식과 기술의 제공함으로써 보육교사의 전문성 향상을 돕고, 질 높은 보육프로그램 제공과 보육환경 조성이 될 수 있도록 하는 것이다. 보육교사 보수교육의 종류를 살펴보면 보육에 필요한 지식과 능력을 유지 · 개발하기 위하여 보육시설종사자가 정기적으로 받는 직무교육과 보육교사가 상위 등급의 자격(3급→2급, 2급→1급)을 취득하기 위해 받아야 하는 승급교육으로 나눌 수 있다.

직무교육은 40시간, 승급교육은 80시간을 원칙으로 하며, 직무교육은 보육서비스에 필요한 지식과 기술을 유지하고 개발하기 위하여 받는 교육을 의미한다. 이는 다시 일반직무교육과 특별직무교육으로 구분되는데, 특별직무교육을 이수한 자는 일반직무교육을 이수한 것으로 인정된다.

일반직무교육은 현직에 종사하고 있는 보육교사로서 보육업무 경력이 만 2년을 경과한 자와 보육교사 직무교육(승급교육 포함)을 받은 해부터 만 2년이 경과한 자, 현직에 종사하고 있는 보육시설의 장으로서 시설장 직무를 담당하는 첫 해와 보육업무 경력이 만 2년을 경과한 자를 위한 교육으로 나누어진다. 특별직무교육은 일반직무교육 대상자로 영아보육을 담당하거나 담당하고자 하는 보육교사 및 시설장을 위한 영아보육직무교육과 장애아보육을 담당하거나 담당하고자 하는 보육교사 및 시설장을 위한 장애아보육직무교육, 방과후 보육을 담당하거나 담당하고자 하는 보육교사 및 시설장을 위한 방과후보육직무교육과정으로 나누어진다.

승급교육은 보육교사가 승급하는데 필요한 교육으로 직무교육과 승급교육을 같은 해에 받아야 하는 경우에는 직무교육을 받지 않고, 승급교육으로 대체할 수 있다.

(5) 보육교사 승급교육

현재 영유아보육법에 의한 보육교사 승급교육은 3급 교사와 2급 교사가 각각 상위 직급으로 승급하기 위해서는 80시간의 교육을 받도록 하고 있다. 그러나 현행 보육교사의 승급교육은 현대사회의 급격한 변화와 이에 따른 새로운 보육 프로그램의 개발, 부모의 다양한 요구에 대처하기에는 교육의 양 · 질적 측면에서 미흡하다. 특히 유사직종인 유치원 유아교사의 현직교육(보수교육)의 60시간 이상, 자격연수(승급교육)가 180시간 이상인 점에 비추어 볼 때 보육교사의 자질 및 전문성 향상에는 한계가 있음을 보여준다. 또한 보수교육의 내용에 대해서는 실제가 기대에 비해 내용이 미흡한 실정이며, 보육교사의 배경 변인에 따라 각각의 요구가 다르고 보수교육 운영이나 방법에 대한 다양한 형태를 요구하고 있다.

승급교육은 보육교사의 새로운 지식과 기술 습득을 위해 핵심적 역할을 하게 된다. 따라서 승급교육은 교사들의 전문적 능력과 자질을 함양시키는데 반드시 필요하므로 체계적인 승급교육을 계획하고 실시하는 것이 필요하다. 이런 점에서 볼 때, 보육교사의 승급교육의 효율성을 높이기 위해서는 무엇보다도 기존의 승급교육의 내용과 관련된 현황, 요구, 그리고 문제점을 살펴볼 필요가 있다. 그동안 보육교사의 전문성 신장을 위한 보수교육 개선방안이나 보수교육 내용과 방법의 실제와 관련된 연구는 있었으나 모두 직무교육인 일반 보수교육에 국한되어 있었고, 1급 승급교육에 관련된 내용의 연구는 매우 미흡한 실정이다. 더구나 현장에서는 질높은 보육시설 운영에 대한 요구가 높아지고 있으며, 실제 교육현장에서 중요한 역할을 하고 있는 교사들의 배경이 다양한 실정이므로, 전문적 지식과 자질을 갖추어야 하는 보육교사에게 효과적이고 실질적인 승급교육이 매우 필요한 실정이다.

2) 이수과목

보육교사가 되기 위하여 보육실습 이전에 이수해야 할 선수교과목은 다음의 〈표 2-2〉와 같이 영유아보육법에 규정되어 있다. 각 과목은 3학점을 기준으로 하며 최소 2학점 이상이어야 한다.

영유아보육법은 실습할 기관, 지도교사, 실습기간, 평가에 관한 사항을 명시하고 있다. 즉, 실습기관은 법적으로 인가받은 보육시설 및 종일제 유치원에서 실습을 할 수 있다. 이때 가정보육시설에서의 실습도 가능하나 반드시 15인 이상의 어린이를 보육하도록 인가받은 시설이어야 한다. 어떠한 어린이집을 선택할 것인가는 자신이 앞으로 취업, 혹은 어린이집 운영에 관한 계획에 따라 적절한 기관을 결정하는 것이 바람직하다. 실습기관을 정할 때 염두에 두어야 할 사항은 앞으로 자신의 진로와 관련지어야 하

〈표 2-2〉 보육교사 자격 관련 교과목

영역	교과목	이수과목(점수)
교사인성	보육교사(인성)론, 아동권리와 복지	2과목(6학점)
보육 지식과 기술	보육학개론, 보육과정, 영유아발달, 영유아교수방법론, 놀이지도, 언어지도, 아동음악(또는 아동동작, 아동미술), 아동수학지도(또는 아동과학지도), 아동안전관리(또는 아동생활지도)	9과목(27학점)
	아동건강교육, 영유아 사회정서지도, 아동문학교육, 아동상담론, 특수아동이해, 어린이집 운영관리, 영유아 보육프로그램 개발과 평가, 보육정책론, 정신건강론, 인간행동과 사회환경, 아동간호학, 아동영양학, 부모교육(론), 가족복지(론), 가족관계(론), 지역사회복지(론)	9과목(27학점)
보육실무	아동관찰 및 행동연구, 보육실습	2과목(6학점)
전체	17과목(51학점) 이상	

며 이 모든 것들을 보육실습 담당교수와 상의하는 것이 좋다.

실습기관의 지도교사는 반드시 보육교사 1급 혹은 유치원교사 1급 자격을 소지한 자이어야 한다. 이러한 자격증을 소지하였더라도 경력이 얼마나 되었으며, 실습생을 지도해 본 경험이 있는지 등 여러 가지 사항을 검토하여야 한다. 실습기간은 1일 8시간, 6주, 240시간 이상을 원칙으로 하되, 야간 대학 등의 경우에는 실습을 2회에 나누어 실시할 수 있다. 즉, 주 1일씩 실습을 하여 160시간 동안 실습을 하는 것은 인정되지 않는다. 실습의 평가는 실습계획서에 근거하여 행하되 평가점수가 80점 이상인 경우에만 실습을 이수한 것으로 인정한다.

3) 보육교사의 임용

보육인력은 기관의 질을 좌우하는 결정적인 요인이다. 그러므로 기관이 적합한 능력과 자질을 갖춘 보육인력을 임용하고 이들을 위한 근무여건에 관심을 가지고 지원하는 것은 기관의 질을 높이는 지름길이다.

(1) 임용과정

보육인력의 임용과정은 모집과 선발을 통해 우수한 인력을 확보하여 보육현장에 배치하는 것을 말한다. 보육인력의 임용은 공개경쟁을 원칙으로 하는 것이 업무에 대한 자부심과 책임감을 높이는 데 도움이 된다(Sciarra & Dorsey, 1998).

(2) 임용 및 직무연수

보육인력을 선발하고 나면 임용에 필요한 서류를 구비하고 정식으로 임용을 하게 된다. 임용과 더불어 반드시 수행해야 할 것은 보육인력의 직무연수다. 신임교사 직무연수의 내용은 보육서비스의 역할, 보육시설의 운영방침, 보육프로그램의 운영, 교사의 역할과 책임 및 복무규정 등을 포함한다. 이 과정을 통해 보육시설의 직원으로서의 소속감 및 동기부여, 책임감을 형성하게 된다. 그리고 더 나아가서 교사의 보수교육이 잘 이루어지도록 해야 한다.

(3) 보육인력의 업무정지 및 자격정지

「영유아보육법」을 기초로 하여 교직원의 징계 및 징계절차 역시 보육시설운영세칙에 명문화된 규정과 절차에 따라 처리하는 것이 바람직하다. 이와 같은 법적인 징계기준뿐만 아니라 보육시설의 직원들이 직무에서 윤리적 기준으로 삼을 수 있는 윤리강령의 마련이 필요하다.

(4) 보수 및 후생복지

성공적인 인력 관리는 조직목표의 공유, 동기부여, 의사소통, 지도 감독, 평가, 그리고 적절한 보상에 의해 이루어진다. 적절한 보상은 보수와 각종 후생복지제도를 통해 이루어진다.

(5) 교직원의 임무 및 업무분담

보육시설을 효율적, 합리적으로 운영하기 위해서는 보육과 관련된 업무를 교직원들 간에 공정하고 능률적으로 분담하도록 조직하는 것이 중요하다. 보육 관련 업무는 교직원들은 자신의 직책에 따른 고유업무와 교직원들이 공동으로 분담해야 하는 공동업무로 나눠진다. 교직원들의 직책에 따른 고유의 역할을 성실하게 수행하는 것은 물론 다른 교직원들과 협력하고 자신에게 분담된 업무를 충실하게 수행하는 것도 요구된다.

(6) 직무관련교육

직무교육은 보육서비스에 필요한 지식과 기술을 유지, 개발하기 위하여 보육시설의 장 및 보육교사가 최초 자격 취득 또는 승급 후 매 3년마다 받는 교육을 의미한다.

직무교육은 일반직무교육과 특별직무교육으로 나뉜다. 일반직무교육에는 현직에 종사하고 있는 보육교사로서 보육업무경력이 매 만 2년이 경과한 자를 위한 교육과 현직에 종사하고 있는 보육시설의 장으로서 시설장의 직무를 담당하는 첫해와 보육업무경력이 매 만 2년이 경과한 자를 위한 교육이 있다. 특별직무교육에는 영아보육직무교육, 장애아보육 직무교육, 방과 후 보육 직무교육이 있는데, 이 직무교육들은 일반직무교육 대상자 중 영아보육, 장애아보육, 방과 후 보육을 담당하고 있거나 담당하고자 하는 보육교사 및 시설장을 위한 교육이다.

승급교육은 보육교사가 승급하는 데 필요한 교육을 의미한다. 단, 직무교육과 승급교육을 같은 해에 받아야 하는 경우는 직무교육을 받지 않을 수 없다.

(7) 평가

교직원들의 직무수행계획은 세심하게 이루어지며 관리자와 교직원 모두 건설적이고 성장을 촉진하는 방식으로 수행을 평가한다. 시설장은 객관적으로 교사의 근무평정을 실시하고 시정이나 요구되는 사항이 있을 때에는 긍정적이고 건설적인 제안을 한다. 또한 교사들의 자기 평가과정을 존중해주고 평가결과를 통해 나타난 부족한 부분을 보완하고 전문적 자질을 한층 발전시킬 수 있도록 도와준다.

또한 교사평가의 결과는 교사에게 적절한 업무를 배치하여 직무분담을 하게 하는데 기준으로 활용할 수 있다. 즉, 어떤 일을 가장 잘 수행할 수 있는 사람에게 맡김으로써 보육업무의 효율을 극대화할 수 있다.

〈표 2-3〉 교직원 채용 및 임면보고 절차

보육교직원 채용 (원장, 보육교사, 특수교사, 조리원 등)	○ 채용주체 : 어린이집 설치자 ○ 채용조건 : 자격기준을 갖춘 자 ※ 어린이집 원장 및 보육교사, 특수교사, 장애영유아를 위한 보육교사, 간호사, 영양사 등은 관련 자격증 소지자를 채용하여야 함.
⬇	
교직원 임면보고	○ 임면보고 절차 : 어린이집 → 시・군・구청장(채용 후 14일 이내) ○ 임면보고 시 구비서류 • 인사기록카드, 채용신체검사서, 자격증사본, 범죄경력조회결과서, 아동학대관련범죄 전력 조회 회신서 ※ 자격증 사본은 일정자격이 필요한 자(간호사, 영양사 등)에 한하며, 원장 및 보육 교사는 보육통합정보시스템으로 확인 가능한 경우 제외 ※ 인사기록카드 서식 전산화로 "임신육아종합포털(아이사랑)", "보육통합시스템"을 통해 임면보고 가능('15.2.2~) ※ 어린이집 및 시·군·구에서는 교직원 임면보고는 시스템을 통해 실시하고 적극 지도
⬇	
교직원 자격의 적격성 확인	○ 확인주체 : 시·군·구청장 ○ 확인대상 : 어린이집 원장, 보육교사, 특수교사, 치료사, 영양사, 간호사 ○ 확인방법 : 각 자격별 자격증명 서류 및 보육통합정보시스템
⬇	
교직원 결격사유조회 및 범죄경력조회	○ 결격사유조회 및 범죄경력조회 주체 : 시·군·구청장 ○ 내용 : 교직원 결격 사유(법 제20조)
⬇	
경력관리시스템 입력 관리	○ 교직원 임면 사항을 경력관리시스템에 입력 관리

PART 02

보육교사의 인성과 윤리

CHAPTER 03

보육교사 인성

1. 보육교사 인성

1) 개념

영아교사가 지니고 있는 지식이나 가치관 및 태도, 인생을 보는 관점이나 행동양식, 정서, 말투나 표정, 지식과 가치관까지 영아에게 많은 영향을 미친다(문월순, 2016). 영아의 특성인 교사를 모방해 학습하는 모습을 살펴볼 때 개인적 자질이 잘 갖추어진 영아교사가 필요하다. 따라서 어린이집에서 영아를 진심으로 사랑할 수 있는 인성적 자질을 갖춘 교사가 영아교육을 담당해야 한다. 영아교사는 단순히 지식을 전달하는 것이 아닌 바람직한 인격형성을 돕기 위해 교사 먼저 바람직한 인간적인 자질을 갖추어야 한다(백승선, 2010).

인성을 개인적 자질이라고 한다. 개인적 자질이란 발달적으로 가지고 있는 개인적 독특한 특성을 의미하며, 즉 사람 됨됨이를 말한다. 심신의 건강과 인성, 개인이 갖고 있는 독특한 특성, 가치관, 삶에 대한 성향이나 태도를 의미한다. 특히 의사표현이 정확하지 않고 연령이 높은 아동과 여러 발달차이가 있는 영아의 경우 신체적, 정신적 학대나 방임 등에서 더 취약한 대상으로서 여러 문제에 노출되기 쉬운 상황에 놓여 있다. 따라서 아직 발달의 여러 측면에서 미성숙한 영아기 아동에 대한 성인의 보살핌과 교육적 배려가 보다 세심하게 이루어져야 한다. 영유아 교사가 갖추어야 할 개인적 자질 덕목으로 유아에 대한 사랑과 이해, 인간에 대한 사랑, 성실한 마음, 봉사의 정신, 사려 있는 태도, 자발성, 도덕적으로 건전한 품성, 원만한 인간관계, 인내심, 공평성을 교사가 갖추어야 할 인성으로 보았다. 그리고 밝은 표정과 웃는 얼굴을 가진 긍정적인 성격, 인내심, 모든 유아를 차별 없이 사랑해 주어야 하는 공평함, 유아를 사랑하는 마음, 최선을 다하는 열정, 신체적 건강으로 제시하였다. 위와 같이 교사의 개인적 자질을 종합해보면, 교사의 인성적 특성으로 인간적 자질로도 표현되며 영아에 대한 사랑, 성실성, 정서적 안정감, 친밀함, 원만한 인간관계 형성, 공정성과 자제력, 일관성, 봉사성 등을 포함한다. 성품뿐 아니라 신체적 건강, 온화한 마음씨와 사람을 존중하는 태도와 인내, 다른 사람을 배려하고 생각하는 자세와 태도까지도 인간적 자질로 중요하게 여겨지고 있다.

따라서 영아교사는 영아의 개별 발달상황 및 행동에 민감하게 대처하고 반응해야 하므로 인내심이 강하고 따뜻한 성품을 지녀야 한다. 더불어 영아를 특별하고 소중한 존재로 인정하며 영아의 많은 요구에도 즐겁고 편안하게 대해야 하며 융통성을 가지고 새로운 과정을 즐기며 함께 수행해가야 한다. 즉, 영아교사의 인간적 자질이란 영아에 대한 사랑과 존중을 바탕으로 하며 영아가 안정적인 애착을 형성하는 점에서 전문적 자질보다 인간적인 자질이 요구되어야 한다고 강조하고 있다(전재선, 2011).

교사의 자질 부분에서 차지하는 인성에 대한 부분에 점차 중요성을 인식하고 더 많은 시간을 배정하고 교육하도록 실천의 노력을 기울이고 있다. 그러나 현장에서 여전히 개인적 자질에 대한 교사연수는 부족한 입장이며 보육의 질적 향상을 위해 교사의 인성교육은 예비교사는 물론이고 현직교사들에게 있어서도 필수적으로 이루어져야 할 필요성이 있다. 따라서 영아교사의 인성적 자질에 대한 교육이 체계적으로 꾸준하게 다양한 방법으로 이루어져야 한다.

영아교사의 인성은 영아에 대한 사랑과 존중하는 마음, 긍정적인 자아관, 정서적 안정, 신체적 건강, 신뢰성, 건전한 품성, 인내하는 마음 등으로 정리할 수 있다. 즉, 영아교사는 전문적 자질뿐 아니라 교사의 개인적 자질도 요구되어지며, 영아교사의 인성은 성인을 전적으로 의지하는 영아와의 관계에서 안정애착을 형성하므로 매우 중요하다고 하겠다.

2) 특징

인성은 흔히 성품, 기질, 개성, 인격, 성격 등 여러 가지를 포함하는 말로 일컫는다. 교육학에서 주로 사용되는 용어로서 심리학에서는 성격이란 말을 많이 쓴다. 그리고 인격이라는 의미로 사용되기도 한다. 일반적으로 이해되고 있는 인성이란 전통적인 가치관에 바탕을 둔 도덕적인 윤리적 성품을 의미한다. 그러므로 인성이 갖추어진 인간이란 예의범절이 뚜렷하고 규범을 잘 지키는 등 부모에게 효도하고 어른을 공경하며 이웃에 사랑을 베푸는 모범적인 인물을 자칭하여 말한다. 인성의 정의는 아마도 인성 이론자의 숫자만큼이나 많이 있을 것이다.

40여 년 전에 올포토(Allport)는 인성에 관한 문헌을 조사하여 50여 가지의 각기 다른 정의가 있다고 하였다. 실제로 인성에 관한 정의는 인성 이론의 중요한 부분을 이루고 있는 특정한 개념에 의해서 규정된다. 따라서 인성의 의미가 무엇이냐는 중요한 인성 이론을 모두 살펴본 뒤에라야 좀 더 분명하게 드러날 수 있을 것이다. 인성의 뜻이 무엇인지 학자들은 제각기 다른 주장을 하고 있다. 그래서 인성의 정의를 종합해 보면 '사람이 여러 가지 환경에 대하여 제각기 나름으로 반응하는 일괄적인 행동의 구조와 역공적 특성'을 말한다. 그러나 여기에서는 퍼빈(Pervin)이 1970년에 『인성 : 이론, 측정, 연구』라는 그의 저서에서 내린 정의를 살펴본다. "인성이란 여러 상황에 대하여 사람들이 독특하게 반응하는 구조적이며 역동적인 특징을 나타낸다." 이 정의를 기초로 하여 인성은 다음과 같은 특징을 지니고 있음을 그는 말한다.

첫째, 인성은 구조적인 측면과 역동적인 측면을 지니고 있다. 인성은 여러 부분으로 나누어질 수 있으며, 또한 그 여러 부분이 서로 어떤 관련을 지니고 있느냐에 따라서 제각기 다른 모습을 지니게 된다.

둘째, 인성의 구조나 역동이 어떤 것이든 관계없이 인성은 궁극적으로 행동으로서 정의를 내릴 수 있다. 이 행동은 결국 관찰할 수 있고 측정할 수 있는 것이다. 따라서 관찰하고 검증할 수 없는 인성의 개념이 배제되어야 한다.

셋째, 인성은 일관성을 지니고 있다. 개인이나 어떤 집단의 사람들이 지니고 있는 인성은 시시각각으로 변하는 것이 아니라, 상당히 오랫동안 계속해서 동일한 특징을 유지하는 경향이 있다. 따라서 인성에는 일관성, 향상성, 규칙성 등이 있다.

넷째, 사람은 진공 속에서 행동하는 것이 아니기 때문에 인성이란 상황과의 관련에 따라서 독특한 양상을 지니게 된다. 인성은 살고 있는 환경에 대해 개인이 반응하는 행동을 나타내는 것이어서 환경적 특징과 분리하여 생각하기 어렵다.

2. 보육교사 인성교육의 중요성과 목적

1) 중요성

21세기의 지식 정보화 사회에 있어서 교육 및 인적자원 개발의 가장 큰 과제는 어떻게 하면 지식과 정보의 광범위한 공유와 활용으로 물질적인 면뿐만이 아니라 정신적인 면에 이르기까지 보다 살기 좋은 세상을 만들 수 있을 것인가 하는 점이다. 교육과 인적자원개발은 지식을 배우고 가르치는 것에 편중되는 결과를 가져왔고, 이때까지 전통적인 한국 교육에서 중요하게 여겨왔던 인성교육과 정신교육, 즉 자기보다 남과 사회를 존중히 여기는 교육, 근본과 원칙을 중요하게 여기고 올바르게 사는 것을 중요하게 여기는 교육, 역사와 전통과 문화를 중요하게 여기면서도 국제 감각을 가지고 다른 나라의 문화와 전통을 존중하는 교육, 한 사람, 한 사람의 잠재된 능력을 개발하는 데 주력하고 인권을 존중하는 교육이 지적인 교육에 밀려서 등한시되지 않도록 노력하여야 한다. 지금 이 시점에서 인성교육과 공동체 교육이 특별히 중요한 것은 우리사회의 곳곳에 공동체 사회가 무너져 가고 있는 증거들을 많이 볼 수 있기 때문이다. 팽배한 개인주의와 법과 질서를 무시하는 단체 이기주의, 청소년 범죄의 증가 등이 우리사회의 위험을 알리는 증거들이다.

2) 목적

세계화, 정보화 시대에 능동적으로 대처하고, 세계 속에 자랑스러운 한국인으로 세계인과 더불어 살아갈 수 있도록 하기 위하여 '덕성과 창의적 능력을 함께 갖춘 사람다운 사람'을 기르는 데 있다.

우리사회는 급격한 산업화와 개방화에 따른 물질적 풍요로움으로 가치관의 혼돈, 개인주의, 비인간화의 현상을 초래하고 있고, 산업화에 따른 부모의 역할 부족으로 전통 예절, 효도, 미풍양속 등 기본 생활 예절이 부족하고, 핵가족화에 따른 가족 공동체의 이해 부족으로 가족 간의 사랑이 결핍되어 가고 있으며, 학교에서는 입시 위주의 교육으로 인해 인성교육의 필요성이 제기되고 있다. 바른 인성교육을 위해서는 학교 교육 기능의 정상화로 인성교육의 장을 마련해야 하고, 다음으로 가정 문화의 회복으로 효·경·예 사상의 생활화가 이루어져야 하며, 사회에서도 사회구조의 역기능적인 요소가 자율적으로 정화되도록 노력해야 할 것이다.

3. 보육교사 인성교육의 필요성

1) 민족, 국가적 측면

선진 국민일수록 자기 나라의 역사를 소중히 여기고, 자기 나라에 태어난 것을 자랑으로 여기고, 자기 나라의 문화를 계승, 발전시키려고 힘쓰고 있다. 그러나 오늘의 사회는 세계화, 개방화의 물결 속에서 외래문화를 무분별하게 수용하여 우리의 주체성을 상실하지 않을까 염려가 되기도 한다.

따라서 우리의 전통 문화를 계승, 발전시키고 공동체 의식을 높이는 교육과 민족의 동질성을 높이는 교육은 우리 민족의 뿌리를 튼튼히 하는 것이며, 이는 곧 국가 발전의 원동력이 된다. 그러므로 실천 위주의 인성교육은 민족과 국가의 발전을 위하여 강화되어야 한다.

2) 사회적 측면

그동안의 급속한 경제 발전의 역기능으로 가치관의 혼란과 사회 병리현상이 가속화되고 있다. 즉, 전통적인 가치의 상실, 도덕성의 상실 등은 점점 심해지고 있으며, 이는 우리사회를 병들게 하는 원인이 되고 있다. 아울러 이와 같은 사회현상이 그대로 청소년들에게 노출되어 앞으로의 사회 혼란도 걱정이 될 수 있다. 그러므로 풍요롭고 사랑이 넘치는 사회를 만들기 위하여 인성교육은 강화되어야 한다.

3) 개인적 측면

사람은 누구나 인간으로서의 존엄과 가치를 가지며, 행복을 추구할 권리를 가지고 있다. 그러나 인간은 다른 사람들이 나를 존중하고 인정해 줄 때 최대의 행복을 느끼게 마련이다. 따라서 인성교육은 다른 사람을 존중하고 다른 사람에게 폐가 되지 않도록 예절과 질서를 지키고 서로 도우며 더불어 행복을 찾도록 하는 교육은 개인의 행복을 가꿔 주는 기본이 된다.

4) 가치관의 혼란과 성적주의

급변하는 정보산업사회 환경에서 아이들은 가치관이 흔들리면서 능률만을 강요하는 시대적 산물로 혼돈 속에서 방황하고 있다. 편향된 성적 최고주의는 엘리트를 만드는 편향된 학력위주교육을 추구해 온 결과 아이들 인성의 다양한 요소를 적절하고 조화롭게 발달시키지 못했다.

5) 사회성 부족 및 비인간화 교육

자신이 포함된 집단이나 사회에서 살아가기 위해 지녀야 할 공동체 속에서의 유대감, 규칙, 협동, 예절 그리고 자신을 바르게 표현하고 즐기는 생활이 부족하다. 교육목적 면에서는 인격교육이 아주 희미하고, 교육내용 면에서는 가치감각을 일깨워주는 교양교육이 시들해지고, 교육방법 면에서는 교사와 아이들, 아이들끼리의 대화와 협동이 거의 없어지고, 교육체계 면에서는 학교생활이나 조직이 거대한 군대처럼 움직여 그 속에 인간성이 파고들 틈이 없다.

4. 인성교육의 원리

인성을 '다른 사람과 구별되는 사고와 태도 그리고 행동의 특성'이라고 볼 때 인성교육이란 인본주의 사상과 인간존중 사상을 바탕으로 인간성과 인간의 태도, 흥미, 가치관을 중시하여 사람다운 사람으로 교육하는 것을 의미한다고 정리할 수 있다.

1) 일관성의 원리

교사가 학습자에게 요구하는 내용과 방식, 평가의 척도가 항상 일정해야 하며, 언행도 학습자에게 모범이 되어야 한다.

2) 지속성의 원리

인성 덕목의 학습은 일시적이거나 단속적이어서는 안 된다. 학생들이 어떤 계기로 바람직한 행동 특성을 학습했다 하더라도 그것이 계속적으로 실현되지 않으면 내면화, 습관화되지 못한다. 따라서 인성 덕목의 학습은 학교에서 꾸준히 학습될 수 있도록 계획되어야 한다. 이를 위해 학년 간 및 학교급 간에 덕성교육이 지속될 수 있도록 계획을 세우고 실천해 나가야 한다.

3) 자율성의 원리

교육의 장에서는 학습자가 주체가 되어야 한다. 특히 인성교육의 과정에서는 학생들의 적극성과 능동성에 기초해야만 한다. 인성교육은 궁극적으로 학생 각자가 스스로 올바른 도덕의식을 갖고 이를 실천해 나가도록 도와주는 과정이라고 할 수 있다. 학생 각자가 인격을 완성시키고 덕성을 갖추는 일은 학생 본인에게 책임이 있기 때문이다. 그러나 자율성을 발휘할 수 있는 능력은 발달단계에 따라 차이가 있으므로 학년과 학교급 등이 올라갈수록 자율적인 경험의 기회를 늘려야 할 필요가 있다.

4) 체험의 원리

인성교육은 결과가 도덕적 지식을 획득하는 수준에 그치는 것이 아니라 학생의 가치관 형성에 직접적으로 기여하고 내면화되어야 한다. 교육내용이 학생의 정신세계 속에 완전히 내면화되기 위해서는 생활에서의 체험이 중요하다. 여러 교육의 영역을 통해서 가능한 한 덕목과 관련된 행동을 직접 실천해 볼 수 있는 기회를 제공해 주는 것이 필요하다. 긍정적인 환경 조성과 생활 지도를 통해 체험하거나 활동하는 기회를 제공해야 한다는 것이다.

5) 학교, 가정, 사회협력의 원리

인성교육은 생활의 장을 벗어나서 이루어질 수 없으므로 학생이 생활하는 학교, 가정과 사회의 구성원 모두가 협조적 체제를 이루고 학생의 인성교육을 해야 효과를 거둘 수 있다. 학교, 가정, 사회는 인성교육을 위한 공동 책임이 있다.

5. 보육교사가 갖춰야 할 인성적 자질

보육교사가 갖춰야 할 인성적 자질은 다음과 같다.

1) 자기이해

자기이해 측면 발달은 교사의 자기 자신에 대한 이해로서 교사로서의 자신감, 유아와 자신 및 타인에 대한 긍정적인 태도, 전문적 성장의 적극성으로 교사 자신에 대한 이해가 유아에 대한 이해와 맥을 같이 한다. 교사가 자신을 어떻게 이해하고 있는가 하는 자기이해는 교수 상황에서 직면하는 다양한 문제에 대한 의사결정이나 구체적인 교수행위에 영향을 미친다.

2) 인간됨

사회적 관점에서 인성은 인간됨의 가치척도를 의미하는데, 여기서 인성은 사회구성원으로 속한 인간이 추구해야 할 품성이나 덕목, 마음씨 등 윤리적인 가치를 강조한다. 즉, 동물이 지니는 수성과 다른 인간 본연의 성질, 인간다운 가치가 내포된 사회적, 도덕적 의미가 부여된 품성을 의미한다. 즉, 인성은 한 개인이 속한 사회적 가치와 덕목으로 원만한 인간관계 능력 또는 유능한 사회적 능력을 기르기 위해 함양되어야 하는 것으로 본다.

3) 성품

유아기는 다른 학령기보다 교사의 행동, 말투, 성격, 태도 등을 모방하는 경향이 강하게 나타나는 발달적 특성으로 인해 모델링 대상으로의 교사는 유아의 학습뿐 아니라 인성부분에서도 지대한 영향을 끼치게 되므로 교사의 인성특성은 유아교육의 질과 성패를 예측하는 중요한 요소로서 여러 학자들에 의해 다양하게 제시되어 왔다.

4) 인품

Hamachek(1992)은 훌륭한 인성을 갖춘 교사는 수업을 처음부터 끝까지 근본적인 인간화 과정으로 생각한다고 말한다. 그러한 교사는 유머감각을 가지고 있으며, 공감각 이해능력이 높고, 융통성이 있으며, 보다 민주적이고 자발적이며, 유아와 동료들과 자연적으로 그리고 쉽게 관계를 맺는다고 말한다. 교사의 개인적인 자질로서 인성을 바라본 박용헌(1971)은 교사는 하나의 인간으로서 독특한 인성을 가지고 있으며, 이 인성은 명백히 성공적인 교사 여부와 관련된다고 주장하였다. 그는 교사의 인성요인으로 유머, 비판에 대한 반응, 상식, 안정감과 자신감, 창의성, 건강, 외모, 도덕적 인품, 사회성, 지도성을 제시하였다.

어린이집 교사의 인성에 초점을 둔 진실성, 유아에 대한 존중, 공감적 이해, 애정, 개방성을 교사가 갖추어야 할 인성요인으로 보았으며, Seefeldt(1980)는 근본적으로 유아를 좋아하고, 유아에 대한 감정이입과 현재 수준을 수용할 수 있는 능력을 갖추어야 하며, 융통성 있고 선입견을 갖지 않는 것, 지적 호기심, 유아와 부모에 대한 이해와 사랑, 교사로서의 자기성장 능력을 인성적 특성으로 제시하였다.

5) 전문적 자질

어린이집 교사는 전문적으로 분류됨에도 불구하고 상위학년의 교사보다 사회적으로 낮게 평가되고 있으며, 교육의 중요성에도 불구하고 학부모들의 잘못된 인식으로 인해 교사들의 갈등과 높은 이직률의 원인이 되고 있으며 어린이집 교사의 이념이 사회적인 문제로 지적될 때마다 유아교육의 공교육화에 대한 재고가 논의되어 왔다. 이에 대한 문제해결을 위해 최근 국가적인 차원에서 「유아교육 선진화 방안」을 발표하여 현행되고 있는 어린이집 교사 자격기준 및 양성에 대해 엄격화할 것을 강조하였으며, 교육적 차원에서도 교육평가제 도입을 공표하고, 유아교사 윤리강령이 필요함을 재차 강조하고 있다.

어린이집 교사의 전문성을 강화하고 유아교육의 공교육화를 위한 하나의 방안으로 어린이집 교사의 인성에 대한 합의된 개념과 평가가 필요하며 현 어린이집 교사 및 예비 어린이집 교사의 인성에 대한 연구 및 교육이 뒷받침되어야 할 것이다.

CHAPTER 04

보육교사의 윤리와 윤리강령

1. 보육교사의 윤리의미

보육현장에서는 보육교사 교직윤리에 관한 교사교육의 부족과 윤리강령의 부재로 인해 교사들이 뚜렷한 윤리적 지침을 가지지 못하여 영유아들의 권리가 훼손되거나 가정의 다양한 문화가 존중받지 못하고, 동료와 기관과의 갈등을 겪거나 지역사회, 사회에 대해 한 전문인으로서의 윤리적 책임을 소홀히 하는 등의 수많은 윤리적 딜레마를 겪고 있다. 교직윤리란 보육교사로서 지켜야 하는 사회적 규범을 의미하는데, 보육교사의 교육실천적 행위의 가치를 판단하는 기준이 되는 것이다(조형숙, 2009). 이와 같은 관점에서 전문직으로서의 유아교사의 교직윤리 교육과 윤리강령 제정의 필요성이 시급히 제기되고 있는 실정이다.

교직윤리의 책무성과 관련하여 영유아보육과 교육에 있어서의 윤리적 행동의 기준은 영유아보육과 교육 분야의 오랜 역사에 근간을 둔 핵심가치에 대한 책무의 근거는 다음과 같다.

첫째, 유아기를 인생에서 특별하고 가치 있는 단계로 인식하고 있다.

둘째, 유아가 어떻게 발달하고 학습하는지에 대한 지식에 기초한다.

셋째, 유아와 가족 간의 결합을 인식하고 지원하고 있다.

넷째, 유아는 가족, 문화, 조직, 사회의 맥락에서 가장 잘 이해되고 지원받는다는 것을 인지한다.

다섯째, 각 개인(유아, 가족구성원과 동료)의 존엄, 가치, 유일함을 존중하고 있다.

여섯째, 유아, 가족, 동료들의 다양성을 존중하며, 마지막으로 유아와 성인은 신뢰와 존중을 기초로 한 관계의 맥락에서 그들의 모든 잠재능력을 발현한다는 것을 인지하는 것이다.

교직윤리는 교사가 그 직무수행과 관련하여 스스로 또는 관련된 다른 사람들에 대하여 지켜야 할 것으로 약속되고 기대되는 사회적 규범으로, 자발적 · 능동적 · 비공식적이며 책무성을 지닌다. 특히 고도의 자율성에 따른 보육의 책무성은 영유아보육과 교육의 오랜 역사에 근간을 둔 핵심 가치에 대한 사회적 책무에 근거한다.

2. 보육교사의 윤리의식의 중요성

보육교사는 영유아들과 하루일과를 보내며 많은 선택과 다양한 역할을 감당해야 하며, 하루 종일 끊임없이 일어나는 영유아, 학부모, 동료와의 관계 속에서 보육의 불확실성과 동시성, 딜레마의 특성을 동시에 감당하며 윤리적이고 도덕적인 문제에 당면하게 된다(박은혜, 2009).

또한 보육의 전문화가 빠른 속도로 진행되는 시점에서 보육교사, 부모, 사회에서 존재하는 교육관, 가치관, 태도나 인식의 차이 등은 보육교사로 하여금 새롭고 다양한 갈등에 직면하게 한다. 이러한 교실에서 경험하는 수많은 윤리적인 문제나 갈등은 단순히 보육과 관련된 전문적 지식이나 기술, 교육철학만으로 해결하기는 어려우며, 보육교사의 교직윤리 인식을 토대로 영유아의 권리를 존중하며 보육활동이 일어날 때 질 높은 보육을 기대할 수 있다(조필수, 2007). 따라서 보육교사 윤리의식의 중요한 이유는 다음과 같다(윤종건, 1996).

첫째, 교직윤리는 교직 행동의 비공식적 규범으로서의 성격을 지니고 있다. 윤리와 도덕은 사회, 집단의 행동이나 실천의 비공식적 규범으로, 의무나 강제성이 아닌 능동적이고, 자율적이며 비공식적인 행동규범으로 개인의 양심에 맡겨진 사항이다. 따라서 강제성은 없으나 공동체나 사회에 미치는 영향은 지대하다.

둘째, 교직윤리는 교육의 목적, 내용, 교수과정, 학생, 학부모들과의 관계, 자기관리의 노력 등 교사의 모든 행위와 관련이 있다.

셋째, 교직윤리는 교육의 질을 결정하는 요소로서의 성격을 지닌다. 우수한 인재의 육성, 풍부한 자질과 탁월한 능력을 소유하는 국민의 육성이 바로 교육의 질인데, 교사의 윤리 확립 여부가 교육의 질을 결정하므로 교사의 윤리관 확립이 새로운 과제로 부각된다는 것이다.

마지막으로 교직윤리는 실천적 행동강령으로서의 특성을 가진다. 교사는 근로자성, 전문성의 두 울타리 속에서 의무와 책임 간의 갈등을 겪으면서 구체적인 실천을 요구받는 직업인 것이다. 이와 같이 교직윤리가 중요한 이유는 사실상 교사의 교육의 질을 결정하는 가장 근본적인 요소이며, 이는 곧 학생의 인권과 가정의 복지, 국가와 사회의 발전과 직접적인 연관성을 갖는 것이기 때문이다.

3. 보육교사의 윤리의식의 의미

1) 유아에 대한 윤리

유아기는 인생에서 독특하고 가치 있는 기간이다. 교사의 최고의 책임은 유아에게 안전하고 건강하고 충분한 영양을 주며 반응적인 환경을 제공하는 것이다. 교사는 각 유아를 귀중하게 여기고 유아들이 함께 사는 법을 배우도록 돕고 자기존중감을 가질 수 있게 격려하며 유아가 발전해 나갈 수 있도록 돕는 일에 교사 자신을 바친다.

2) 가정에 대한 윤리

유아발달에 있어 가정은 매우 중요하다. 가족과 교사 모두 유아의 복지에 공동관심이 있으므로 유아교육기관과 가정과의 협력 및 조화는 유아의 발달에 큰 영향을 미친다.

3) 동료 및 기관에 대한 윤리

서로 돌보고 협조하는데서 인간의 존엄성이 증대되고 직업에 대한 만족도가 높다. 서로 긍정적 관계가 되어야 하고 교육기관에서의 일과 전문가적 요구를 지지해 주는 환경과 관계를 조성하고 유지하는 내용이 포함된다. 이 범주에는 동료교사, 원장, 기관에서의 윤리가 포함되어 있다.

4) 지역사회 또는 사회에 대한 윤리

유아교육기관 프로그램들이 가정과 공공기관과의 협력관계 하에 이루어진다. 교사들의 임무는 각 지역사회가 필요로 하는 프로그램을 사회에 제공하는 것과 유아에 대한 공동의 책을 지고 있는 기관 및 전문가들과 협조해 일하는 것이 포함된다.

4. 보육교사의 윤리강령 Ⅰ

1) 개념

가르치는 일은 필연적으로 수많은 딜레마에 직면하게 된다. 딜레마란 같은 비중의 가치가 서로 충돌하여 그 어느 쪽으로도 의사결정을 내리기 어려운 상태를 의미한다. 윤리강령은 교사들이 바로 이런 딜레마에 직면했을 때 가장 적절한 의사결정을 내릴 수 있도록 이끌어 주는 지침이다. 캐츠가 정의한 윤리강령의 개념을 살펴보면 다음과 같다. 윤리강령이란 우리가 옳다고 믿는 것을 행할 수 있도록 도와주는 것이다. 특별히 우리가 옳다고 믿는 것을 행할 때 위험이 따르는 경우에는 더욱 그렇다. 옳은 일을 하면 칭찬이나 보상을 받을 확률이 높은 상황에서는 위험이 많은 상황만큼 윤리강령이 요구되지 않을 수 있다. 윤리강령이란 목표를 위해 어떤 일을 시행하는 과정에서 우리가 행동해야 할 옳고 좋은 방법에 관한 진술이다. 그것은 우리가 봉사하고 있는 사람들에게 최상이라고 판단되었을 때 비록 사람들이 동의하지 않을지라도 우리들의 전문적 판단에 따라 행동하도록 우리를 서로 격려하는 말이다.

윤리강령은 우리가 봉사하고 있는 사람들이 우리를 좋아할 수 있도록 행동하게 하는 것이 아니라 이 사람들에게 가장 이익이 될 수 있도록 행동하게 한다. 어떤 의미에서, 윤리적 진술은 옳은 것과 더 옳은 것 사이의 선택일 수 있다. 사실, 옳은 것과 옳지 못한 것 사이의 선택은 별로 문제가 되지 않는다. 두말할 필요 없이, 윤리적 원칙은 일반적으로 우리사회에서 가치 있다고 생각되는 집단의 관점을 반영하고 있다.

이러한 윤리강령은 제정 자체가 중요한 것이 아니라 실질적으로 교사들에게 전달되어 교사들의 의식 속에 행동의 규준으로 튼튼하게 자리를 잡을 때 교직의 책무성을 바람직하게 실천할 수 있는 것이다. 따라서 윤리강령이 유아교사의 교직생활 전반에서 실질적인 가치판단과 행동규준으로써 힘을 발휘할 수 있도록 하기 위해서는 교사교육의 측면에서 실천적 노력이 필요하다고 하겠다. 왜냐하면 교과서적인 내용으로 문서화된 윤리강령이 교사들의 마인드에 자리 잡도록 하기 위해서는 이를 실천적인 내용으로 풀어 현장에서 실천할 수 있도록 교사들에게 이해되고 내면화되는 과정이 필요하기 때문이다(Kaczmarek, 2001).

『보육인 윤리 선언』

나는 영유아의 건강한 성장과 발달을 지원하는 보육교사(어린이집 원장)로서, 직무상의 윤리적 책임을 다하여 다음 사항들을 지킬 것을 다짐합니다.

1. 나는 내가 영유아에게 지대한 영향을 미치는 존재임을 잊지 않으며, 항상 스스로의 말과 행동에 신중을 기한다.

1. 나는 영유아의 인격과 권리를 존중하며, 어떠한 경우에도 영유아에게 해가 되는 일을 하지 않는다.

1. 나는 영유아 가정의 다양성을 이해하고 존중하며, 상호 신뢰하는 동반자적 관계를 유지한다.

1. 나는 동료를 존중하고 지지하며, 서로 협력하여 최상의 보육서비스를 제공하기 위해 노력한다.

1. 나는 보육의 사회적 책임과 역할을 인식하고, 영유아의 권익과 복지를 위한 활동에 앞장선다.

1. 나는 「어린이집 원장 · 교사 윤리강령」을 직무수행의 도덕적 규준으로 삼아 진심을 다하여 충실히 이행한다.

『어린이집 원장 및 보육교사 윤리강령』

보육은 영유아를 건강하게 양육하고, 안전하게 보호하며, 발달특성에 적합한 교육을 제공하는 복지서비스이며, 보육인은 사랑과 존중과 전문지식을 바탕으로 영유아의 전인적 성장에 영향을 미치는 전문직업인이다. 그러므로 보육인은 윤리적 의식과 태도를 가지고 사회적 본분에 임해야 한다.

이에 어린이집 원장과 보육교사는 스스로 책무성을 발현하여 윤리강령을 제정함을 밝힌다. 본 강령을 직무수행의 규준으로 삼아, 보육현장에서 발생하는 윤리적 갈등을 해결하고, 생존권, 보호권, 발달권, 참여권 등 영유아의 권리를 보장함으로써, 직무상의 윤리적 책임을 다하여 전문직업인으로서의 위상을 공고히 하고자 한다.

더불어 영유아와 그 가정, 동료와 사회의 존엄성을 존중하는 보육의 실천으로 다각적인 신뢰를 구축하고, 영유아의 잠재력을 최대한 발휘시킴으로써 영유아가 긍정적인 자아개념을 형성하고 유능한 사회인으로 성장할 수 있도록 도와, 궁극적으로는 영유아와 그 가정, 동료와 사회의 통합적 · 이상적 복지 실현에 기여하고자 한다.

제Ⅰ장. 영유아에 대한 윤리

1. 영유아에게 고른 영양과 충분한 휴식을 제공하여, 몸과 마음이 건강한 사람으로 자라도록 돕는다.
2. 성별, 지역, 종교, 인종, 장애 등 어떤 이유에서도 영유아를 차별하지 않고, 공평한 기회를 제공한다.
3. 영유아는 다치기 쉬운 존재임을 인식하여 항상 안전하게 보호한다.
4. 영유아에 대한 정서적, 언어적, 신체적 학대를 행하지 않는다.
5. 어린이집 내외에서의 영유아 학대나 방임을 민감하게 관찰하며, 필요한 경우 관련 기관("아동보호전문기관" 등)에 보고하고 조치를 취한다.
6. 영유아의 인격을 존중하고, 개인의 잠재력과 개성을 인정한다.
7. 개별적 상호작용 속에서 영유아의 요구를 수용하기 위해 노력한다.
8. 영유아의 사회・정서・인지・신체 발달을 통합적으로 지원하는 보육프로그램을 실시한다.
9. 특별한 도움을 필요로 하는 경우, 전문가와 협력하여 영유아의 입장에서 최선의 대안을 찾는다.
10. 보육활동을 계획, 실행, 평가하는 모든 과정에 영유아의 흥미와 의사를 반영한다.
11. 영유아의 개인적 기록과 정보에 대해 비밀을 보장한다.

제Ⅱ장. 가정에 대한 윤리

1. 상호 신뢰를 바탕으로 영유아의 가정과 동반자적인 관계를 유지한다.
2. 각 가정의 양육가치와 의사결정을 존중한다.
3. 경제적 수준, 가족형태, 지역, 문화, 관습, 종교, 언어 등 어떤 것에 의해서도 영유아의 가정을 차별 대우하지 않는다.
4. 보육활동 및 발달 상황에 관한 정보를 정확하게 제공하여 영유아에 대한 가정의 이해를 돕는다. 다문화, 심신장애 등으로 의사소통에 도움이 필요한 경우 문제를 해결할 최선의 방법을 도모한다.
5. 어린이집 운영 전반에 관한 정보를 공개하여 영유아 가정의 알 권리에 응한다.
6. 보육프로그램과 주요 의사결정에 영유아의 가정이 참여하도록 안내한다.
7. 필요한 사회적 지원, 전문서비스 등 관련 정보를 제공하여 영유아 가정의 복리 증진을 돕는다.
8. 영유아 가정의 사생활을 보호하고 익명성을 보장한다.

제Ⅲ장. 동료에 대한 윤리

[어린이집 원장]

1. 최상의 보육서비스 제공에 필요한 인적, 물적 환경의 조성 및 유지를 위해 노력한다.
2. 보육교사를 신뢰하고 존중하며 전문성과 자율성을 인정한다.
3. 성별, 학연, 지연, 인종, 종교 등에 따라 보육교사를 차별하지 않는다.
4. 업무 관련 의사결정이 필요한 경우, 보육교사의 의견 개진 기회를 보장한다.
5. 보육교사에게 지속적 재교육 등 전문적 역량 제고의 기회를 부여한다.
6. 보육교사에게 적정 수준의 보상(보험, 급여 등)을 안정적으로 제공하며, 복지증진에 힘쓴다.
7. 보육교사 개인의 기록과 정보에 대한 비밀을 보장한다.

[보육교사]

1. 존중과 신뢰를 바탕으로 협력하며, 서로의 전문성과 자율성을 인정한다.
2. 상호간 역량계발과 복지증진에 부합하는 근무환경이 되도록 힘쓴다.
3. 어린이집 원장 및 동료와 영유아 보육에 대한 신념을 공유한다.
4. 보육교사로서의 전문성 향상을 위해 스스로 노력한다.
5. 어린이집 내에서 영유아 및 보육교사의 인권과 복지를 위협하는 비윤리적 사태가 발생한 경우, 법률규정이나 윤리기준("한국보육시설연합회 윤리강령위원회" 참조)에 따라 조치를 취한다.

제Ⅳ장. 사회에 대한 윤리

1. 공보육에 대한 책임을 인식하고, 항상 질 좋은 보육서비스를 제공한다.
2. 영유아의 안전을 위협하는 환경이나 정책이 발견될 시, 관계기관과 협의하여 개선한다.
3. 공적 책임이 있는 어린이집으로서 재정의 투명성을 유지하고, 부정한 방법으로 사적 이익을 취하지 않는다.
4. 영유아의 권익보호를 위해 관련 정책 결정 및 법률 제정에 적극 참여하며, 사회적으로 이를 널리 알리는 데 앞장선다 .
5. 지역사회 실정에 맞는 어린이집의 책임과 역할을 인지하고, 실천하고자 노력한다.

출처: 중앙육아지원센터(http://central.chilcare.go.kr).

2) 보육교사에게 필요한 윤리강령 제정

우리나라에서는 아직까지 보육교사 윤리강령이 제정되어 있지 않다. 따라서 2010년 제정된 유치원 교사 헌장 및 윤리강령과 미국 NAEYC의 유아교사를 위한 윤리강령을 참고하여 보육교사 윤리강령을 제정한다면 구체적 내용은 다음과 같다.

첫째, 영유아들의 발달을 지원한다.

둘째, 개인 간의 차이를 존중한다.

셋째, 협동적으로 생활하고 일하는 방법을 배울 수 있도록 도와준다.

넷째, 건강, 자기 인식, 능력, 자기 존중감, 쾌활성을 증진시켜 주는 데 전념한다.

다섯째, 영유아와 가정 간의 밀접한 유대관계를 이해하고 지원한다.

여섯째, 영유아교육 프로그램이 영유아 발달과 영유아교육의 최신 이론에 기초한다.

일곱째, 영유아들을 양육하는 가정의 임무를 존중하고 지원한다.

여덟째, 지역사회와 공동체 내에서 영유아, 가정, 교사의 대변자로서 역할을 다한다.

아홉째, 개인의 가치, 의견, 편견이 전문적 판단에 얼마나 영향을 미칠 수 있는지 인식한다.

열 번째, 직업적 행동의 높은 기준을 유지한다.

열한 번째, 새로운 사상에 개방적인 자세를 취하고 다른 사람들의 주장으로부터 배울 것은 기꺼이 배운다.

열두 번째, 가정과 기관이 영유아의 발달을 강화하는 방향으로 서로 협조해야 할 책임이 있음을 인정한다.

열세 번째, 보육 및 교육전문가로서 직업의식을 갖는다.

열네 번째, 건전한 국가관과 확고한 교육관을 가지고 직업에 종사한다.

열다섯 번째, 건전한 언행과 생활태도로 영유아에게 모범이 되도록 한다.

열여섯 번째, 열린 사고와 개방적 태도를 가지고 전문성 향상에 매진한다.

열일곱 번째, 어린이집에서 일어난 안전사고나 위험 상황에 대해 가족에게 충분히 알린다.

열여덟 번째, 어린이집을 가족에게 개방하며 필요한 정보를 제공한다.

열아홉 번째, 영유아에게 관련된 법률과 정책을 이해하고 이를 개선하고자 노력한다.

스무 번째, 직원 간 상호존중과 협력을 통해 건전한 교직문화를 형성한다.

스물한 번째, 모든 유아들에 대해 인격을 존중하고 평등하게 대한다.

5. 보육교사의 윤리강령 Ⅱ

보육교사의 윤리강령은 2010년 한국보육시설연합회에서 발표한 '보육시설장 · 교사를 위한 윤리강령'이 있다. 윤리강령은 강제를 수반하는 법률적 성격을 가지지는 않지만, 교사가 직무수행에 있어 스스로 지켜야 할 것으로 기대되는 사회적 규범이자 행동의 지향점으로 인식하고 판단하는 기준이 된다(목혜정, 2013).

보육교사는 돌봄과 가르침을 수행하면서 만남과 관계를 형성하는 영유아, 부모, 동료, 원장 등과 윤리적 딜레마를 경험하게 되며, 이러한 양자택일의 곤란상황에서 본인이 보다 중시하는 기준에 따라 윤리적 의사결정을 하게 된다. 여기에서의 기준은 배려, 공정성 등의 윤리덕목이 될 수 있고, 이러한 덕목들을 포괄하는 의미의 윤리(예: 돌봄, 정의의 윤리)나 가치(예: 유아의 흥미)가 될 수 있으며, 업무수행 시 교사자신과 사회에 대해 지켜야 할 내용을 자율적으로 규정한 윤리강령이 될 수도 있다(Clark, 1995).

캐츠는 직업의 특성상 발생할 수 있는 여러 가지 종류의 유혹들을 잘 다룰 수 있는 기준을 세울 수 있도록 도와주는 것이 바로 윤리강령이라고 정의한 바 있다. 가르치는 일은 필연적으로 수많은 딜레마에 직면하게 된다. 딜레마란 같은 비중의 가치가 서로 충돌하여 그 어느 쪽으로도 의사결정을 내리기 어려운 상태를 의미한다. 윤리강령은 교사들이 바로 이런 딜레마에 직면했을 때 가장 적절한 의사결정을 내릴 수 있도록 이끌어 주는 지침이다. 캐츠가 정의한 윤리강령의 개념을 살펴보면 다음과 같다.

윤리강령이란 우리가 옳다고 믿는 것을 행할 수 있도록 도와주는 것이다. 특별히 우리가 옳다고 믿는 것을 행할 때 위험이 따르는 경우에는 더욱 그렇다. 옳은 일을 하면 칭찬이나 보상을 받을 확률이 높은 상황에서는 위험이 많은 상황만큼 윤리강령이 요구되지 않을 수 있다.

윤리강령 목표를 위해 어떤 일을 시행하는 과정에서 우리가 행동해야 할 옳고 좋은 방법에 관한 진술이다. 그것은 우리가 봉사하고 있는 사람들에게 최상이라고 판단되었을 때 비록 사람들이 동의하지 않을지라도 우리들의 전문적 판단에 따라 행동하도록 우리를 서로 격려하는 말이다. 윤리강령은 우리가 봉사하고 있는 사람들이 우리를 좋아할 수 있도록 행동하게 하는 것이 아니라 이 사람들에게 가장 이익이 될 수 있도록 행동하게 한다. 어떤 의미에서, 윤리적 진술은 옳은 것과 더 옳은 것 사이의 선택일 수 있다. 사실, 옳은 것과 옳지 못한 것 사이의 선택은 별로 문제가 되지 않는다. 두말할 필요 없이, 윤리적 원칙은 일반적으로 우리사회에서 가치 있다고 생각되는 집단의 관점을 반영하고 있다.

1) 캐츠의 보육교사의 윤리강령이 필요한 이유

캐츠의 보육교사의 윤리강령이 필요한 이유는 다음과 같다. 첫째, 보육교사의 힘과 지위가 영유아에 비해 우월하기 때문에 필요하다. 또한 영유아의 안녕을 위해 올바른 판단을 내릴 수 있도록 도와준다. 둘째, 윤리강령은 영유아나 부모 등의 다양한 요구에 대처하는 것을 도와준다. 즉, 영유아나 부모로 인한 문제들을 해결하는 데 윤리강령은 도움을 준다. 셋째, 경험과 과정을 중시하는 교육과정의 불확실성을 제거하고 교사가 결정하는 것을 도와준다. 윤리강령은 철학적 기초를 제공함으로써 교사의 결정에 방향성을 제시해줄 수 있다. 넷째, 보육교사의 적절한 역할이 무엇인지 혼란스러울 때 지침을 제공할 수 있다. 다양한 딜레마 상황에서 교사가 올바른 판단을 할 수 있도록 도와준다(박은혜, 2009).

2) 미국유아교육협회(NAEYC)의 유아교사 윤리강령 선서문

유아들을 담당하는 교사로서 나는 NAEYC의 윤리강령에 반영되어 있는 대로 유아들의 교육을 향상시키는데 전념한다.

- 유아교육프로그램이 유아발달과 유아교육의 최신 이론에 기초하도록 한다.
- 유아를 양육하는 가정의 임무를 존중하고 지원한다.
- 유아를 교육하는 동료들을 존중하고 그들이 NAEYC의 윤리강령을 준수할 수 있도

록 지원한다.

• 지역사회와 공동체 내에서 유아, 가정, 교사의 대변자로서 역할을 다한다.
• 직업적 행동의 높은 기준을 유지한다.
• 개인의 가치, 의견, 편견이 전문적 판단에 많은 영향을 미칠 수 있음을 인식한다.
• 새로운 사상에 개방적 자세를 취하고 다른 사람들의 주장으로부터 배울 것은 기꺼이 배운다.
• 전문가로서 끊임없이 배우고 성장하여 기여한다.
• NAEYC 윤리강령의 이상과 원칙을 존중한다.

윤리강령(Code of ethical conduct)
NAEYC Position Statement(1989년 채택, 1997년 수정)

서문(Preamble)

NAEYC는 유아교육 종사자에게 매일 요구되는 수많은 의사 결정들이 도덕적 · 윤리적 특성을 지닌다는 사실을 인식한다. NAEYC의 '윤리강령'은 책임 있는 행동에 대한 지침들을 제시하고, 유아들을 교육하고 보육하는 과정에서 직면하게 되는 중대한 윤리적 딜레마들을 해결하기 위한 보편적인 기준을 제공한다. 출생에서 8세에 이르는 유아들을 위한 프로그램들의 최우선적인 핵심 가치는 영유아와 그 부모에 관련된 일상생활에서의 실제의 초점을 맞춘다. 그러한 프로그램들로는 영아 프로그램, 취학 전 교육기관, 보육기관, 가정보육 · 유치원 · 초등학교 저학년 학급 등이 있다. 이 윤리강령은 상당수는 유아들을 직접 상대해서 일하지 않는 전문가들－행정가, 부모, 교육이론가, 대학교수, 아동 보육 자격증을 가진－에게도 적용될 수 있다.

핵심가치

영유아들을 보육하고 교육하는 과정에서의 윤리적 행동의 기준은 우리 분야의 역사 속에 깊이 뿌리 박혀 있는 핵심가치들에 입각한 것이다. 우리는 다음과 같은 가치에 동의한다.

i) 인생 주기에서 독특하고 가치 있는 한 단계로 이해하기
ii) 유아 발달에 관한 지식에 근거하여 직무 수행하기
iii) 유아와 가정 간의 밀접한 유대관계를 이해하고 지원하기
iv) 가족, 문화, 집단, 사회의 맥락 속에서만이 유아들을 가장 잘 이해할 수 있고 지원할 수 있다는 사실을 인식하기
v) 각 개인(유아, 가족구성원, 동료)의 존엄성, 가치, 개성을 존중하기
vi) 유아와 성인이 신뢰, 존경, 긍정적인 인식 등을 기초로 한 관계 속에서 유아들의 모든 잠재력을 발휘하도록 도와주기

개념적 체계

이 윤리강령은 (1) 유아 (2) 가족, (3) 동료, (4) 지역사회와 공동체의 4장으로 구분하여 교사의 전문적 책임에 관한 개념을 나타내고 있는데, 각 장은 과제를 수행하는 활동 영역을 나타내고 있다. 각 장은 ① 그 활동 영역에서 유아들을 담당할 교사들의 중대한 책임에 개념 도입, ② 모범적인 직업적 실천을 지향하는 일련의 이상들, ③ 어떤 실천이 요구되고, 금지되고, 허용되는지 정의내리는 일련의 원칙들을 포함하고 있다.

① 윤리적 딜레마들은 존재한다

때때로 교사가 취해야 할 최상의 윤리적 행동양식에 대한 '정답'이 분명하지 않다. 하나의 상황을 처리하기 위한 분명하고 긍정적인 방식이지 않을 수 있다. 하나의 중요한 가치나 다른 중요한 가치와 상충할 수도 있다. 따라서 우리가 '하나의 딜레마'에 처했을 때 가장 윤리적인 행동양식을 찾는 과정에서 모든 관계 당사자들과 협의해야 하는 것이 우리의 직업적 책임이다.

② 유아들에 대한 윤리적 책임

유아기는 인생주기에 있어서 독특하고 중요한 하나의 단계이다. 우리의 중대한 책임은 유아들에게 안전하고 건전하고 반응적인 환경을 제공하는 것이다. 우리는 첫째, 유아들의 발달을 지원하고, 둘째, 개인 간의 차이를 존중하며, 셋째, 협동적으로 자기 존중감, 쾌활성을 증진시켜 주는 데 전념해야 한다.

③ 가정에 대한 윤리적 책임

가정은 유아들의 발달에 있어서 커다란 의미를 가진다. 가정이라는 용어는 부모뿐만 아니라 유아에 관하여 책임을 담당하는 모든 사람들을 포함하는 개념이다. 가정과 유아들을 담당하는 전문가들은 유아의 복지에 관하여 공통적인 이해관계를 가지고 있기 때문에 우리는 가정과 기관이 유아의 발달을 강화하는 방향으로 서로 협조해야 할 책임이 있음을 인정해야 한다.

④ 동료에 대한 윤리적 책임

유아교육기관이라는 직무환경에서 인간의 존엄성은 존중되고 직업에 관한 만족도는 향상되어야 하며, 긍정적인 관계가 형성되어야 한다. 우리의 핵심 가치에 근거해 볼 때 이 활동 영역에서의 우리의 중요한 책임은 생산적인 직무수행을 지원하고 직업적 요구사항들을 충족시킬 수 있는 환경과 관계를 형성하고 유지하는 것이다. 유아에게 적용되는 것과 같은 이상들이 성인들에 대한 우리들의 책임에도 내재되어 있다.

⑤ 지역사회와 공동체에 대한 윤리적 책임

유아들에 관한 프로그램은 가정과 유아의 복지를 담당하는 기타 기관들로 구성된 근접 지역 내에서 운영된다. 지역사회에 대한 우리의 책임은 지역사회의 요구 조건을 만족시키는 프로그램을 제공하고, 유아들에 대한 책임을 나누는 기관들 및 전문가 등과 협조하며, 현재 실시되고 있지는 않지만 필요한 프로그램들을 개발하는 것이다. 더 큰 사회는 유아들의 복지와 보호에 관해 그 만큼의 책임을 요구한다. 유아의 발달에 관한 우리의 전문화된 지식 때문에 우리는 어떠한 경우에든지 유아들을 위한 대변인으로서의 역할을 수행할 의무를 받아들여야 한다.

출처: 미국유아교육협회. http://www.naeyc.org

6. 보육교사의 윤리적 딜레마

1) 개념

의사결정의 사고과정에서 효과적인 결정을 내리지 못하는 것을 딜레마라고 하며, 딜레마는 만족스럽지 않은 양자, 혹은 그 이상 가운데에서 한 가지를 선택해야 하는 상황이라고 할 수 있다. 윤리적 딜레마는 상충되는 두 가지 이상의 도덕적 요건이 동시에 나타나고 두 가지 이상의 도덕적 요건 중 한 가지를 선택해야 하며, 두 가지 대안 간의 비교가 어렵고 선택을 지연시킬 수 없으며, 만족스런 해결을 할 수 없음으로 인해 개인에게 곤경, 상실이나 무력감을 발생시킨다는 속성을 포함한다.

결국, 윤리적 딜레마는 윤리적 가치의 상충, 윤리와 의무의 상충, 불확실성과 밀접하게 관련되어 발생하며, 개인과 개인, 개인과 기관과의 윤리적 의견의 불일치, 제도적이거나 정책의 제약과 관련된 윤리원칙과 역할수행에 따른 책임감의 공존, 불확실한 상황 등에 있어 전문적 능력의 한계를 불러일으키게 된다.

2) 보육현장에서 딜레마 상황

(1) 자아정체성 관련 딜레마

교사는 유아들의 학습과 교수방법의 실제에 대한 연구를 수행할 수 있는 전문가이어야 한다. 또한 유아교사가 수행해야 하는 역할은 다양하다고 할 수 있다. 실제로 유아교사에 대한 관점은 '보호'와 '교육'을 함께 고려하는 전문가로서의 역할이 요구되는데 최근에는 다양한 상황에 대처할 수 있는 능력과 부모 및 지역사회와의 교류 등에 이르기까지 매우 포괄적이고 전문적인 역할수행이 요구된다고 할 수 있다. AECA에서는 윤리강령으로 교육기회를 통한 지속적인 재교육, 자신의 업무를 비판적 사고, 전문가들과의 정보 교환, 해당 분야의 연구 지원과 실행, 스스로의 전문적인 역할의 한계의 인식, 가족의 양육기능을 지원, 공식적인 전문자격의 중요성, 지역공동체와 사회에서의 전문직의 위상을 높일 수 있도록 노력해야 함에 대해 명시하고 있다.

유아교사의 교육활동 계획, 실행, 평가 등의 교육활동에 있어서의 자신에 대한 딜레마는 교직에 대한 전문성과 교사로서의 정체성에서 기인한다고 할 수 있는데, 교사의 전문성 중 첫째로 손꼽을 수 있는 건 가르치는 일이며, 이를 위해 당연히 전문적인 지식기술이 요구된다. 교사가 해결해야 할 문제 중 하나는 한 인간으로서 기본적 욕구신장과 교육자로서 하여야 할 임무를 주변 환경과 갈등 속에서 조화를 잘 이루어 자기 자신을 재발견하는 일이다. 따라서 교사의 정신적 건강은 교사 개인의 행복이나 안정을 유지할 뿐만 아니라 유아에게 미치는 영향이 크다는 점에서도 중요한 문제이다. 우선적으로 교사에게는 스스로 전문 직업인으로서의 확고한 의식과 자기 직업에 대한 높은 역할 기대가 요구되고 있다.

예) 유아교사는 만능인

유아교사는 만들기면 만들기, 그리기면 그리기, 색종이 접기, 수업준비, 노래 다 알아야 하고, 음악도 할 줄 알아야 하고…가베, 몬테소리, 각종 자격증도 있어야 하고…학부모와 문제 있는 아이들 상담하려면 전문가 버금가는 관찰력이나 지식도 있어야 하고, 해결되지 않는 문제를 가진 유아는 전문기관 의뢰하기를 권유해야 하고, 늘 모든 행동에 모범을 보여야 하고 등등, 유아교사는 만능이어야 한다. 때론 박사 같은 지식인이 되었다가, 때론 가수처럼 춤과 노래를, 때론 화가처럼 그림이나 만들기까지…중략. (경력 4년차 교사)

(2) 유아 관련 딜레마

유아에 대한 생활지도는 교사가 지니고 있는 지식이나 신념 및 태도에 따라 접근방법이 크게 달라질 수 있는 분야이다. 유아생활지도와 교사의 교육적 신념 및 태도와의 관계를 다룬 연구에서는, 유아의 사회적 갈등 상황에서 나타나는 교사들의 전략은 성인 중심적 전략과 유아 중심적 전략을 사용하는 것으로 나눌 수 있으며, 성인 중심적 전략을 사용하는 교사는 교사로서의 권위를 내세워 유아들의 행위를 판단하고 유아를 미숙한 존재로 간주하는 경향이 있는 반면, 유아 중심적 전략을 사용하는 교사는 격려하기와 유아로 하여금 규칙을 재고하도록 하는 전략을 많이 사용한다고 기술하였다. 이러한 상황에서도 교사는 유아의 권리와 교사의 권리 사이에서 윤리적 딜레마를 경험하게 될 것이다.

유아의 문제행동에 관한 자료에서는 보다 구체적인 예시로 문제행동을 정의하고 있는데, Meral & Roger(2001)의 연구에서는 교사들이 실제로 느끼는 유아의 문제행동은 순서를 지키지 않고 말하는 행동, 또래를 괴롭히는 행동, 주의가 산만한 행동이라고 하였다. 많은 교사들은 유아가 수업시간에 활동에 참여하지 못하는 행동, 타인에 대한 공격적 행동, 교사의 관심을 받기 위한 거짓말, 교사의 이야기를 듣지 않는 행동 등과 같은 일상적인 문제행동 지도에 대해 두려움을 나타내고 있다.

교사는 무엇보다도 유아로부터 신뢰와 존경을 받아야 하며, 유아를 이해하고 아껴야 하며, 유아 개개인의 인격과 개성을 존중하며 개인차를 인정해야 한다. 하지만 각기 다른 성격과 적응성을 가지고 태어난 유아들은 지적, 신체적, 정서적, 사회적으로 다른 배경과 환경에서 성장하게 되므로 개인차가 발생할 수밖에 없다. 따라서 유아의 인성과 적성, 능력, 가정배경, 환경에 따라 각기 다르게 개인차와 욕구에 맞도록 상호작용 하는 것이 무엇보다 중요하다는 사실을 인지해야만 한다.

> 예) 아이들을 통제하기가 어려워요
>
> 하루 종일 아이들 통제하느라 소리만 지르며 하루를 보냅니다. 하려는 의욕은 앞서고 아이들은 안 따라주고, 내 의지대로 안 되고, 화내고 소리 지르는 걸로 아이들에게 화풀이를 하게 됩니다. 아이들에게 다정하고 상냥한 선생님이고 싶은데...학기 초에 가졌던 다정한 교사의 모습은 온데 간데도 없고...속만 상하네요. 오늘 주임 선생님께서 저보고 소리만 지르는 무서운 선생님이라며 혀를 차시더라구요...아이들 하고 웃으면서 이야기도 나누고 재미난 활동을 하고 싶은데, 무엇을 하려고만 하면 저도 모르게 큰 소리를 하게 됩니다. (경력 1년차)

(3) 가족 관련 딜레마

'가족 관련 딜레마'에서 유아교사가 겪은 윤리적 딜레마에 담긴 교직윤리의 내용요소는 다음과 같다. 기관에서의 유아의 문제행동에 관한 진실한 정보 제공, 부모역할 지원, 기관에서 발생하는 일에 대한 공개, 부모와의 사적 관계 형성, 혹은 개인적인 기대하지 않기, 유아와 가족의 사생활 및 사적 정보 보호, 유아에 대한 객관적이고 정확한 평가 자료 제공으로 분류하였다.

교사는 각 가정의 유아들을 부모로부터 위탁받아 교육하므로, 각 가정의 자녀를 부모와 함께 책임진다는 의미에서 부모와의 관계는 매우 중요하다. 교사와 부모는 유아들의 올바른 성장 발달을 돕는 데 공동의 책임을 지녀야 하며, 교사는 항시 가정과 긴밀한 관계를 유지해야 한다. 이를 위해 교사는 학부모의 의사를 수용하고 인정하며 존중하여야 하고 학부모는 교사에 대해 진정으로 감사하고 존경하며 교사의 권위를 수용하고 지도방침을 존중해야 한다.

따라서 교사는 가정과 친밀하고 유기적인 관계를 맺도록 노력해야 하며, 기관의 교육내용, 행사, 유아의 발달상황, 가정의 협조내용을 알리고 유아의 가정에서의 활동과 환경의 변화 등에 대한 상황을 파악하고 있어야 하며, 유아의 성장 발달과 변화에 대한 정확한 평가를 통보하고 부모와 같이 협의하며 협조를 받아야 한다.

> 예) 아이의 작은 상처를 심각하게 확대 해석하는 부모
>
> 40대 후반의 늦둥이 부모예요. ○○는 20살 정도 차이가 나는 오빠가 있고, 발달이 빠르며 활동들에도 잘 참여하지만, 평소에 사소하게 자주 다치는 편이라 다른 아이들보다도 더 자주 살펴보며 예의주시 하는데 실외놀이 하다가 나뭇가지에 살짝 긁히게 되었어요. 아니나 다를까 하원 시간, ○○의 아버지가 오셔서 ○○의 앞에서 ○○ 목이 이게 뭐냐며 언성을 높여 따지셨고, 상황을 설명하자 "아이가 위험한 것을 가지고 놀면 못 가지고 놀게 해야지" 라고 하셨어요. 저는 위험한 커다랗고 날카로운 나뭇가지는 못 가지고 놀게 주의를 주었고, 바깥놀이터에 나가면 나뭇가지, 나뭇잎 등 자연물을 가지고 논다고 말씀드렸지만 "지금은 이정도지만 나중에 목이라도 찔려서 피가 나면 어쩔꺼냐" 며 흥분하신 채 말씀하셨어요. 다음부턴 아이들에게 바깥놀이터에 나가 나뭇가지와 같은 자연물을 못가지게 놀게 해야 할지, 아니면 ○○를 실내보다 다치는 경우가 더 많은 바깥 놀이터에 데리고 가지 말아야 할지 고민이에요.
> (경력 8년차)

(4) 기관 관련 딜레마

'기관 관련 딜레마'는 동료 및 기관장과의 관계에서 유아교사가 겪은 윤리적 딜레마를 모두 포함하며, 이에 대한 교직윤리의 내용 요소는 다음과 같다. 동료교사와 업무 분담 및 협력적 관계 유지, 동료교사의 개인적 특성 수용 및 존중, 동료 및 기관장과 기관의 철학, 동료 및 기관과의 신뢰적이고 따뜻한 분위기 조성을 위한 노력으로 분류하였다.

교사들은 교육현장에서 다양한 형태의 딜레마를 경험한다. 개인이 자신에게 느끼는 딜레마로부터 동료 간의 딜레마, 기관 간의 딜레마, 나아가서 조직 간의 딜레마까지 다양한 딜레마를 경험하며 살아간다. 우리는 딜레마의 속성을 이해하고 딜레마 과정에서 발생하는 여러 가지 문제들을 지혜롭게 처리할 수 있는 역량을 키워야 한다. 특히, 인간관계는 개인인 삶과 사회인 생활에서 매우 중요한 역할을 하고 있으며, 딜레마를 지혜롭게 처리할 수 있는 역량은 편안하고 건강한 삶, 사랑과 존경을 받는 삶, 성공과 발전, 자아를 실현할 수 있는 타인과의 원만한 인간관계를 완성할 수 있다. 즉, 만족스럽고 효과적인 인간관계의 경험은 바람직한 인간으로 성장, 발달을 가능하게 한다.

> 예) 일과 중에 딴 짓 하는 교사
>
> 저는 두 담임교사입니다. 저와 같이 일하고 있는 쌤이 점심시간에는 카톡에 특강시간에 외부강사 있는데도 핸드폰을 사용을 하네요. 아이들 낮잠시간에는 게임까지 하구요. 같은 동료로서 관계가 악화되더라도 따끔하게 말을 해야 할지 아니면 그냥 두고 봐야할지 고민이에요. 그런데 일을 하거나 업무적인 부분에는 크게 문제가 없거든요. 손도 빠르고, 뭐든 빨리빨리 처리하는 편이라… (경력 6년차)

3) 보육현장에서 딜레마 상황의 해결방안

(1) 교사의 반성적 사고

윤리적 딜레마는 두 가지 이상의 대안들의 중요성이 비슷하기 때문에 만족스런 해결을 할 수 없다는 면에서 의사결정자가 곤경에 부딪히고 무력감을 느끼기는 하지만, 반드시 부정적인 결과만을 초래하는 것은 아니다. 딜레마의 해결에 있어 긍정적인 방법을 사용하는 경우에 자아존중감이 높고 대체로 성숙한 방어기제를 사용하는 능력이 발달하게 된다.

또한 유아교사가 윤리적 딜레마를 인지하고, 그에 반응하며 의미를 재형성하고 다양한 해결책을 위해 실험해 보며, 해결책을 평가하는 과정인, 교사의 반성적 사고과정은 딜레마가 주는 긍정적 기능이라고 볼 수 있다.

(2) 전문성

유아교육현장에서 유아교사는 교육의 목적, 교수과정, 유아·학부모들 간의 관계, 동료·기관, 자기 관리 등의 의사결정 과정에서 의무와 책임에 대한 구체적인 실천을 요구받게 된다. 이러한 측면에서 유아교사의 교직윤리에 기반을 둔 의사결정 능력은 교육의 질을 담보할 수도 있다는 데 그 중요성이 있으며, 유아에게 종합적인 학습환경을 조성해주고, 교사의 생각이나 행동 등이 절대적인 영향을 미치는 유아의 발달적 특성은 교사의 자질 및 역할에 의존하는 비율이 높으므로 유아교사는 지적, 기능적, 도덕적인 자질을 갖춘 전문성이 필요하다.

(3) 교직윤리

유아교육현장에서 교사는 갈등상황을 인지하고 교수활동에서 일어난 문제상황을 인식하고 해석하며 행동을 하게 된다. 따라서 교직윤리 교육에 있어 바람직한 교사교육은 윤리적 딜레마 상황을 접하고 이에 대한 문제해결력을 높이는 방향으로 이루어지는 것이 바람직하다.

유아교사의 윤리적 행동의 표출에 있어 필요한 요소는 도덕문제에 대해 민감하게 지각해야 하는 민감성, 가장 바람직한 행동방안의 추론을 위한 판단력, 도덕적인 가치갈등에 있어 가장 중요한 가치를 선택할 수 있는 동기화, 선택한 행동방안을 실행할 수 있는 실천력이 있어야 한다.

(4) 도덕적 판단력

도덕적 판단력이란 옳고 그름에 대한 판단으로, 어떤 규범을 근거로 행동방향을 결정할 것인가를 판단하는 능력이다. Piaget(1948)는 도덕성의 본질을 도덕적 판단능력으로 규정하고 도덕적 판단력과 도덕적 행위 사이에는 높은 상관관계가 있다고 보았다.

같은 상황에서, 낮은 수준의 가치판단을 하는 교사라면 자기중심적인 성향을 지님으로써 다른 사람이나 유아에게 올바른 판단을 내리지 못해 피해를 주게 되거나, 좀 더 높은 수준의 가치판단을 하는 교사라면 좀 더 합리적이고 보편타당한 결정을 할 수 있을 것이다. 앞으로 당면할 도덕적 가치갈등 상황에서도 당황하지 않고 올바른 가치판단을 통해 문제를 해결해 나갈 수 있는 힘을 기르는 것은 매우 중요한 일이다.

(5) 실천적 지식 겸비

유아교사들은 유아교육현장의 다양한 상황 속에서 의사결정을 하기 위해 적절한 해결방안을 선택하고 행동으로 옮기는 실천적 지식을 겸비해야 한다. 하지만 현장의 교사들은 딜레마를 정확하게 인지하지도 못한 채, 선배 교사 또는 기관장, 서적을 통해 당면한 문제들을 해결함으로써 교사로서의 정체성과 전문성에 대한 혼란을 느끼고 있다. 또한 스스로 한 의사결정에 대한 결과가 만족스럽지 못하거나 의도하지 않은 결과를 가져왔을 때 교사로서의 무력감을 느끼며 자신감을 잃게 된다.

이는 윤리적 상황에 대한 교사의 실천적 지식의 부족으로부터 기인하는데, 교사의 실천적 지식은 개인의 경험이 기초가 되어 숙고하는 지식으로, 교사가 알고 있는 이론과 함께 교사의 신념과 가치가 통합되어, 실제 교수상황에서의 판단에 관여한다.

이러한 실천적 지식은 교사가 현장에서 내려야 하는 많은 결정들의 기초가 되며 교사의 경험과 반성을 통해 계속 변화되어 간다. 즉, 교육과정 재구성의 인식 및 실행과 관련하여, 교사의 교직경험, 가치관, 신념, 상황과 맥락 등이 통합되고 재구성된 지식으로, 유아교사의 윤리적 딜레마를 해결하기 위해 실천적 지식의 신장이 요구된다.

PART 03

보육교사의 역량

CHAPTER 05

보육교사 역할과 직무

1. 보육교사의 역할

교사의 역할은 미성숙한 유아를 교육하고 주어진 학교환경과 사회환경 속에서 한 사람의 유능한 사회인으로 살아가는 데 필요한 능력을 가질 수 있도록 도와주는 일이라고 할 수 있다.

영유아보육법에서 '보육'의 의미는 '보호'와 '교육'을 의미하므로 보육교사의 역할은 영유아의 신체적 보호 및 교육적 차원의 영유아의 경험, 활동을 자극하며 발달상 적절한 환경을 마련해 주는 것으로 볼 수 있다. 교사의 역할은 아무나 수행할 수 있는 일반적인 것이 아니며, 한 인간의 인생에 있어 기초형성 과정에 관여하는 중요성을 고려할 때, 유아들의 다양성 및 개인차를 가치 있게 여기고 존중하며, 효율적인 업무수행을 위해 전문적인 훈련을 거쳐 전문가로서의 교사 역할을 수행해야 함은 물론 끊임없는 자기 향상을 위한 노력이 요구된다.

1) 대리 부모로서의 역할

보육교사는 유아의 상호작용 시간이 길고, 영아의 생활에 깊이 관여하므로 중요하다. 보육교사는 우선 유아양육에 대한 확고한 철학을 갖고, 따뜻한 성격에 영아에 대한 애정을 지니고 유아기의 경험이 중요함을 인식해야 한다. 보육교사는 유아가 정서적으로 안정감을 느끼게 해주고 기본적인 욕구를 적절하게 충족시켜 주고 건강하게 성장 발달하도록 도와주는 양육자의 역할을 수행하여야 한다. 보육교사는 유아가 정서적으로 안정감을 느끼게 해주고 기본적인 욕구를 적절하게 충족시켜 주고 건강하게 성장 발달하도록 도와주는 양육자의 역할을 수행하여야 한다. 유아의 신변을 안전하게 보호하고 정상적인 발달을 도와주고 유아들이 어린이집에 있는 동안 최대한 유아의 안전과 건강을 지켜야 하고, 그들을 사랑과 관심으로 돌보아 주어야 한다. 특히 어린 영아들의 수유, 기저귀 갈기 같은 즉각적인 관심이 요구되는 기본적인 신체적, 정신적 요구의 충족은 매우 중요하다(박용호, 2014).

유아들은 자신의 기본적 요구를 적절한 언어로 표현할 수 없고, 가정과 부모를 떠나 어린이집의 낯선 환경에 접하게 되는 영아들이 정서적으로 안정되고, 교사와 신뢰하는 관계를 유지할 수 있도록 교사는 영아의 애정적 욕구를 충족시켜 주고, 유아에게 허용적인 보살핌과 개별적인 상호작용을 제공해야 한다. 교사는 영아를 자신의 자녀와 같이 사랑하며 천사처럼 귀하게 애정으로 대하고 영아의 평소 집에서의 습관을 이해하고 점차로 도와주며 또한 부모와 영아를 돌보는 일에 대해 의논하며 매일 유아의 활동, 건강 등에 대한 정보를 교환하도록 한다. 그럼으로써 교사는 영아가 가정과 같은 분위기를 느끼고, 정서적인 안정감과 기본적인 욕구를 만족시킬 수 있도록 보호 및 교육의 역할을 수행하게 된다.

2) 환경제공자로서의 역할

유아의 교육적 환경은 아동의 정서발달과 인성형성에 지대한 영향을 미친다. 안전한 교육환경은 유아들의 심리적인 안정과 올바른 인격형성에 도움을 주지만 불안전한 교육환경은 유아들의 심리적인 불안정으로 인해 올바른 인격형성 지장을 초래할 수 있다. 보육교사는 영아의 발달과 안전을 고려한 적절한 환경을 구성하는 역할을 수행하여야 한다.

유아의 발달적 요구에 맞게 적절한 변화를 주면서 교재, 교구 및 교실이나 놀이터의 환경을 조직해야 한다. 영아가 자유롭게 뛰어놀며, 자연을 충분히 맛보며 건강하게 성장할 수 있는 환경을 구성하도록 한다. 여러 가지 감각기능을 발달시킬 수 있는 활동과 신체를 건강하게 단련시킬 수 있는 활동을 할 수 있는 환경을 제공한다. 안전을 최대한 고려하고 깨끗하고 청결한 환경을 구성하면서도 영아들이 스스로 할 수 있는 방향으로 구성하도록 한다. 유아의 자발적인 흥미와 호기심을 자극하고 존중하는 교구교재를 마련하는 등 적절한 환경을 구성해 주어 유아의 건강한 성장과 발달을 돕도록 한다(박은혜, 2009).

3) 상호작용자로서의 역할

유아는 부모와 교육환경, 보육교사들과의 상호작용을 통해 그들이 올바르게 성장할 수 있는 계기를 마련하게 된다. 보육교사는 사람, 자연, 사물과의 상호작용이 충분히 일어나도록 도와주며, 유아의 활동을 관찰하고 도와주는 역할을 수행하여야 한다. 교사는 애정과 관심을 가지고 각 유아의 모든 행동을 관찰하고 적절히 반응해 주어 영아가 자신과 주변에 대해 배울 수 있도록 도와주어야 한다.

유아가 자연스럽게 자신의 감정이나 느낌을 자유로이 표현할 수 있게 해주고 자신의 생각을 나타낼 수 있게 도와준다. 유아들의 언어, 요구, 감정 표현에 민감하게 반응하고, 유아들의 반응을 격려해준다. 또한 유아가 이해하지 못하는 많은 경험과 사실들을 설명해 주어야 한다. 교사는 영아를 신뢰하고 유아의 가능성에 대해 기대를 가지고 신체적으로나 언어적으로 원활한 상호작용을 하도록 한다. 또한 유아와 영아들이 서로 관계를 맺고 사회적 상호작용이 활발히 일어나도록 돕는다.

어린 영아들에게 큰 영아들이 노는 것을 볼 수 있게 하고, 서로 가까이 할 수 있게 자연적으로 만나게 해준다. 영아들이 잘 놀 수 있도록 적극적으로 도와주며 함께 주고받으며 놀아주며 특히 유아의 언어발달을 도와주기 위해 이야기 해주고, 노래 불러주고, 책을 읽어주는 등 언어적 상호작용의 중요성을 인식하도록 한다.

4) 일상생활의 모델로서의 역할

어린이집에서 교사와 영아가 함께 하는 시간이 길고, 또 영아의 생활에 보다 깊이 관여하게 되기 때문에 영아의 기본적인 양육자로서 보육교사는 영아가 모방을 하더라도 부끄럽지 않을 행동과 말로 영아를 지도하며, 영아에 대해 긍정적인 태도를 보임으로써 바람직한 동일시 대상이 되어주어야 한다.

유아는 교사의 언어, 행동, 생각, 태도 등 거의 모든 면에서 교사의 생활형태 자체를 따라하려 하므로 교사의 바람직한 행동은 유아의 전인발달에 영향을 미친다. 따라서 교사는 올바르게 인사하고 바르게 걷고 윗사람에 대한 예의를 지키며 바른 행동을 하도록 하고 식습관이나 먹는 활동에 모델이 될 수 있어야 하며, 특히 고운말, 바른말을 사용하도록 노력하고 다른 교사나 부모들과 즐겁고 친한 관계를 유지하도록 하는 등 건전한 모범을 보이도록 노력해야 한다. 즉, 교사는 매일의 일과 속에서 바른 행동을 하고 유아의 좋은 모델이 되어야 하며 일관성 있고 지속적으로 행동하도록 한다(박은혜, 2009).

5) 신뢰감 형성을 도와주는 역할

교사는 가정과 부모를 떠나 어린이집의 낯선 환경에 접하게 되는 유아들이 정서적으로 안정되고, 교사와 신뢰로운 관계를 유지할 수 있도록 유아의 애정적 욕구를 충족시켜 주어야 한다. 교사이기 이전에 부모의 대리자 또는 보호자로서 유아에게 따뜻하고 허용적인 자세로 보살펴 주어야 한다.

6) 부모 및 지역사회와의 교류자로서의 역할

보육교사는 공동육아를 위하여 부모 및 지역사회와의 교류자로서의 역할을 수행하여야 한다. 교사는 부모와의 원활한 의사소통을 통해 유아의 가정과 그 부모의 요구 등을 이해하고 부모를 지원해주고 부모와 어린이집 사이의 신뢰감을 형성하기 위해 노력해야 한다. 교사는 항상 부모에 대해서는 부모의 역할을 보완하는 위치로서 유아에 대한 책임을 부모와 공유한다. 부모의 이야기를 적극적으로 듣는 자세를 갖고 부모와 상호작용하며 영아양육에 대한 정보를 제공한다.

유아의 성장 발달에 관한 정보를 부모에게 제공하여 부모로 하여금 유아에 대한 이해를 높이고 보육에 대한 이해를 증진시킴으로써 보육의 효과를 보다 높이고, 가정과 보육시설의 일관성 있는 지도가 이루어지게 해야 한다. 즉, 부모 및 가족이 유아에게 미치는 영향을 정확히 알아야 유아발달을 증진시킬 수 있으므로, 교사는 유아 특유의 배경 및 특성을 알고 적용할 수 있어야 한다.

또한, 보육교사들은 지역사회에의 자연, 자원, 인사 등을 활용하고 유아들이 지역사회에 대해 긍정적으로 수용할 수 있도록 해주어야 한다. 또한 다양한 자원봉사자와 함께 일하며 지역공동체로부터 지원을 얻는 역할도 해야 한다. 지역사회의 자원활용자이면서 동시에 중심 역할을 해야 한다. 지역사회와 유대관계를 맺어 프로그램을 지역사회에 알리고 또한 지역사회로부터 도움을 받도록 한다. 건강한 생활문화를 보급하고, 건강을 증진시켜주고, 더불어 함께 유아를 보육하도록 하는 중요한 역할을 수행해야 한다.

7) 유아의 발달적 특성을 이해하는 역할

교사는 유아 한 명 한 명의 독특한 개성과 욕구를 알고 이를 존중해주며 개별적인 관심을 가져야 할 뿐 아니라 영아의 발달적 특성을 이해해야 한다. 유아가 어떻게 성장하며, 각 발달단계에서 신체적 · 사회적 · 정서적으로 어떠한 발달적 특성이 있으며, 무엇에 관심을 보이는지에 대한 발달적 지식을 가지고 있어야 한다. 교사는 유아의 발달 수준을 이해하고 그에 적합한 활동을 계획해야 한다.

유아를 주의 깊게 관찰하여 발달에 있어서 개인차를 고려하여 상호작용 해야 한다. 하루 일과 운영에 있어서 영아 개인의 생리적 주기를 고려하여 융통성 있게 운영하는 것이 필요하다. 유아 개인의 수유시간, 배변시간(기저귀 갈기), 수면시간 등이 다르므로 영아의 개별적 요구에 따라 시간이나 활동을 재조정할 수 있어야 한다.

8) 관찰자 및 평가자로서의 역할

보육교사는 유아의 발달, 환경 및 활동 전반에 걸쳐 항상 관찰하고 평가하는 역할을 수행하여야 한다. 유아의 발달은 갑자기 이루어지는 것이 아니라 서서히 진행되므로 유아들의 요구와 발달 수준을 정확히 이해하고 판단할 수 있는 관찰, 평가 능력이 있어야 한다.

유아들의 개별적인 차이를 이해하고 계속적으로 발달하는 영아의 행동을 잘 관찰하고 이해하도록 노력하고 유아의 발달과정에 대해 잘 알고 있어 다음 과정을 예견할 수 있어야 한다. 각 영아는 독특하고 지속적으로 변화하므로 교사는 각 유아의 특별한 요구와 특성을 파악하기 위해 유아의 행동을 관찰해야 한다. 특히 언어적 표현능력이 없는 유아의 경우, 교사는 유아 개개인의 특별한 욕구를 잘 관찰하여 반응해야 한다. 교사는 유아의 생리적인 스케줄, 행동, 기능을 늘 관찰하고 기록함으로써 보육계획과 평가가 가능하도록 해야 한다. 생활기록부, 연락장, 보육일지를 활용 및 기록하여 개별 보육의 기초로 삼으며 건강기록을 참고하여 유아의 발달을 이해 평가하고 부모와 효율적으로 대화하도록 한다.

2. 보육교사의 자질

보육교사는 가정에서의 부모를 대신할 만큼 영유아들에게 중요한 영향을 미친다. 보육교사로서의 자애로움, 영유아와 공감력, 희망적이고 긍정적인 사고, 원만하고 조화로운 대인관계 능력, 심신의 건강 등의 개인적인 자질과 전문지식, 교육기술, 보육에 자부심을 갖는 전문적인 자질을 갖추어야 한다.

보육교사는 영아를 사랑하는 따뜻한 마음을 지녀야 한다. 보육교사는 신체적으로나 정신적으로 건강해야 한다. 보육교사는 더불어 살아갈 수 있는 원만한 인격을 가져야 한다. 보육교사로서 갖추어 할 자질들을 살펴보면 다음과 같다.

1) 전문적인 자질

우리사회에서의 보육이 가지는 의미라든가 사회가 지닌 빈곤 아동에 관한 문제라든가, 혹은 남녀평등의 문제, 전통의 계승 발전의 문제, 환경보존 등에 대한 올바른 이해와 이에 대한 바람직한 변화를 시도하는 능력을 지녀야 한다. 또한 오늘날의 여러 당면 문제들을 기초로 미래에 대한 전망을 가져야 할 것이다. 특히 앞으로 영아들이 살아갈 변화가 빠르고 국제화된 미래사회의 모습을 예견하고 미래가 요구하는 어린이상 배출을 위하여 교사는 폭넓게 사고하고 가능한 한 많은 독서와 여러 가지 방법 등을 동원하여 노력하여야 할 것이다. 그리고 보육교사는 자기 발전을 위해 항상 자신의 분야에 대해 연구하는 자세를 가져야 한다(오은순, 2015).

보육교사는 모든 문제에 대해 개방적으로 사고하고 새로운 지식, 아이디어, 교수기술을 개발하기 위해 계속 노력해야 한다. 영아발달이나 보육에 대해서는 전문적이 되고자 노력해야 하며 전문적인 성장을 위해 계속적으로 노력하여야 한다. 교사는 장기간의 교사교육은 물론 현장에서의 계속적인 재교육을 받음으로써 전문적인 기술을 익히고 나아가 교사로서의 전문적 위치를 확고히 하여야 한다. 교사는 보육이론을 탐구하고 실제적인 내용을 알아야 한다. 지식과 경험을 끊임없이 넓히면서 자기 수양을 게을리 하지 않으며 가장 능률적이고 효과적인 보육방법을 모색하는 태도는 열성적인 교사가 보이는 특성이다(유구종 외, 2015).

2) 인간적인 자질

보육교사의 인간적인 자질은 다음과 같다.

첫째, 보육교사는 영아를 사랑하는 따뜻한 마음을 지녀야 한다. 영아는 개성을 가진 개별적인 존재로, 즉 고유한 가치와 권리를 지닌 인간으로 존중해야 한다. 이는 곧 영아의 무한한 잠재 가능성을 믿는 태도를 포함한다. 따라서 교사는 영아의 생각, 느낌, 반응 등을 이해하고 수용해 줌으로써 영아가 긍정적인 사고방식과 자아존중감을 기르도록 해주며, 나아가 영아의 잠재능력의 개발을 위해 노력해야 할 것이다.

둘째, 보육교사는 더불어 살아갈 수 있는 원만한 인격을 지녀야 한다. 보육교사는 우선 자신에 대한 신뢰와 긍정적인 자아개념을 지니고 영아들의 부모들과 좋은 관계를 지니고 이야기를 나누며, 함께 일하는 원장, 동료직원 등과 협력하며, 또한 많은 자원봉사자들과도 잘 지낼 수 있어야 한다. 교사는 부모와 의사소통을 원활하게 하여 항상 영아에 관해 의논하고 상담하며 이들이 보육활동에 참여하고 협조하도록 유도하는 능력이 필요하다. 또한 영아 보육활동에 관계되는 전문가와 여러 지역사회 인사와의 교류를 활발히 하도록 하며 항상 지역사회와 더불어 일할 수 있는 능력을 길러 공동육아를 실현하도록 노력해야 한다. 교사는 여럿이 함께 협동하고 봉사함으로써 보육의 발전을 위해 애써야 한다.

셋째, 보육교사는 영아를 귀중한 존재임을 확실히 믿는 태도를 가져야 한다. 보육교사는 영아를 마치 자신의 아이처럼 애정을 지니고 돌보며, 항상 충분한 신체적인 접촉을 하며 보살펴 줄 수 있어야 한다. 교사는 새로운 환경에 대한 영아의 불안감을 해소해 주고 영아가 건강하게 적응하고 정서적으로 안정감을 가질 수 있도록 온화하고 따뜻한 태도로 대해야 한다. 영아와 친밀한 정서적 관계를 형성하도록 하며 영아의 행복을 추구해야 한다. 영아를 있는 그대로 받아들이고 정서적으로 지지하며, 영아의 감정을 수용해 줄 수 있어야 한다. 느긋하게 여유를 가지고 허용적으로 돌보아 줄 수 있어야 한다.

3. 영유아교사의 역할과 자질

1) 영아교사

(1) 영아교사의 역할

영아기는 인간 발달에 매우 큰 영향을 주는 시기이며 발달단계에서나 보육면에서 기초가 이루어지는 시기여서 이때 이루어진 경험이나 학습은 발달이 진행됨에 따라 점점 누적되어 가게 된다. 따라서 이 시기를 어린이집에서 보내는 영아에게 어린이집에서의 초기적응은 매우 중요하다. 영아의 적응을 도우려면 영아가 가지고 있는 격리 불안 감정에 대해 있는 그대로 받아들일 필요가 있다. 영아는 너무 상이한 환경에 접하게 되면 적응하는 데 어려움을 느끼게 된다.

영아에게는 일관되고 안정적인 보호가 필수적인데, 갑작스럽게 변화된 새로운 환경, 낯선 교사, 부모와의 헤어짐 등은 영아에게 불안감과 긴장감을 주게 된다. 대부분의 영아들은 정서적 불안과 신체적 긴장으로 적응의 어려움을 나타내다가 시간이 지나면서 조금씩 우는 정도와 우는 시간이 감소하게 된다. 놀잇감이나 활동 탐색 시간이 길어지면서 차츰 간식과 식사를 하게 되고 낮잠도 자면서 일상적인 일과에 적응하고 대리 양육자에게 애착을 형성하게 된다.

영아들이 안정적으로 적응하기까지 걸리는 시간과 변화하는 행동들은 영아에 따라 매우 다양하며, 많은 연구들에서 영아들이 초기 적응 시 적응곤란을 겪고 있음을 보고하고 있다. 일반적으로 만 1세 영아들이 어린이집에 처음 등원할 때 보이는 갈등과 반응은, 처음에는 호기심으로 잠시 교실의 놀잇감을 향해 관심을 보이지만 부모가 자신의 곁을 떠나려 하면 소리를 지르며 울고 부모가 떠나는 것을 심하게 거부한다. 다음날에는 부모와 함께 등원하면서도 부모의 옷자락이나 목을 꼭 부여잡고 울거나, 대문을 들어서면서부터 등원을 거부하여 몸부림을 치고 엉덩이를 빼는 모습을 목격하게 된다.

자신의 의지와는 무관하게 집과 부모를 떠난 영아가 새로운 환경인 어린이집에서 적응 곤란을 전혀 안 겪을 수는 없지만 적응 곤란을 최소화하고 안정적으로 적응하기 위해서는 영아들을 가장 잘 알고 있는 부모의 협력이 절대적이다. 영아들은 주 양육자의 표정이나 반응에 따라 안심하거나 불안해한다. 영아가 생각하기에 무섭거나 의심되는 일도 부모가 괜찮다고 안심시켜주면 두려움이 적어져서 만져보거나 가까이 가는 것을 시도해 보며 새로운 환경에 수월하게 적응한다. 음식을 먹을 때도 부모와 함께 혹은 부모가 먼저 먹어보고 영아에게 건네주면 안심하고 받아먹는다. 이처럼, 어린이집에서의 적응도 부모와 함께 협력하여 진행하면 영아들이 더욱 수월하게 적응하게 된다.

따라서 교사의 태도는 영아 발달에 전체적으로 영향을 미치며, 전체적인 어린이집 프로그램의 정서적인 분위기를 형성하는 데 기여한다. 어린이집에서 보육교사의 안정된 보육을 경험한 영아들이 높은 수준의 사회적 유능감을 보이며 그들의 보육교사와 보다 안정된 관계를 형성하였다. 영아가 안정적으로 어린이집에 적응할 수 있도록 보육교사가 정서적, 물리적 지원을 제공해 줌으로써, 영아가 새로운 환경에 적응하고 새로운 상황 속에서 독립적으로 행동할 수 있도록 도울 수 있다. 보육교사는 영아가 생활하는 공간에서 영아의 어린이집 생활을 책임지고 영아의 일과를 운영하므로 보육교사가 영아에게 주는 영향들은 부모만큼이나 중요하게 고려되는 부분이다. 영아기는 일반적으로 감수성과 모방성이 강해서 물리적 환경보다 인적 환경의 영향을 쉽게 받으므로, 교사의 영향이 보육의 전반에 걸쳐 90%를 차지하고 영아의 성장에 결정적인 영향을 미친다. 그러므로 영아와 교사와의 상호작용은 영아의 여러 발달을 촉진하며, 특히 사회적인 능력과 관련하여 중요한 역할이다.

영아의 성장과 발달에 있어 영아교사는 결정적 역할을 담당하며, 영아교육의 질을 결정하는 중요한 요소가 됨으로써 영아교사는 부모를 대신하는 양육대행자의 역할뿐 아니라 다양한 역할을 수행하게 된다. 이와 같이 교사는 영아의 사회정서 발달, 학습능력 등 다양한 측면에 영향을 미치며 영아교사의 역할을 보다 구체적으로 살펴보면 다음과 같다(방윤호, 2009).

첫째, 양육 대행자의 역할이다. 영아교사는 부모를 대신하는 역할로 영아를 따뜻하게 보살펴주고 감싸주는 역할을 하며, 무엇보다도 정서적인 편안함과 생리적인 기본욕구를 충족시켜야 한다고 하였다. 특히 2세 미만인 영아의 경우 수유나 기저귀갈이 등 기본적인 생리적 욕구와 정서를 보다 민감하게 반응해야 하며 즉시 대처하는 능력이 필요하다. 영아는 신체적, 정신적 욕구충족이 매우 중요하므로 영아교사는 영아를 세심하게 관찰하여 영아의 욕구를 파악하고 원만하고 긍정적인 상호작용을 통해 신뢰감을 형성시킴으로써 영아로 하여금 가정과 같은 편안함 속에서 정서적 안정감과 기본적인 욕구의 만족을 갖도록 도와야 한다.

또한, 쾌적한 교실환경은 영아의 신체적인 건강뿐 아니라 정서적 건강에도 결정적인 역할을 하므로 영아교사가 신경을 써야 한다(Preeti, 1997; 이지혜, 2012). 영아가 생활하는 어린이집의 교실은 햇빛이 잘 비칠 수 있도록 자연적인 채광이 있도록 하고, 잦은 환기를 통해 신선한 공기가 순환되어 영아의 건강을 지켜주는 노력도 필요하다. 더불어 영아교사는 영아의 놀잇감을 자주 소독해 주고, 깨끗이 세탁하여 영아의 건강관리를 위해 노력해야 한다. 먹는 물, 휴식 취하기, 낮잠 자기 등 영아들이 생활하는 모든 공간에 대해 수시점검 및 청소를 통해 영아들이 삼키기 쉬운 물건이나, 날카로운 물건은 없는지 뾰족한 물건은 없는지, 손이 낄 만한 곳은 없는지 주의를 두루 살피며 교실환경에 대한 안전에도 최대한 주의를 기울여야 한다.

둘째, 부모와의 관계가 상호 협조적이며, 관계형성을 위한 역할이다. 부모와의 협조관계와 관계형성은 영아보육에 있어 매우 중요하다. 영아교사는 부모와 교육기관과의 신뢰감 형성을 위해 노력해야 하며 지역사회의 보육프로그램을 소개하며 지역사회의 자원을 활용하고 지원하는 등 함께 공조하는 역할을 위해 노력해야 한다(성은숙, 2007). 즉, 영아교사는 영아가 어린이집의 일상생활에서 있었던 내용이나 상황, 프로그램을 진행하는 과정에서의 행동특성들을 구체적으로 부모에게 잘 전달해 주어야 한다.

어린이집 내에 학부모 비상연락망을 잘 보이는 곳에 비치해 두고 영아의 상태에 따른 긴급 상황이나 비상시에 신속하고 적절하게 대처할 수 있도록 해야 하며, 영아의 일상생활 및 상태를 전달하는 알림장, 편지나 메모를 자주 하고, 전화나 면담 등을 수시로 부모와 소통을 하는 등 교류가 원활히 이루어져 긍정적 관계형성이 되어야 한다. 특히 영아기에는 면역력을 키우고 있는 중이므로 영아의 체온을 수시로 체크하면서 영아의 건강상태를 각별히 신경쓰도록 하며, 학부모와 지역인사가 함께하는 운영위원회 회의 등을 통해 부모와의 상호 협조하는 관계로 유지하며, 영아가 안정애착으로 잘 자랄 수 있도록 긴밀한 유대관계를 형성해 가야 한다.

셋째, 보육과정을 설계하며, 자기개발 및 영아보육을 위해 연구하는 역할이다. 영아는 유아에 비해 성인이나 주변에 대한 의존심이 강하므로 영아교사는 보다 교육적 자극을 제공할 수 있는 보육환경을 구성해야 한다(이현정, 2008). 또한 영아교사는 특히 개인의 발달성향과 특성을 이해하고 고려하여 영아와 효과적인 상호작용이 이루어질 수 있도록 다양한 교수기술을 활용할 수 있어야 한다(박은실, 2012). 따라서 영아교사는 영아의 발달단계에 맞는 교육을 미리 계획하고 실행하며, 교육적인 환경을 구성할 수 있는 전문적인 역할을 해야 한다. 영아를 잘 관찰하여 민감하게 반응하고 대처해야 하며, 긍정적인 신체적 접촉을 자주하여 영아가 충분히 사랑받고 보호받고 있으며, 세상에 대한 편안한 감정을 느낄 수 있도록 노력해야 한다.

또한 영아교사는 영아의 월령별로 차이를 나타내는 발달적 특성을 잘 고려하여 월령 발달상황에 맞는 적절한 놀이와 놀잇감을 찾아 제공해 주고 또래와의 상호작용이 잘 이루어지도록 영아 옆에서 돕는 역할을 해야 한다. 더불어 어린이집의 영아교사는 영아보육에 대한 전문가에 걸맞게 영아의 발달단계를 고려하여 영아에게 맞는 전문적인 프로그램을 계획하고, 그것을 실행하는 전문적 역할을 담당하며 영아의 발달과 학습의 기초가 잘 성장할 수 있도록 준비가 되어야 한다. 즉, 영아발달에 대한 이해를 바탕으로 영아교사는 영아보육의 질이 높아질 수 있도록 역량을 키우고, 전문적 지식으로 보육을 설계하는 역할을 담당해야 한다. 영아교사는 영아의 성장과 발달에 결정적 영향을 미치며 교육의 질을 결정하는 중심 역할을 담당하는 전문가이다(문순월, 2016). 따라서 영아교사가 양질의 보육을 영아에게 제공하기 위해서는 교사 스스로 반성적 사고를 갖고 영아 프로그램에 대한 재교육을 통해 꾸준한 자기계발 과정이 이루어져야 한다. 특히 영아의 연령이 어릴수록 성인에 대한 의존성이 강하기 때문에 영아교사는 다른 연령에 비해 영아를 보다 더 수용적이고 포옹해 주어야 하며 이를 감당하기 위해서는 이론적 지식을 통해 현장에서 실천하는 교사의 자질이 요구된다(김영모, 2000).

영아교사는 아무나 수행할 수 있는 역할이 아니다. 즉, 한 인간으로서 성장하기 위한 기초를 형성시키는 단계의 과정에 있는 영아와 함께하는 중요한 역할을 하므로, 영아교사는 영아의 개인적 특성 및 발달사항을 고려하고 다양성을 인정하며, 영아를 한 인간으로 소중한 존재로 여기며 존중하고 수용하는 등 전문적인 지식과 기술로 지도하기 위해 영아에 대한 전문적인 지식을 습득하고 교수기술을 가져야 한다. 또한 영아교사는 전문적인 훈련을 통해 전문가로서의 역할을 수행하는 것으로 이를 수행하기 위해 끊임없이 자기계발을 위한 노력이 절실하게 필요하다.

(2) 영아교사의 자질

질적으로 우수한 교육을 논함에 있어 교사의 질은 가장 중요한 요소라고 해도 과언이 아니다. 바꾸어 말하면, 전문적 자질과 능력을 갖춘 우수한 교사 없이는 교육의 질 역시 보장할 수 없다.

아무리 좋은 교육적 내용 및 방법을 사용하고, 다양한 양질의 교수매체를 마련하여 제공되고 있더라도 정작 이를 적용하고 현장에서 지도하는 보육교사의 자질이 제대로 갖추지 못하면 교육적 성과는 기대하기 어렵다고 하였다. 교사의 자질은 부모가 어린이집을 선정하는 데 있어 가장 중요한 역할을 담당하고 있으며, 부모에게 신뢰와 만족도를 높이기 위해서는 어린이집에서 근무하는 교사의 높은 자질에 요구된다(신은수 · 박은혜, 2011).

영아교사의 자질이란 개인이 가지고 있는 독특한 성향이나 특징의 개인적 자질과 교육자로서 필요한 전문적인 지식이나 기술, 교직태도를 가진 전문적 자질로 나누어 살펴볼 수 있다. 교사의 자질이란 바람직한 인성이 잘 형성된 인격자로서 교사의 역할을 잘 수행하기 위한 전문적인 기술, 성품 및 태도 등을 의미한다고 하였다. 한수진(2001)은 교사로서 효율적인 역할수행을 위해 필요한 모범적인 품성이나 교양, 교육에 대한 태도, 전문지식 등을 교사의 자질로 정의하였다. 정민경(2011)은 교사로서의 모범적인 인성을 교사의 자질에 포함하여 교과에 대한 지식 및 교육방법에 대한 지식을 갖추고, 신체적, 정신적, 사회적 특성을 모두 갖출 것을 제시하였다. 이를 종합하여 볼 때 교사의 자질이란 성품과 같은 내적인 개인적 자질을 포함하여, 교사로서의 역할수행을 위해 필요한 전문적인 지식, 교수방법, 기술을 포함한 전문적 자질로 나누어 볼 수 있다. 즉, 바람직한 교사의 자질은 교사로서 갖추어야 할 기본지식을 민감하게 받아들이고, 현장에 적용하는 융통성과 인내, 긍정적인 마음으로 교사의 역량을 최대한 발휘하는 것이 필요하다고 하겠다.

보육교사의 자질은 가르치는 대상의 특수성으로 인해 매우 다양하고 복잡하지만, 기본적으로 갖추어야 하는 자질은 다음과 같다(이영석 · 이항재, 2002).

첫째, 영유아를 사랑하고 좋아하며 모성애가 있는 사람이다.

둘째, 신체적인 건강뿐 아니라 안정적인 정신을 갖은 사람이다.

셋째, 교직에 대한 신념이 투철하고 사명감이 있는 사람이다.

넷째, 영아의 발달단계를 알고, 심리를 잘 이해하는 전문적 자질을 갖춘 사람이다.

다섯째, 반성적 사고를 가지고 계속적인 노력을 하는 사람이다.

이처럼 보육교사의 자질은 한순간에 형성되는 것이 아니라 지속적인 노력과 다양한 교육 속에서 이루어져야 한다. 교사 스스로 반성적인 사고를 가지고 지속적인 교육을 통해 발전하도록 보육교사를 양성하는 양성기관이나 대학 및 관련기관, 연수를 담당하는 기관은 교사의 자질을 높이기 위해 교사교육이 강화되어야 한다. 아무리 좋은 프로그램과 물리적 환경이 마련되어 있다 하더라도 교사의 자질이 낮으면 그 효과를 기대하기 어렵다(박은혜, 2014). 따라서 유아교육기관으로서 높은 신뢰와 만족도를 높이기 위해서는 먼저 영아교사의 높은 자질을 갖추어야 한다. 영아기는 모든 발달의 기초가 형성되는 중요한 결정적 시기이므로, 영아교사는 이 시기를 함께하고 있는 중요한 인적 환경이다. 따라서 질 높은 보육이 되기 위해서는, 영아를 진심으로 사랑하며 존중하는 인성적 자질을 갖추고, 영아의 개별적 특성 및 발달상황에 맞추어 인내하며 지도할 수 있는 전문적인 지식과 기술을 습득한 전문적 태도를 겸비한 교사여야 한다.

영아교사의 자질은 영아보육의 질에 있어 그 어떤 물리적 환경보다도 중요하다. 특히 영아보육은 유아와는 달리 질적으로 다른 특성을 가지며 영아보육에 있어 영아의 배변이나 낮잠과 휴식, 이유식과 수유, 세면 등은 건강에 관련된 기본생활로서 양육활동이 보육활동에 있어 우선적으로 이루어져야 한다(이명순·곽승주·전영희, 2010). 따라서 영아가 가지고 있는 개별적인 특성을 잘 이해하고 영아들을 보호하고 교육하는 것은 영아보육에 대한 질을 높이기 위해 반드시 수반되어야 할 과정이다. 그러므로 영아의 발달에 맞는 놀이를 계획하고, 놀잇감을 제공하며 적절한 상호작용을 하는 것은 영아를 위한 교육적 행위로 중요하다고 하겠다. 영아교사는 이를 수행하기 위한 전문적인 지식과 기술 및 태도를 갖추고 영아를 진심으로 사랑하는 인성적 자질을 겸비해야 한다. 즉, 영아교사의 자질은 곧 양질의 영아보육과 교육을 제공하는 데 있어 매우 중요하다. 영아교사의 자질로는 크게 개인적 자질과 전문적 자질로 구분되어 살펴볼 수 있다. 이 두 가지 요소가 적절히 조화를 이룰 때 영아교육의 질적 향상을 가져올 수 있을 것이다(문순월, 2016).

영아의 발달에 영향을 주는 것으로는 영아교사의 민감한 반응과 적절한 의사소통, 다양한 발달 자극을 줄 수 있는 활동에 대한 제공은 영아의 인생에 있어서 매우 중요한 영향을 미치게 된다. 따라서 교육에 있어 그 어떤 물리적 환경보다 중요한 것이 교사의 자질이다. 특히 영아의 성장과 발달을 위한 교육과 보육을 목적으로 영아에 대한 전문적 지식이나 기술 관련, 태도 등을 지닌 전문적인 자질이 필요하다(성은숙, 2007). 영아는 전적으로 성인에게 의존하는 경향이 있어 교사는 매우 결정적인 역할을 담당한다.

영아교사는 일련의 성장과정인 영아기에서 유아기, 유아기에서 아동기의 과정 중 첫 번째 단계를 담당하는 중요한 역할을 맡고 있으며, 그 역할은 아무나 수행할 수 있는 것이 아니라고 할 수 있겠다. 즉, 한 인간의 일생 가운데 가장 기초가 중요한 과정으로 볼 때 영아들의 특성과 개인차를 인정하고 영아 개개인을 가치 있게 여기는 존중하는 마음과 전문적인 훈련을 통한 전문가로서의 역할을 수행하고 끊임없는 자기개발을 위한 영아교사로서의 노력이 필요하다고 할 수 있다.

2) 유아교사

(1) 유아교사의 역할

유아들은 장시간 기관에 머무른다. 이에 따라 영양, 수면, 배변 등의 생리적인 측면에서 편안하고 안전한 환경이 제공되어야 한다. 교사는 유아가 가정에 있는 것과 같이 편안한 마음으로 시설에 머무를 수 있도록 따뜻하고 친밀한 관계를 유지해야 한다. 또한 일상생활에서의 복지뿐만 아니라 최상의 교육적 경험을 제공하기 위해서도 노력해야 한다. 교사들은 표준보육과정에 대한 충분한 이해에 기초하여, 자신의 교육 철학과 유아의 발달 및 사회적인 요구에 적합한 교육과정을 계획하고 실행할 수 있어야 한다. 교사는 수시로 자신의 교수행동을 평가해야 하며 유아들에 대한 평가도 주기적으로 해야 한다. 좋은 교사는 부모 및 동료들과 협력적 관계를 유지하며 스스로의 전문성 발달을 위해서도 노력한다(방윤호, 2009).

유아교육의 질은 교사의 수준을 능가할 수 없다고 하는데, 그 의미는 교육의 질을 높이기 위해서는 교사의 수준을 높여야 하며, 또한 교사의 역할이 다른 요소보다 큰 비중을 차지하고 있다는 뜻이기도 하다. 질적으로 우수한 교사들은 교사로서의 정체성과 전문성을 가지고 현장에서 양육자, 교수자, 안내자, 상담자 및 의사결정자로서의 역할 등을 수행한다. 교사가 이러한 다양한 역할을 수행해나가기 위해서는 우선적으로 좋은 보수 및 근무 조건이 필수적이다. 따라서 유아교육의 질적 수준을 향상시키기 위해서는 교사의 보수 및 제반 근무 조건을 개선하기 위한 정부의 적극적인 행 · 재정적인 지원이 필요하다고 할 수 있다. 유아반 보육교사의 역할은 다음과 같다.

첫째, 교육과정 설계자로서의 역할이다. 보육교사는 기관이나 자신이 추구하는 철학적 관점, 유아들의 발달적 특성 및 요구, 지역적 · 문화적 상황과 표준보육과정에서 추구하는 인간상, 보육목적, 보육목표 및 내용을 반영하여 연간, 월간, 주간, 일일 보육계획을 작성하여야 한다. 이와 관련한 구체적인 역할은 연간, 월간, 주간 보육계획안 작성 및 운영에 제시되어 있으므로 이를 참고하면 도움이 될 것이다.

둘째, 상호작용자로서의 역할이다. 유아는 환경과의 적극적인 상호작용을 통해 많은 것을 학습한다. 따라서 교사는 적합한 환경 및 학습활동을 제공하고 유아가 활동에 참여할 때 효과적인 상호작용자로서 적절한 개입과 의사소통을 해야 한다. 교사는 단순한 지식의 전달자가 아니라 학습을 촉진하는 상호작용자의 역할을 적절히 수행할 수 있어야 하며, 그러한 상호작용 과정에서 유아가 스스로 문제를 해결하고 질문에 대한 답을 찾아갈 수 있도록 지원하는 역할을 해야 한다.

셋째, 놀이 촉진자로서 역할이다. 교사는 놀이에 적합한 환경을 구성하고 필요한 자료를 제공해 주며 유아의 놀이를 세밀하게 관찰하고 교사의 도움이 필요한 시점에서

적절히 개입하여 유아가 놀이를 심화, 확장시켜 가도록 촉진하는 역할을 해야 한다. 교사가 유아의 놀이에 얼마나, 어떻게 개입하느냐 하는 개입 여부와 개입 수준은 유아 놀이의 종류나 내용, 놀이의 발달 수준, 놀이하는 유아 개인과 집단의 특성 등을 토대로 결정해야 한다. 예를 들어, 유아들이 놀이를 지속하면서 더 이상 새로운 활동으로 확장시키지 못할 경우, 교사는 유아들의 놀이 장면에 놀이자로 참여하여 유아 옆에서 병행놀이를 하면서 새로운 활동에 대한 단서를 제공할 수 있다. 그러나 그 활동에 참여한 유아들이 교사의 병행 놀이를 단서로 활용하지 못할 경우에는 보다 직접적으로 새로운 아이디어나 활동을 제안하는 방식으로 개입의 방법을 수정하는 것이 바람직하다.

넷째, 기본생활습관 지도를 돕는 역할이다. 유아기는 기본생활습관이 형성되는 중요한 시기로 매일의 생활을 통해 그리고 놀이상황을 통해 건강한 생활, 안전한 생활, 바른 생활에 대한 올바른 태도와 습관을 형성하도록 도와주어야 한다. 이와 같은 역할을 수행하기 위해서 보육교사는 표준보육과정에서 제시하고 있는 기본 생활영역의 목표, 내용 및 수준, 교사 지침을 숙지하는 것이 필요하다.

다섯째, 관찰자 및 평가자로서의 역할이다. 보육교사는 유아의 일상생활과 놀이활동 속에서 유아의 행동을 관찰하고 평가하므로 유아의 발달상황을 파악할 수 있고 그것을 기초로 유아에게 적절한 지원을 제공할 수 있다. 따라서 유아를 제대로 보육·교육하기 위해서 보육교사는 항상 유아의 건강상태, 행동, 생각, 느낌 등을 세밀하게 관찰하여 기록하고 그것에 기초해 상호작용해야 한다. 보육시설에서 교사가 유아들과 상호작용하면서 지속적으로 관찰하고 기록하는 일은 쉽지 않으나, 적절한 관찰시간을 정하여 각 유아의 놀이상황을 객관적으로 관찰하려고 노력해야 한다. 이와 관련한 구체적인 역할은 기록 및 평가에 제시되어 있으므로 이를 참고하면 도움이 될 것이다.

여섯째, 부모 프로그램 운영자로서의 역할이다. 학부모들은 유아의 생활을 항상 궁금해 하므로 매월 또는 매주 가정통신문을 통해 보육시설의 소식이나 학급의 여러 소식을 전하고 수업의 진행상황을 알려 주며 식단을 공개하여 보육시설 생활을 이해하도록 돕는다. 또한 1년 동안 이루어지는 행사 내용과 일시를 사전에 미리 알려 주어 학부모가 일정을 미리 조정하여 참여할 수 있도록 배려하며, 학부모를 위한 다양한 부모 프로그램을 운영하여 보육시설과 가정이 긴밀하게 협력할 수 있도록 한다. 또한 부모가 보육시설을 자녀의 보육·교육에 대하여 전문적으로 이해하는 기관으로 신뢰할 수 있도록 전문적인 보육서비스를 제공해야 한다.

일곱째, 연구자로서의 역할이다. 전문가로서의 교사는 어느 한 수준에 머무르지 않고 지속적으로 발전해 가야 하므로 보육교사는 현장의 문제 및 실태를 파악하여 현장 개선을 위해 노력하거나 새로운 이론 및 활동을 현장에 적용하는 것과 같은 연구자로서의 태도와 능력을 갖추는 것이 필요하다. 연구자로서의 교사는 전문적이고 다양한 시각으로 교육활동을 이해하고 반성적으로 사고함으로써 자신의 전문성을 높여갈 뿐만 아니라 유아가 전인적인 발달을 이루도록 지원하는 역할을 수행해야 한다.

(2) 유아교사의 자질

좋은 프로그램과 물리적 환경이 마련되어도 교사의 자질이 낮으면 그 효과를 기대하기 어렵다(신은수·박은혜, 2011). 따라서 유아교육기관의 신뢰 및 만족을 높이기 위해서 먼저 유아교사의 높은 자질이 요구된다. 유아교사의 자질은 일반교사와 유사한 측면이 있으나 아동기나 청소년기와는 다른 유아기의 연령적 특성을 고려하여 유아교사의 자질이 논의되어야 한다. 그러므로 유아교육기관에 근무하는 교사의 자질은 초·중·고등학교의 교사와는 차이가 있다.

유아교사의 자질은 유아교사로서 인격이 잘 형성되어 있으며, 동시에 유아교육에 있어서 전문적 지식과 기술이 높게 기대된다. 그러나 교사의 자질은 한 가지로 명확하게 정의내리기 어려우며 사회의 변화에 따라 강조하는 측면이 변화할 수 있다.또한 학자들에 따라서도 교사의 자질에 대한 개념을 정의하는 데 차이가 있다(권혜진, 2013; 박은혜, 2003; 염지숙 외, 2011).

유아교사의 자질은 유아교사가 발달적으로 가지고 있는 특성이라 볼 수 있는 개인적 자질과 유아교사로서 필요한 전문적 지식과 기능을 의미하는 전문적 자질로 분류할 수 있다(박은혜, 2003; 이은화 외, 1995). 유아교사의 자질은 교육과정 계획 및 실천능력, 유아의 성장 발달 촉진 능력, 유아 및 유아교육에 대한 전문적인 지식, 지속적인 자기 발전 추구, 교직에 대한 태도 및 직업윤리 의식, 원만한 품성과 인성을 강조하였으며, 조경자(2007)는 좋은 유아교사의 자질로 인성, 건강, 지식, 교수능력, 교육관을 제시하였는데 인성에는 유아에 대한 사랑 및 이해, 존중, 교사로서의 모범, 도덕성, 인내, 성실성 등이 있으며, 건강은 신체적 건강과 정신적 건강을 포함한다. 또한 지식에는 유아에 대한 지식, 전공지식, 교양이 있으며, 교수능력으로는 교육과정 구성 능력 및 실천 능력, 발달 조장 능력, 학부모관계 능력 등을 제시하였다. 마지막으로 교육관은 교육철학 및 신념, 열정, 자부심, 책임감 및 소명감, 공평함, 교직태도 및 직업윤리를 포함한다.

그리고 자기 자신에 대한 사랑과 존중, 타인에 대한 사랑과 배려, 협력, 잘 가르치기 능력을 좋은 교사로 보았으며, 유아에 대한 사랑과 배려 등이 기초가 될 때 교사의 전문성을 인정받을 수 있다고 보았다. Goldstein(2001)은 유아교사의 교수에 있어서 사랑으로 가르치기를 제시하였는데, 교사로서의 사랑이 한 명의 교사와 집단의 유아들을 포함하는 다각형의 사랑이라는 독특성을 갖고 있으며, 이는 노력에 의해 변화가 가능하나 강요될 수는 없다고 보았다. 또한 사랑으로 가르치기는 교사의 경험과 성격 등이 영향을 미친다고 강조하였다.

이처럼 유아교사의 자질을 바라보는 연구자들의 관점에 따라서 개인적 자질과 전문적 자질의 하위 요소들은 유사점 및 차이점을 보인다. 그러나 전반적으로 개인적 자질은 교사의 인성적, 내적 특성을 포괄하고 있으며, 개인적 자질을 인성적 자질로 간주하며 전문적 자질로는 교사의 전문적인 지식, 기술, 태도 등을 포함하고 있다. 따라서 유아교사의 자질은 교사로서의 역할을 효율적으로 수행하는 데 필요한 능력으로 교사에게 요구되는 모범적 품성, 교양 및 전문지식, 교육에 대한 태도 등으로 규정지을 수 있다(한수진, 2001). 유아교사에게 개인적 자질과 전문적 자질이 모두 요구되며, 일차적으로 직전교육을 통해 형성되지만 그것에서 끝나는 것이 아니라 현직에서의 경험과 자기 성찰을 통하여 계속적으로 발전 및 변화해 간다(염지숙 외, 2011). 그러므로 유아교사가 올바른 개인적 자질과 전문적 자질을 함양할 수 있도록 양성과정과 현직교육, 유아교사 자격기준에 관한 변화가 요구된다.

유아교사의 자질이 중요한 이유는 유아교육기관인 어린이집이나 유치원에서 유아들과 대부분의 시간을 함께 보내며 직접적인 영향을 미치는 성인이 교사이기 때문이다. 교사들은 장시간 유아와 함께하며 유아의 발달에 직접적으로 영향을 주는 교사의 교수행동, 상호작용, 직무만족도 및 효능감 등이 유아의 능력에 직접적으로 영향을 미친다. 영유아기의 경험이 개인의 발달에 영향을 미치고, 이러한 경험의 질이 전 생애에 걸쳐 영향을 줄 수 있으며, 교사와 부모 등의 인적 환경이 중요함을 강조하였다.

그러나 이처럼 유아교육기관에 근무하는 교사의 자질이 중요함에도 불구하고 현재 영유아 교사 자질이 사회적 문제로 대두되고 있으며, 특히 교사의 인성과 관련하여 빈번히 매스컴에서 보도되고 있다. 이는 유아가 여러 발달적 측면에서 성인과는 차이가 있는데 교사 자질에 문제가 있는 일부 교사들이 이러한 점을 악용하여 영유아를 정서적, 신체적으로 학대하거나 방임하면서 발생하고 있다. 이러한 소수의 교사들로 인하여 유아교사의 자질을 위해 노력하는 교사들의 자질까지 의문시 되고 있다. 이것은 유아교사라는 직업에 대해 낮은 사회적 지지 및 인식을 가져오게 하고, 결국 유아교육기관에서 양질의 유아교사가 교사라는 직업을 수행하는 데 있어서 스트레스로 작용하여 이직이나 퇴직을 고려하는 원인으로 작용할 수 있다(권성민, 2011; 황성온, 2006). 또한 교사뿐 아니라 부모들도 교사의 자질로 인해 자녀를 어린이집이나 유치원에 재원시키는 것에 대해 걱정을 하고, 기관 선택에 대해 어려움을 토로하기도 한다(김하림, 2010). 이러한 교사의 자질과 관련한 문제는 곧 양질의 유아교육을 제공하는 데 위험요소가 될 수 있으므로 개선이 필요하다.

유아교사의 역할수행에 영향을 미치는 교사의 자질은 유아의 신체적, 사회 · 정서 발달적 측면뿐만 아니라 유아교육기관에 대한 부모의 신뢰 및 만족을 위해서도 중요하다고 볼 수 있다. 그러므로 유아교사에게 개인적 자질과 전문적 자질이 요구되며, 이 두 가지 자질이 조화를 이룰 때 유아교사 나아가 유아교육의 질이 향상될 수 있을 것이다.

4. 보육교사의 직무

1) 의미

보육교사의 직무는 어린이집에서 수행해야 할 업무다. 법적으로는 영유아보육법에서 보육교사의 업무를 다음과 같이 규정하고 있다. '보육교사는 영유아를 보육하고 원장이 불가피한 사유로 직무를 수행할 수 없을 때에는 그 직무를 대행한다.'(영유아보육법 제18조 2항)로 규정되어 있다.

[새 법령](영유아보육법 제18조 2항)(일부개정 2015. 9. 19 시행)

ㅇ 개정이유

최근 어린이집의 아동학대범죄가 잇따라 발생하여 어린이집을 이용하고 있는 영유아 보호자들의 불안이 가중되고, 건강하고 안전하게 보호받고 양육되어야 하는 영유아의 권리도 훼손되고 있어 이에 대한 대책 마련이 시급하게 요구됨.

이에 따라 어린이집의 폐쇄회로 텔레비전(CCTV) 설치를 의무화하고, 아동학대자에 대한 제재 및 보육교직원의 자격기준을 강화할 뿐 아니라, 보육교직원의 보수교육에 이들의 인성함양 과목을 추가하여 아동학대범죄의 재발을 막고 이에 대한 경각심을 높이려는 것임.

한편, 보육교직원의 처우개선을 위해 육아종합지원센터에 상담전문요원을 두도록 하는 한편, 보육교사의 업무 부담을 경감할 수 있도록 보조교사 및 대체교사를 배치하고, 위법행위 고발자에 대한 불이익조치를 금하도록 함.

또한, 어린이집 원장 및 보육교사의 보수교육에 재난대비 안전 등 종합안전교육의 내용뿐만 아니라 그 밖의 보건복지부장관이 정하는 필요한 사항의 교육을 할 수 있도록 하고, 장기 해외 체류아동의 경우 양육수당 지원을 정지하도록 의무화하였으며, 보육비용 신청과 관련하여 서면고지 방식 이외에 다른 방식으로도 고지가 가능하도록 하였음.

ㅇ 주요내용

가. 국가와 지방자치단체는 보육교직원의 양성 및 근로여건 개선을 위하여 노력하도록 함(제4조 제4항).

나. 육아종합지원센터에 보육교직원의 정서적 · 심리적 상담 등의 업무를 하는 상담전문요원 등을 두도록 함(제7조 제2항).

다. 어린이집을 설치 · 운영하는 자는 보건복지부령으로 정하는 기준에 따라 폐쇄회로 텔레비전을 설치 · 관리하여야 하고, 영유아 및 보육교직원 등 정보주체의 권리가 침해되지 아니하도록 하며, 국가나 지방자치단체는 폐쇄회로 텔레비전의 설치비를 보조하도록 하고, 설치 및 관리기준 등을 위반한 경우 시정을 명할 수 있도록 하는 한편, 설치하지 아니한 경우 등에는 300만원 이하의 과태료를 부과하도록 함(제15조의4, 제44조 제2호의2 및 제56조 제2항 제4호 신설, 제36조).

라. 폐쇄회로 텔레비전을 설치 · 관리하는 자는 영상정보를 보호자가 자녀 또는 보호아동의 안전을 확인할 목적으로 요청하는 경우, 「개인정보 보호법」 제2조 제6호 가목에 따른 공공기관이 영유아의 안전업무 수행을 위하여 요청하는 경우, 범죄의 수사와 공소의 제기 및 유지, 법원의 재판업무 수행을 위하여 필요한 경우, 그 밖에 보육관련 안전업무를 수행하는 기관으로서 보건복지부령으로 정하는 자가 업무의 수행을 위하여 요청하는 경우를 제외하고는 열람하게 하여서는 아니 되고, 설치 목적과 다른 목적으로 폐쇄회로 텔레비전 등을 임의로 조작하거나 다른 곳을 비추는 행위, 녹음기능을 사용하거나 보건복지부령으로 정하는 저장장치 이외의 장치 또는 기기에 영상정보를 저장하는 행위 등을 한 경우 3년 이하의 징역 또는 3천만원 이하의 벌금형에 처하도록 함(제15조의5제1항 및 제2항, 제54조 제2항).

마. 어린이집을 설치·운영하는 자는 영상정보가 분실·도난·유출·변조·훼손되지 아니하도록 안전성 확보에 필요한 기술적·관리적 및 물리적 조치를 하여야 하며, 국가 및 지방자치단체의 장은 영유아 및 보육교직원 등 정보주체의 권리가 침해되지 않도록 설치·관리 및 열람 실태를 매년 1회 이상 조사·점검하도록 함(제15조의5 제3항 및 제4항).

바. 「아동복지법」 제3조 제7호의2에 따른 아동학대관련범죄로 금고 이상의 실형을 선고받고 그 집행이 종료되거나 집행이 면제된 날부터 20년 또는 형의 집행유예를 선고받고 그 집행유예가 확정된 날부터 20년이 지나지 아니한 사람은 어린이집을 설치·운영할 수 없도록 함(제16조).

사. 어린이집에 보육교사의 업무 부담을 경감할 수 있도록 보조교사 등을 두고, 보육교사의 업무에 공백이 생기는 경우에는 이를 대체할 수 있는 대체교사를 배치함(제17조).

아. 보육교직원은 영유아를 보육함에 있어 신체적 고통이나 고성·폭언 등의 정신적 고통을 가하여서는 아니됨(제18조의2).

자. 어린이집 원장 또는 보육교사의 보수교육은 집합교육을 원칙으로 하고, 재난대비 안전, 인성함양(영유아의 인권보호 교육을 포함) 등을 포함하도록 함(제23조 및 제23조의2).

차. 어린이집운영위원회는 학부모 대표가 2분의 1이상이 되도록 구성하여야 하며, 심의사항에 아동학대 예방에 관한 사항을 포함하도록 하며 연간 4회 이상 개최하도록 함(제25조).

카. 보호자는 영유아의 보육환경·보육내용 등 어린이집의 운영실태를 확인하기 위하여 어린이집 원장에게 어린이집 참관을 요구할 수 있도록 하며, 원장은 특별한 사유가 없는 한 이에 따르도록 함(제25조의3).

타. 양육에 필요한 비용을 지원받는 영유아가 90일 이상 지속하여 해외에 체류하는 경우에는 그 기간 동안 양육수당의 지급을 정지하도록 하고 영유아의 보호자에게 그 이유를 분명하게 밝혀 통지하도록 함(제34조의2).

파. 보건복지부장관 또는 지방자치단체의 장은 영유아의 보호자에게 무상보육 및 양육수당에 따른 비용 지원의 신청과 관련한 정보를 서면 등의 방식으로 고지하도록 함(제34조의7).

하. 어린이집을 설치·운영하는 자는 보육교직원이 보조금의 부정 교부, 아동학대 행위 등 위법행위를 신고 또는 고발하였다는 이유로 불이익 조치를 하여서는 아니되도록 함(제42조의2).

거. 지방자치단체장은 설치·운영자 또는 보육교직원이 아동학대 행위를 한 것으로 의심되는 경우 즉시 보고를 받거나 조사·검사를 실시하도록 하고, 지체없이 아동보호전문기관 등 관계기관과 협의하여 행정처분 여부를 결정하도록 함(제45조).

너. 보건복지부장관은 어린이집의 원장 또는 보육교사가 아동학대 행위를 한 경우 2년 이내의 범위에서 그 자격을 정지시킬 수 있도록 함(제46조 및 제47조).

더. 보건복지부장관 및 지방자치단체장은 아동학대 행위를 하여 영유아의 생명을 해치거나 신체 또는 정신에 중대한 피해를 입힌 어린이집의 원장 및 보육교사에 대하여 위반 사실을 공표하도록 함(제49조의3).

2) 어린이집 보육교사 직무

(1) 보육교사 직무영역별 분류

① 보육활동 준비

보육계획(연, 월, 주, 일일), 현장 학습계획, 수업준비를 위한 정보 검색, 보육자료 준비 및 점검 개별 수준에 따른 수업자료 수정, 주제에 따라 흥미영역 구성과 교실환경 구성, 실외 흥미영역 구성, 교재 · 교구 제작 및 교재 · 교구 보수 및 정리, 다른 교사와 수업에 관한 협의, 학급 내 교사 간의 역할 분담 및 공동시설 사용을 협의한다.

② 실제 보육활동

놀이계획(실내놀이 실외놀이), 실외놀이 활동 및 평가, 영유아 발달과 수준에 따른 개별지도, 바르게 인사 지도, 바른 언어사용 지도를 한다. 그리고 차례 지키기, 부적응 행동관리, 친사회적 행동 격려와 영유아의 독립성 격려, 영유아 간 상호작용 격려, 개별 영유아와 긍정적 상호작용, 화장실 사용, 귀가 지도, 아껴쓰기, 자기 물건과 놀잇감 정리지도, 급식 · 간식 준비 및 도우미 지도, 집단활동 운영(대집단, 소집단), 전이활동 특기교육, 학기 초 영유아 오리엔테이션진행, 현장학습지도를 한다.

③ 보육활동 평가

표준화 검사, 놀이관찰 기록, 흥미영역 평가, 영유아들과 일과 평가, 학급경영기록 평가란 기록, 유아 포트폴리오 제작 및 분석, 수업에 대한 저널쓰기, 다른 교사와 보육과정 운영평가, 평가척도에 의한 프로그램 평가, 프로그램에 대한 부모 의견 수렴, 평가결과를 반영한다.

④ 전문성 신장

원내 연수 참여, 외부연수 참여, 외부수업 및 시설 참관, 연구회활동, 영유아보육 박람회 참관, 신입교사 오리엔테이션 진행하기, 교생지도, 동료장학 실시 및 받기, 자기장학, 교사윤리 실천, 교사 법적 관리와 의무 이행, 구성원 간 협동을 통하여 전문성 신장을 한다.

⑤ 영유아 보호 관련 업무

영유아 건강검진계획 세우기, 교사 건강검진 받기, 실내 온도와 습도 및 채광과 조도 조절, 적절한 휴식 지도, 식단 짜기, 기저귀 갈아주기, 배변처리하기, 영유아 씻기기, 영유아가 개인용품 청결하게 관리와 놀잇감 청결 유지, 청소(교실과 교실 외 시설 청소)를 한다. 그리고 아픈 영유아 간호, 영유아 안전대책(영유아 안전교육 받기, 원내 안전규칙 세우기, 영유아 안전교육, 위험물에 대한 안전관리, 안전점검 징후 살피기), 응급상황 대책(응급상황 시 역할 분담 계획, 응급상황 훈련, 응급상황 대비 부모동의서 받기, 응급 시 의료처치 부모동의서 받기, 응급 처치하기, 사고 시 적법절차 따르기)을 한다.

⑥ 학부모 관련 업무

학부모상담, 학부모와 수시로 정보교환과 학부모 지원요청, 부모 참여수업, 부모 간 교류 제공, 부모–교사 협의회, 다양한 방법의 가족 지원, 지역사회 자원에 대한 정보를 제공한다.

⑦ 행사 관련 업무

행사 준비를 위한 정보 수집하기, 행사 계획하기(역할 분담, 진행, 뒷정리)한다.

⑧ 사무 관련 업무

각종 문서작성(보육과정 운영 문서, 원아관리 문서, 교원관리 문서, 재무관리 문서, 보건복지부 요청 자료작성 각종 보고서), 각종 문서관리(회의록, 각종 신청서), 제증명 발급, 예금 관련 업무, 회계 관련 업무, 물품 구입, 우편물 확인, 유인물 제작 및 발송, 전화, 사진 관련 업무, 당직 재고 조사, 원아모집 관련 업무, 홈페이지 관리, 학급편성, 차량노선 편성 등을 한다.

⑨ 시설 관련 업무

실내 · 외 안전점검 의뢰, 시설 안전점검(실내, 실외시설), 실내소독계획 및 의뢰, 기자재 바른 사용법 익히기, 기자재 점검, 기자재 보수 등을 한다.

⑩ 대인관계 및 사회적인 업무

교사 친목 및 경조사활동 참여, 상사업무 보조하기, 손님 및 상사 접대하기, 졸업생 관리하기, 지역사회 행사 참여를 한다.

(2) 직업적 특성에 따른 보육교사의 직무

① 주 교육 관련 업무

보육계획안 작성, 보육활동 실시, 행사준비, 일상양육활동, 영유아와의 상호작용, 유아관찰일지쓰기, 건강특별활동일지쓰기, 부모교육, 교재와 교구 만들기를 한다.

② 교육(보육지원) 보조업무

청소(교구장, 교실, 화장실, 복도), 간식 및 점심준비, 식단 작성, 음식재료주문, 우유병소독 및 설거지, 세탁하기 등을 한다.

③ 운영 관련 보조업무

출석부정리, 업무일지/연수보고서 쓰기, 각종 문서 및 공문처리, 시설물 보수점검, 교사회의, 자원봉사활동관리, 실습생지도, 차량지도, 전화 받기를 한다.

④ 안전관리와 위생관리 업무

보육교사는 영유아의 안전을 위해 다양한 계획과 이의 실행으로 영유아의 안전을 돌봐야 하며 위생관리도 법적인 기준을 충족시킬 수 있도록 늘 관리하여 영유아의 건강을 지켜주어야 한다.

3) 보육교사의 필수 직무

보육교사의 직무를 보면 다음과 같은 필수적인 직무가 있다.

(1) 보육과정 설계자 직무

보육과정 설계자로서 기관철학에 근거한 교육목적을 기초로 교육활동에 필요한 교육계획을 세우고, 영유아의 흥미와 경험을 바탕으로 발달에 적합한 학습내용을 선정하고 조직하여야 한다.

첫째, 보육교사는 전문가적 자질로 주위의 다양한 문제에 대해 개방적인 사고로 접근하여 새로운 지식과 아이디어로 적용하여 보다 질 높은 교수방법 · 기술을 개발하여야 한다. 이렇게 하기 위하여 보육교사는 사고의 폭을 넓히고 가능한 한 많은 독서와 여러 가지 방법 등을 동원하여 전문적 자질 배양을 위해 노력하여야 할 것이다.

둘째, 변화가 빠른 삶을 살아갈 영아들이 미래의 사회 모습을 예견하고 미래가 요구하고 미래에 잘 적응할 수 있는 어린이로 자랄 수 있도록 할 수 있는 보육과정을 설계해야 한다.

(2) 일과활동계획 및 수행자 직무

일과활동계획 및 수행자로서 체계적이고 균형 잡힌 일과활동을 계획할 때 활동의 융통성과 다양성을 고려한다.

첫째, 보육교사는 일과활동을 계획할 때 보육교사의 다양한 역할을 할 수 있는 계획을 해야 한다, 계획된 일과활동 수행과정에서도 일과활동 수행 시 영유아가 정서적으로 안정감을 갖게 해주고 기본적인 욕구를 적절하게 충족시켜 주고 건강하게 성장 발달하도록 도와주는 양육자의 역할, 즉 대리부모의 역할을 수행하여야 한다.

둘째, 일과활동 수행 시 일상생활의 모델 역할로서 바람직한 행동으로 올바른 예절이나 바른 행동 그리고 바른 식습관의 모델이 되어 건전한 모범을 보이도록 노력해야 한다.

셋째, 환경제공자 역할로서 안전한 보육환경은 영유아들의 심리적인 안정과 올바른 인격형성에 도움을 주도록 한다.

(3) 상담자 및 조언자 직무

상담자 및 조언자로서 영유아와의 친밀한 상호작용을 통하여 신뢰감이 형성될 수 있도록 하며, 영유아에게 관심과 애정표현 및 개별성을 인정하여야 한다.

첫째, 상호작용자로서 영유아가 보육교사들과의 상호작용을 통해 올바르게 성장할 수 있는 계기를 마련하도록 해야 한다.

둘째, 부모의 대리역할로서 어린이집과 같은 낯선 환경을 접한 영아들의 정서적인 안정감과 영유아의 애정적 욕구를 충족시켜 주고, 영유아에게 허용적인 보살핌과 개별적인 상호작용을 제공해야 한다.

(4) 보육에 대한 연구자 직무

영유아의 성장과 발달에 대한 이해를 증진하고 문제행동의 원인을 분석할 수 있어야 한다.

첫째, 효과적인 교수방법 개발자로서 영유아 발달에 적절한 교수방법을 개별성 있게 개발하기 위하여 늘 연구해야 한다.

둘째, 보육교사들의 전문성은 주체적인 전문성이다. 같은 직업을 갖고 있는 동료교사들과 의견을 나누고 정보를 함께 공유하면서 열정을 가지고 보육에 대한 전문가로서 연구를 해야 한다.

(5) 행정업무 및 관리자 업무

행정업무 및 관리자로서의 역할은 영유아의 영향 및 건강에 대한 기본지식을 갖추고, 영유아에게 영양과 건강에 대한 기본교육을 실시하여야 한다.

첫째, 보육교사는 부모대리 역할자로서 영유아의 영양 및 건강에 대한 기본지식을 갖추고 영유아를 돌볼 수 있도록 행정업무와 관리자 업무를 수행해야 한다.

둘째, 환경제공자로서의 보육환경을 관리하여야 하며 관찰자 역할로서 보육교사는 영유아의 발달과 보육환경 및 활동 전반에 걸쳐 항상 관찰하고 평가하는 역할을 제대로 할 수 있도록 관리하여야 한다.

PART 04

보육교사의 성장

CHAPTER 06

보육교사의 자기개발

1. 보수교육

1) 보수교육의 의미

보육교사에게 보수교육이 필요한 이유는 보육교사는 전문직으로서 계속적인 성장을 해야 하며, 교육과정 및 교육혁신이 매번 바뀌고 변화하기 때문에 이를 수용해야 한다. 자신을 연마하고 교육과 관련된 전문지식을 배우고 갖춰야 하며, 언제나 새로운 것을 받아들여 가르쳐야 할 사명이 있다. 특히 사회적 변화에 따라 아동 및 학부모의 보육교사에 대한 기대 또한 커지고 있으며 기대에 부응하기 위해서는 보수교육이 필요하다. 이러한 보수교육은 평생교육의 일환으로 그 중요성 및 필요성이 점점 커지고 있다.

최근 영유아 보육에 대한 수요가 폭발적으로 증가하면서 보육교사의 수 또한 급격히 증가하였다. 이처럼 보육시설이 양적으로 괄목할 만한 양적 성장을 이루자 이와 더불어 질 높은 보육에 대한 요구가 높아지게 되었다. 특히 보육교사의 자질과 전문성에 대한 비판과 함께 보육교사들의 질적 수준을 향상시키는 방안이 다각도로 검토되었다(이순례 · 정수미 · 조인숙, 2000). 무엇보다도 교육의 목표와 교육내용, 교육방법이 우수하여 최상의 교육여건이라 할지라도 교사의 자질, 즉 전문성이 낮으면 교육목표의 수행과 달성은 이루어기 어렵다(김남균, 2013).

특히 보육교사의 질적 수준과 전문성 확보는 교사 개개인의 인성, 자질 등 다양한 요인에 의해서 이루어지지만 양성교육과 보수교육으로 이루어지는 교사교육이 보육교사의 질적 수준을 고양하는 핵심적 방안이라 할 수 있다(지성애·최미숙, 2006).

재교육을 받은 집단과 그렇지 않은 집단 간에는 전문성에 차이가 있었고 보수교육은 전문성 향상에 많은 효과가 있다(표갑수, 1998). 보육교사의 전문성 함양은 국가에서 도입한 자격증 제도만으로는 충분하지 않으며, 현직에 종사하면서 지속적인 보수교육을 통해 점진적으로 발달할 수 있다. 따라서 평생교육의 일환으로 보수교육의 중요성을 인식하며 보육교사에 대한 전문직으로서의 전문성 향상을 위하여 체계적인 보수교육을 계획하고 실시하는 것이 중요하다(지성애 외, 2007).

보 수 교 육

- 어린이집 원장의 보수교육은 사전직무교육과 직무교육으로 구분한다.
- 보육교사의 보수교육은 직무교육과 승급교육으로 구분한다.

✓ 직무교육은 보육에 필요한 지식과 능력을 유지·개발하기 위하여 보육교직원이 정기적으로 받는 교육으로서 교육시간은 40시간 이상을 원칙으로 한다.

✓ 승급교육은 보육교사가 3급에서 2급 또는 2급에서 1급으로 승급하기 위하여 필요한 교육으로서 교육시간은 80시간 이상을 원칙으로 한다.

2) 보수교육의 내용

보육교사를 위한 보수교육은 자격획득과 임용 후에 이루어지며 신규 채용자에 대한 직무적응 교육 및 훈련이나 재직자에게 주기적 또는 계속적으로 교직에 관련된 새로운 이론과 기술을 제공하는 것을 의미한다(오유진, 2016). 현재 우리나라에서 실시되고 있는 보수교육은 정부주도로 보육교직원의 자질을 향상시키기 위해 실시하는 교육을 말한다. 보수교육의 사전적 의미는 "어떤 기술이나 학문에 대하여 보충하여 행하는 교육"이라고 하였다(오영, 2011).

영유아보육법 제23조에 의하면, 보수교육이란 보육교직원의 자질향상을 위하여 실시하는 교육으로써, 보육에 필요한 지식과 능력을 유지하고 개발하기 위하여 보육교직원이 정기적으로 받는 직무교육과 상위등급의 자격을 취득하기 위해 받아야 하는 승급교육 및 어린이집 원장의 자격을 갖추기 위하여 받아야 하는 직무교육으로 구분된다(보건복지부, 2014). 직무교육은 현직에 근무하고 있는 보육교사나 시설장이 2년마다 한 번씩 참여하는 교육이다. 승급교육은 보육교사가 3급에서 2급 또는 2급에서 1급으로 승급할 때 받는 교육이다.

직무교육은 이수하여야 하는 연도에 해당교육을 이수하지 못하면 다음 연도에 이수해야 하며, 특별직무교육을 이수한 경우에는 일반직무교육을 이수한 것으로 한다. 또한 승급교육은 직무교육과 승급교육을 같은 해에 받아야 하는 경우에는 승급교육을 받는 자에 한하여 직무교육을 생략할 수 있도록 규정되어 있다. 보수교육에 대한 보다 자세한 분류 및 차이점을 정리해보면 〈표 6-1〉과 같다.

〈표 6-1〉 보수교육의 분류와 차이점

<table>
<tr><th colspan="3">과 정 명</th><th>교 육 대 상</th></tr>
<tr><td rowspan="5">직무교육</td><td rowspan="2">일반 직무 교육</td><td>보육교사</td><td>현직에 종사하고 있는 보육교사로서 보육업무 경력이 만 2년을 경과한 자와 보육교사 직무교육(승급교육 포함) 받은 해부터 만 2년이 경과한 자</td></tr>
<tr><td>시설장</td><td>현직에 종사하고 있는 시설장으로 보육시설의 장의 직무를 담당하는 첫해에 해당하는 자와 보육시설의 장 직무교육을 받은 해부터 만 2년을 경과한 자</td></tr>
<tr><td rowspan="3">특별 직무 교육</td><td>영아보육</td><td>영아보육을 담당하고 있는 일반직무교육 대상자와 영유아보육을 담당하고자 하는 보육교사 및 보육시설의 장</td></tr>
<tr><td>장애아동 보육</td><td>장애아보육을 담당하고 있는 일반직무교육 대상자와 장애아보육을 담당하고자 하는 보육교사 및 보육시설의 장</td></tr>
<tr><td>방과후 보육</td><td>방과후 보육을 담당하고 있는 일반직무교육 대상자와 방과후 보육을 담당하고자 하는 보육교사 및 보육시설의 장</td></tr>
<tr><td rowspan="2">승급교육</td><td colspan="2">1급 승급교육</td><td>보육교사 2급의 자격을 취득한 후 보육경력이 만 2년이 경과한 자 및 석사학위소지자로서 보육교사 2급의 자격을 취득한 경우 보육경력이 만 6개월이 경과한 자</td></tr>
<tr><td colspan="2">2급 승급교육</td><td>보육교사3급의 자격을 취득한 후 보육경력이 만 6개월이 경과한 자</td></tr>
</table>

(1) 직무교육

직무교육은 영유아에게 보육서비스를 제공하기 위한 지식과 기술 유지 및 개발을 위해 보육기관의 장과 보육교사가 최초 자격을 취득하거나 또는 승급 후 3년마다 받는 교육을 의미한다(임재택, 2015). 영유아보육법 제23조, 시행규칙 제20조, 제38조의 3에 근거하여 현재 실시되고 있는 보수교육의 종류는 아래 〈표 6-2〉와 같다.

〈표 6-2〉 대상별 보수교육 시간

직무교육							승급교육	
일반 직무교육				특별 직무교육			1급 승급교육	2급 승급교육
대상	보육교사	신규원장	원장	영아보육	장애아보육	방과후보육		
시간	40시간	40시간	40시간	40시간	40시간	40시간	80시간	80시간
비고	매 3년마다	원장 첫 해	매 3년마다	이수 희망자	이수 희망자	이수 희망자	이수 희망자	이수 희망자

보육교사를 위한 직무교육은 매 3년마다 의무적으로 이수하도록 규정되어 있으며, 특별직무교육은 필요에 따라 선택하여 자율적으로 이수하도록 규정되어있다. 교사의 보육대상에 따라서 일반직무교육과 특별직무교육으로 구분되고, 보육업무경력이 만 2년이 지난 보육교사의 직무교육, 원장 신규 직무교육, 원장 직무교육이 이에 해당된다(보건복지부, 2014).

특별직무교육에는 영아보육 직무교육과 장애보육 직무교육, 방과 후 보육이 있는데 영아보육 직무교육은 영아보육을 담당하고 있거나 또는 담당하려는 보육교사와 어린이집 원장을 대상으로 하는 직무교육이고, 장애보육 직무교육은 장애아보육을 담당하고 있거나 담당하려는 보육교사와 어린이집 원장을 대상으로 하는 직무교육이다. 승급교육은 1급 승급교육과 2급 승급교육으로 구분되며 시간은 80시간씩이다. 직무교육 내용으로는 '보육기초', '영유아교육', '발달 및 지도', '보육사업의 운영', '영유아의 건강 · 영양 및 안전', '가족 및 지역사회 협력,' 총 6개 영역으로 20과목, 40시간의 교육훈련기간을 규정하고 있으며, 자세한 내용은 다음의 〈표 6-3〉과 같다.

〈표 6-3〉 직무교육의 내용

구 조	교과목
보육 기초 및 윤리	영유아보육교사의 역할과 윤리, 아동권리와 영아학대 예방
가족 및 지역사회 협력	영아 부모 상담 실제, 영아와의 상호작용 실제
발달 및 교육	역할 · 쌓기 영역, 신체활동 영역, 언어활동 영역, 감각 · 탐색활동 영역, 예술(음률, 미술)활동, 실외놀이 활동, 영아 놀이지도
영유아교육	영아 일상생활지도Ⅰ, 영아 일상생활지도Ⅱ, 영아 적응프로그램, 영아 행동관찰과 평가
건강 · 영양 · 안전	보육교사의 건강관리, 영아 건강교육, 영아 안전사고 예방교육, 보건위생관리
보육실습	표준보육과정 운영의 실제

(2) 승급교육

승급교육은 보육교사가 3급에서 2급 또는 2급에서 1급으로 승급할 때 받는 교육이다. 보육교사 3급 취득 후 보수교사경력이 만 6개월이 경과한 사람은 보육교사 2급 승급교육을 이수하여야 하며, 보육교사 1급으로 승급하기 위해서는 2급 보육교사 자격 취득 후 보육 업무 경력이 만 3년 이상을 경과해야 승급교육 자격을 얻을 수 있다. 다음 〈표 6-4〉에 나타난 내용을 보면 인성 · 소양 영역, 건강 · 안전 영역, 전문지식 · 기술 영역으로 총 3개 영역이며, 21~22과목으로 교과목이 구성되어 있다(여성가족부, 2016). 승급교육은 다양한 민간단체에 의해 실시되고 있는데 중앙 및 각 시 · 도의 보육시설연합회, 복지재단, 대학의 연구소 등이며 자율적 의사에 의해 참가하도록 되어 있다.

승급하고자 하는 교원은 먼저 승급교육을 받을 수 있는 자격 여부를 먼저 검정한 후 교과과정을 이수해야 한다. 또한 평가에서 80점 이상을 득점해야 한다. 보수교육의 세부적 기준에 따르면 모두 출석한 경우에만 이수한 것으로 인정되나 부득이한 사정으로 결석할 시 반드시 사유서를 제출하여 출석을 인정받아야 하며 이에 관련된 서류를 제출하도록 규정하고 있다.

〈표 6-4〉 승급교육의 내용

구 조	1급 승급교육 교과목	2급 승급교육 교과목
인성 · 소양 영역	보육교사의 역할과 윤리, 아동학대와 아동권리 이해	보육교사의 역할과 윤리, 아동학대와 아동권리 이해, 사회변화와 보육
전문지식 · 기술 영역	영유아 정서 · 사회성발달과 생활지도, 다양한 가정의 영유아 지원, 영유아보육프로그램의 계획과 운영, 영유아 관찰방법과 기록, 실내 · 외 환경구성의 원리와 실제, 영유아 인지 · 언어발달과 놀이지도, 특수 영유아 특성별지도, 지역사회 연계활동 계획 및 운영, 영유아 보육프로그램의 기초, 영유아를 위한 교수학습방법의 이해, 보육계획과 보육일지 작성의 실제, 보육실습지도의 적용과 사례, 영유아보육법과 보육관련법의 이해	영유아 정서 · 사회성 발달 이해, 영유아 인지 · 언어발달 이해와 기초학습, 표준보육과정의 이해, 연령별 보육프로그램(0-1세), 연령별 보육프로그램(2세), 연령별 보육프로그램(3-5세), 영유아반 운영관리, 부모면담방법, 다문화교육, 보육계획과 보육일지작성실제, 영유아 행동관찰과 관찰일지 작성법, 평가인증의 이해, 보육정보화시스템의 이해와 활용, 지역사회 연계의 실제
건강 · 영양 영역	영유아 안전교육과 안전관리, 영유아 건강문제와 내용, 영유아 급식과 식품안전, 자체점검과 사후관리, 보육정보 탐색의 실제	영유아 건강생활지도, 영유아식생활지도와 위생, 안전사고 상황별 응급처치와 안전교육

3) 보수교육의 실시절차

(1) 보수교육의 실시주체

보건복지부장관은 보수교육의 실시에 관한 권한을 시 · 도지사에게 위임함에 따라 시 · 도지사는 관할지역 보육교직원 및 어린이집 원장 사전직무교육 이수 희망자에 대한 보수교육을 실시하여야 한다(「영유아보육법」 제51조 및 동법 시행령 제26조 제1항 제1호).

이에 따라 시 · 도지사는 매년 2월 말까지 관할지역의 교육 수요를 파악하여 보수교육 실시 계획을 수립하여야 한다. 연간 교육실시 계획은 교육수요 및 예산 배정 현황을 고려하여 수립하되, 예산집행 현황을 고려하여 추가 수요 발생 시에는 당초 계획을 변경하거나 추가 교육 계획을 수립할 수 있다. 시 · 도지사는 예산의 범위를 초과하여 보수교육 수요가 발생할 경우 추가 교육 계획을 수립할 수 있으나, 이 경우 보수교육 비용을 지원하지 않고 교육생이 보수교육 비용의 자부담을 용인하는 조건으로 교육을 실시할 수 있다(보건복지부, 2015).

(2) 보수교육 실시의 위탁 및 위탁의 취소

시 · 도지사는 보수교육 실시에 관하여 ① 「정부출연연구기관 등의 설립 · 운영 및 육성에 관한 법률」에 따라 설립된 정부출연연구기관, ② 보육 또는 아동복지 관련 학과가 개설된 「고등교육법」 제2조에 따른 대학 또는 전문대학, ③ 「영유아보육법」 제7조에 따른 육아종합지원센터, ④ 「영유아보육법」 제21조 제2항 제2호에 따른 교육훈련시설, ⑤ 그 밖에 보육 관련 비영리법인 또는 비영리단체 등에 그 업무를 위탁할 수 있다.

수탁기관이 ① 「영유아보육법」 제51조의2 제2항에 따라 지급받은 보조금을 목적 외의 용도에 사용하였을 경우, ② 거짓이나 그 밖의 부정한 방법으로 「영유아보육법」 제

[그림 6-1] 어린이집 보육교직원 보수교육 구성체계

51조의2 제2항에 따른 보조금을 지급받았을 경우, ③ 파산하거나 해산한 경우, ④ 「영유아보육법 시행령」 제26조의2 제3항에 따른 위탁 기준에 적합하지 않게 된 경우, ⑤ 보수교육의 내용과 기간·방법 등에 관한 사항을 위반하여 보수교육을 실시한 경우, ⑥ 교육자격 미달자에게 보수교육을 실시하고 수료증을 발급하거나, 교육수료 인정기준 미달자에게 수료증을 발급한 경우 등 어느 하나에 해당할 경우에는 보수교육 실시의 위탁을 취소할 수 있다.

2. 보육기관 내 장학

1) 장학의 의미

장학(supervision)은 교육행정에서 중요한 위치를 차지하고 있다. 그만큼 학자들 간의 의견의 일치를 보지 못하는 부분이기도 한다. 교육행정기관에서 단위학교에 대한 장학은 핵심적 기능이며, 단위학교에서도 교육과정의 운영 및 수업활동의 개선을 위하여 장학은 필수 불가결한 기능으로 인식되고 있다. 영어로 supervision이라는 용어는 어원적으로, superior와 vision의 합성어로서 '높은 곳에서 우수한 사람이 본다.'는 뜻으로 원래 시학 내지 독학을 의미한다. 어원적으로는 감시 또는 감독을 의미한다. 유럽에서는 장학을 inspection이라고 쓰고 있는데, 이것은 in과 spect의 합성어로서 '들여다 본다'는 뜻으로 '감시', '시찰', '검열' 등의 감독이 된다.

해방 후 도입된 supervision이란 용어는 지도 조언 또는 장학으로 번역되었다. 장학이라는 개념은 장학에 대한 접근방법과 강조점의 차이로 인하여 시대와 장소, 학자에 따라 다양하게 정의되고 있다. 장학의 담당자도 해방 전까지는 시학관 또는 시학이라고 부르다가, 해방 후에는 장학관, 장학사로 불렀다. 현재 일반적으로 쓰여지고 있는 장학의 개념에 관해서는 장학에 대한 접근방법과 관점 및 강조점의 차이로 인하여 여러 가지 다양한 의견이 제시되어 오고 있다. 특히 장학이 그 이론에서 뿐만 아니라 실제에 있어서도 우리나라보다 훨씬 발달해 있는 미국 등 선진국의 경우 학자들에 따라서 다양한 형태의 장학의 개념에 관한 논의가 제시되고 있다. 종합적으로 Wiles와 Bondi

(1980)는 여러 학자들의 주장을 정리, 분석한 결과 장학에 대한 개념 정의는 대체로 다음과 같이 6가지로 구분된다고 밝혔다(김윤태, 1995).

첫째, 교육행정(administration)에 초점을 두어 정의하는 입장이다. 장학은 교육체제의 적정 교수기대를 달성하는 데 주로 초점을 둔 학교행정의 한 국면이고, 장학은 학교체제의 구성원이 학교의 주요 교육목표를 달성하는 데 직접 영향을 줌으로써 학교운영을 유지 또는 변화시키기 위하여 성인과 사물을 다루는 것이다.

둘째, 교육과정(Curriculum)에 초점을 두어 정의하는 입장이다. 장학은 교육과정에서 그 의미를 찾아야 한다. 그렇지 못하다면 의미가 없다. 일반장학(general supervision)은 교육과정의 제정과 개정, 교수 단원과 교수자료의 준비, 학부모에게 통지하는 과정과 도구의 개발, 교육 개발 프로그램의 평가 등 광범위한 일을 의미한다.

셋째, 수업(instruction)에 초점을 두어 정의하는 입장이다. 장학은 학생들의 학습을 증대시키기 위해 적용될 수업방법의 개선에 직접 영향을 주는 인적, 물적 지원을 조정하는 일이다. 장학은 수업 개선을 목적으로 행하는 전문적 교육자의 행동이다.

넷째, 인간관계(human relationship)에 초점을 두어 정의하는 입장이다. 장학담당자와 교사와의 관계에서 생산적인 직무 관계성을 조성하는 것은 장학 담당자에게 가장 결정적인 일이다. 인적자원 장학은 개인의 욕구와 학교의 목표 및 과업과의 통합을 강조한다. 이것을 달성하는 한 가지 방법은 교사들에게 의미 있는 일의 중요성을 강조하고 과업 성취로부터 나오는 교사 만족을 동기유발과 수업개선의 관건으로 봄으로써 가능하다.

다섯째, 경영(management)에 초점을 두어 정의하는 입장이다. 장학 담당자는 일의 과정을 지시하고 안내하는 책임이 있다. 그리고 업무체제가 기술적 생산체제이든 또는 인간봉사체제이든 그것은 장학담당자의 역할을 결정하는 가장 의미 있는 요인이 된다.

여섯째, 지도성(leadership)에 초점을 두어 정의하는 입장이다. 장학의 과업은 교사들에게 가르치는 방법을 가르치는 것이고, 공교육을 개혁하는데 있어서, 교육과정, 교수, 교육형태 등에서 전문적 지도성을 발휘하는 것이다. 장학담당자는 행정, 교육과정, 교수 등의 각각의 범위에서 벗어나야 한다. 장학은 행정, 교육과정, 교수를 연결하고 학습과 관련된 학교활동을 조정하는 지도성 기능이다.

2) 장학의 기능

장학의 기능이 무엇인가에 대하여는 앞의 장학의 개념 정의에서 어느 정도 시사되었다. 우리나라의 교육상황에서 관철되는 장학의 기능을 알아보기 위하여 학자들의 의견을 살펴보면 다음과 같다.

〈표 6-5〉 장학의 기능에 대한 학자별 분류

학자	장학의 기능
백현기	① 교사의 자주성 함양 ② 교사의 문제 분석 처리능력 배양 ③ 교사들에게 안전감 부여 ④ 지역사회에 학교 교육활동 소개 및 지역사회 자원의 학교 교육 활용 ⑤ 교사와 더불어 건전한 교육철학 발전
조병효	① 지도성 기능 ② 조정기능 ③ 자원, 봉사 기능 ④ 평가기능
김종철	① 교사의 전문적 성장 ② 교육행정가의 교육운영의 기획과 평가 지원 ③ 학습환경의 개선
정찬영	① 교원인사에 관한 기능 ② 수업활동의 장해요인 제거 기능 ③ 동기유발기능 ④ 조언적 기능 ⑤ 전문적 소양 신장 기능 ⑥ 평가기능
윤정일	① 지도기능 ② 관리기능
강영삼	① 문교 장학의 기능 : 전문적 조언 위주의 참모기능 ② 학무 장학의 기능 : 지시, 감독, 명령 위주의 계선기능 ③ 수업 장학의 기능 : 간접적으로 학생의 학습을, 직접적으로 교사의 교수활동을 돕고 지원하는 기능 ④ 임상 장학의 기능 : 교사의 수업행동 개선 기능
정태범	① 행위상의 분류 : 감독적 관리기능, 전문적 지도기능, 협동적 조언기능 ② 내용상의 분류 : 교과지도 기능, 학생지도 기능, 학급 및 학교경영 기능
주삼환	① 교육과정 개발 ② 수업개선

장학의 기능은 장학담당자가 하는 활동의 대상 영역을 중심으로 접근을 하는 것이 타당한 것으로 보인다. 활동의 성격은 활동의 내용, 즉 대상 영역이 전제되어야 의미가 있기 때문이다. 여러 학자들의 의견을 종합하여 장학의 기능을 다음과 같이 3가지로 정리하고자 한다.

첫째, 교원의 성장, 발달을 돕는 기능이다. 교원들로 하여금 교직생활과 관련된 제반 영역에서 필요한 가치관, 신념, 태도, 지식, 기능, 행동 등을 갖추도록 도와주는 기능이다.

둘째, 교육과정의 운영의 효율화를 돕는 기능이다. 교육목적을 달성하기 위하여 학생들에게 제공되는 교육내용 및 교육활동에 대한 개발, 운영, 평가에 있어서 효과를 높이도록 도와주는 기능이다.

셋째, 학교경영의 합리화를 돕는 기능이다. 학교체제 내의 인적, 물적, 재정적 자원을 효과적으로 유지, 통합, 운영하고, 제반 교육활동 기능을 최적화하도록 도와주는 기능이다.

3) 장학의 필요성

장학은 교육개선을 위한 매우 중요한 기능을 가지고 있다. 또한 시대변화에 따라 교육의 민주화 및 자율화의 분위기가 정착되어가면서 장학에 있어서도 현재까지 교육행정기관의 주도 하에 이루어져 왔으나 단위 학교들이 자율적으로 학교교육 발전을 위한 장학활동을 활발히 전개해야 한다는 요구가 높아졌다.

사실 현재까지 교육행정기관이 주도하는 장학지도를 반성해보면 인적, 물적, 시간적 제약 등으로 인하여 많은 문제점을 안고 있었다. 여러 연구가 지적하고 있는 바와 같이, 전통적인 장학지도는 교사에게 별로 도움을 주지 못하는 장학, 수업보다 관리활동 위주의 장학, 교사의 신뢰를 받지 못하는 장학이라고 할 수 있으며, 장학의 효과에 대한 인식에 있어서도 일선교사와 장학 담당자 간에 심한 차이를 보이는 등의 문제를 안고 있다.

장학지도의 조직, 운영, 업무, 장학 담당자, 그리고 행·재정 지원 측면에서도 문제점이 지적된다. 장학의 여러 가지 목표를 달성하기에는 장학요원이 수적으로 부족할 뿐만 아니라 장학요원의 업무가 전문적이라기보다는 잡무의 성격이 강하다는 것이다. 교사를 직접적으로 도와줌으로써 학교의 수업을 개선하는 데 초점을 두는 지도·조언적 활동보다 계선 조직의 행정적 집행에 초점을 두는 지시·명령·감독적 활동에 치중하게 된다는 것이다. 또한 장학담당자들의 업무가 전문 분야별로 세분화되어 있지 않고 교과지도에 관련한 전문성도 부족하다는 것이다. 교육행정기관의 조직에 있어서도 장학직과 일반직 간의 업무 연계성이 부족하고 부서별 업무 배분이 부적절하다는 것이다.

이러한 문제들의 시사점은 교사들이 교과지도 및 학생지도 활동을 전개하고 있는 학교현장을 중심으로 하여 함께 생활하고 있는 교감, 교장 그리고 교사들 간에 상호이해와 신뢰 및 협조를 바탕으로 한 자율적인 장학활동의 필요성을 나타내준다고 하겠다.

4) 장학의 유형

(1) 자율장학

보육기관에서 교육활동의 개선을 위하여 자율적으로 원장·원감을 중심으로 하여 전체 교직원들이 상호 이해와 협력을 기초로 하여 서로 지도·조언하는 활동이다. 과정으로서의 장학의 입장에서 재해석 하면, 보육기관에서 교육활동의 개선을 위하여 자율적으로 원장·원감을 중심으로 하여 전체 교직원들이 상호 이해와 협력을 기초로 하여 교육활동의 개선에 활용될 수 있는 좋은 지식, 기술, 정보, 아이디어, 경험, 도움, 조언 등을 나누어 갖는 활동을 한다.

보육기관의 원내 자율장학의 기능은 다음과 같다.

① 유치원 중심성 : 유치원이 주체가 되며, 유치원의 인적·물적 조건 및 조직적·사회심리적 특성을 기초로 한다.

② 자율성 : 외부로부터의 통제없이 유치원의 구성원들이 스스로 교육활동 개선을 위하여 장학활동을 계획하고 실천해 나가며, 그 결과를 평가한다.

③ 협력성 : 원장·원감을 중심으로 주임교사, 교사, 일반직원들의 공동노력을 통해 이루어지며, 외부로부터 필요한 협력을 얻을 수도 있다.

④ 다양성 : 원내 자율장학의 내용과 방법은 유치원의 종류, 규모, 소재지역, 교직원들의 필요와 요구 등의 요인에 따라서 다양하게 운영된다.

⑤ 계속성 : 원내 자율장학은 일시적이고 단기적인 과정이 아니라 계속적이고 장기적인 과정이다.

⑥ 자기발전성 : 유치원의 기관으로서의 기관발전을 추구할 뿐만 아니라, 원장, 원감, 주임교사, 교사, 일반직원 등 모두의 자기발전을 도모할 수 있는 과정이다.

〈표 6-6〉 자율장학의 기본 형태

기본 형태	개 념	주장학 담당자	구체적 형태	대 상
수업 장학	교사들의 수업기술 향상을 위하여 원장·원감(외부 장학요원·전문가·자원인사 포함)이 주도하는 개별적이고 체계적인 성격이 강한 지도·조언활동	원장·원감(외부 장학요원, 전문가, 자원인사 포함)	• 임상장학 • 마이크로티칭 • 수업연구(원장·원감 주도) • 초임교사 대상 수업관련 지도, 조언활동 등	• 초임교사 • 저경력교사 • 수업기술 향상 필요성이 있는 교사
동료 장학	동료교사들이 교육활동의 개선을 위하여 모임이나 짝을 이루어 상호 간에 수업 연구·공개활동의 추진이나 공동과제 및 관심사의 협의·연구·추진 등 공동으로 노력하는 과정	동료교사	〈수업연구(공개)중심 동료장학〉 • 교사들 간 수업연구 • 교사들 간 수업공개 등 〈협의중심 동료장학〉 • 각종 교사 협의 활동 • 스터디그룹 활동 • 각종 공식적·비공식적 협의 등 〈연구과제중심 동료장학〉 • 공동 연구과제 추진 • 공동 시범과제 추진 • 공동 연구 자료·작품 제작 등 〈일대일 동료장학〉 • 초임교사와 경력교사 간 짝짓기 〈동호인활동중심 동료장학〉 • 각종 건전한 동호인 활동	• 전체 교사 • 협동으로 일하기 원하는 교사 • 관심분야가 같은 교사 • 동호인
자기 장학	교사 개인이 자신의 전문적 발달을 위하여 스스로 체계적인 계획을 세우고 이를 실천해 나가는 활동	교사/ 개인	• 자기수업 분석·연구 • 자기평가 • 아동을 통한 수업반성 • 1인1과제연구·개인(현장)연구 • 전문서적·자료 탐독	• 전체 교사 • 자기분석·자기지도의 기술이 있는 교사 • 혼자 일하기

기본 형태	개 념	주장학 담당자	구체적 형태	대 상
			• 대학 · 대학원 수강 • 전문기관, 전문가 방문 · 상담 • 현장 방문 · 견학 • 연구회, 학술회, 강연회 등 참석 • 각종 자기연찬 활동 등	원하는 교사
약식 장학 (일상 장학)	원장 · 원감이 간헐적으로 짧은 시간 동안의 학급순시나 수업참관을 통하여 교사들의 수업활동과 학급경영 활동을 관찰하고 이에 대하여 교사들에게 지도 · 조언하는 활동	원장 · 원감	• 학급순시 • 수업참관 등 (약식장학은 원장 · 원감이 일상적으로 수행하는 활동이므로 일상장학이라고 칭할 수 있음)	• 전체 교직원
자체 연수	교육활동의 개선을 위하여 교직원들의 필요와 요구에 터해 원내 · 원외의 인적 · 물적 자원을 활용하여 유치원 자체에서 실시하는 연수 활동	전체 교직원 (외부인사, 학부모 강사 포함)	• 유치원 주도의 각종 연수활동 (수업장학, 동료장학, 자기장학의 결과를 자체연수 때에 발표할 수 있음)	• 전체 교직원

(2) 임상장학

임상장학이란 자율장학의 한 형태로서 근본적으로 교사의 능력을 믿고 교사 스스로 교수방법 향상에 대한 요구를 가지고 있다고 보는 교사 중심 장학을 말한다. 실제로 유아교사의 수업에 일어나고 있는 교실수업 상황을 중심으로 장학활동이 이루어진다는 의미이다.

가. 임상장학의 기본 가정

① 교사의 실제 행동에 초점을 두어야 한다.

② 임상장학의 초점을 형성평가에 두어야 한다.

③ 장학이 효과적이기 위해서는 장학사와 교사의 관점이 일치되어야 한다.

④ 장학사와 교사는 상호적이며 동료 같은 관계를 이루어 함께 계획, 협의하고 활동

해야 임상장학의 효과를 거둘 수 있다.

⑤ 임상장학 모형의 여러 단계는 독립적이 아니며 상호 연결되고 의존되었을 때 효과를 거둘 수 있다.

나. 임상장학의 목적

① 교사가 실시한 수업의 현상태에 대한 객관적 피드백을 교사에게 제공한다.

② 교수, 학습과정에 있어서의 문제를 진단하고 결정한다.

③ 교사들이 지속적으로 수업전략을 수립하고 사용할 수 있도록 도와준다.

④ 객관적 교사평가도 될 수 있다.

⑤ 계속적, 전문적 성장에 대하여 긍정적인 태도를 가질 수 있도록 교사를 도와준다.

다. 임상장학의 절차(Acheson & Gall)

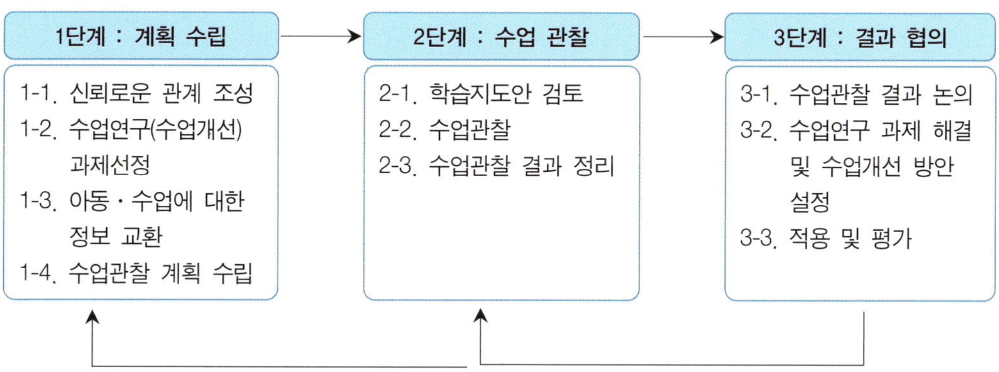

라. 임상장학의 대한 평가

① Sullivan(1980) : 다른 형태의 장학보다 임상장학에서 더 민주적인 관계를 발견할 수 있다.

② Weidmer(1995) : 효과적인 임상장학은 교사의 자기-향상의 욕구와 기술을 증가시키고 교수, 학습 향상을 도울 수 있다.

③ Gatthom(1997) : 행정가와 장학 요원이 유능한 경력 교사를 관찰하고 함께 협의할 때 임상장학은 필요치 않다고 제안하고 예비교사나 초임교사, 퇴임 직전의 교사를

위해 엄격하게 구조화된 형태의 임상장학이라면 바람직하다.

임상장학이 유일한 장학 형태는 아니며, 하나의 체계가 모든 경우나 목적에 적합한 것은 아니다. 임상장학은 기본적으로 경험이 없는 초임교사를 위해 고안된 것인 반면, 경력 교사에게는 임상장학과 같은 장학에 집중적으로 노출되는 것이 필요하지 않다. 더욱이 임상장학 모형의 다단계 순환은 전통적 장학(약식장학)보다 더 많은 시간을 필요로 한다는 점도 문제로 지적되고 있다.

마. 임상장학활동의 실시과정 및 결과(집단게임활동 사례)

<table>
<tr><th colspan="2">계획수립 단계</th><th>수업관찰 단계</th><th>feedback 협의회 단계</th></tr>
<tr><th>주제 및 목표</th><th>집단게임
활동 목표</th><th>집단게임 활동
수업 내용</th><th>임상장학 내용</th></tr>
<tr><td>• 생활주제: 지역사회</td><td rowspan="3">• 반응을 보이며 주의 깊게 본다.
• 서로 의견 차이를 조정한다.
• 서로 협력하여 적극적으로 참여한다.
• 경험한 것, 생각한 것, 느낀 것을 나름대로 말한다.</td><td rowspan="3">• 어떤 선물을 드릴까요?
〈사전활동회상하기〉
– 유아들이 함께 만든 선물들을 보며 누구에게 어떻게 감사함을 표현할지 이야기 나눈다.
〈게임준비하기〉
– 게임판을 보며 어떻게 게임을 할지 방법을 정한다.
– 문제카드를 어디에 둘지 어떻게 활용할지 알아본다.
– 게임 시 지킬 약속에 대해 이야기 나눈다.
– 어떤 팀이 먼저 할지 정한다.
〈게임하기〉
– 순서를 정하고 게임을 한다.
– 3팀 모두 도착지점에 들어오면 게임이 끝난다.
– 먼저 도착한 팀부터 드리고 싶은 선물을 결정한다.
〈게임 평가하기〉
– 게임 시 즐거웠던 점과 도움이 필요했던 점을 이야기 나눈다.
– 게임판, 말, 주사위를 함께 정리</td><td rowspan="3">• 일일활동 목표에 게임(본시활동)을 통해 도달할 수 있는 목표가 명시되어 있으나, 실제 게임활동 시 본 목표에 도달할 수 있는 접근방식이 아쉬웠다.
• 게임의 주 목표가 무엇인지에 대한 인식은 명확하다.
• 계획수립 단계에서는 게임의 도입-전개-평가의 과정이 명확하였다.
• 수업관찰 단계에서 게임의 순서도, 게임의 규칙이 적혀있는 활동지 없이 언어로만 설명하는 것은 바람직하지 않다.
• 게임의 특성에 적합한 게임판이 준비되지 못해 유아들이 능동적으로 게임에 참여하는데 애로점이 있었다.
• 세 편으로 나뉘어서 게임을 할 경우 편을 상징하는 상징물이 있었으면 좋았겠다.
• 누가 게임을 먼저 시작할 것인지, 주사위를 던졌을 때 말을 몇 칸 옮겨야 하는지 등에 대한 의사결정은 유아 스스로 할 수 있도록 기회를 제공하여야 한다.</td></tr>
<tr><td>• 주제: 직업
(만 5세)</td></tr>
<tr><td>• 일일활동 목표:
– 서로 협력하여 게임에 즐겁게 참여한다.
– 도움을 받은 분들께 고마움을 표현할 수 있다.</td></tr>
</table>

		한다.	• 돌발적인 상황(서로 게임을 먼저 시작하려고 할 때)에 대한 명확한 보상이 일상생활에서 주어졌는가? (양보했을 경우 차후에 반드시 이에 대한 보상이 있어야 한다.) • 게임 시 주사위의 크기, 모양, 재질, 기록되는 숫자 등에 대한 연구가 미흡하다. • 제시되는 문제카드의 내용이 구체적이지 못하였다. • 문제를 맞히지 못하였을 때 말을 원래 있던 자리로 옮기도록 하는 규칙은 만 5세일지라도 게임에 흥미를 잃어버리도록 할 수 있다. • 3팀이 모두 도착점에 도착하였을 때 게임이 종료되어야 한다.

(3) 동료장학

동료장학이란 협력장학, 협동적 전문성 개발 등 여러 말로 표현되고 있는데 일반적으로 둘 이상의 교사가 서로 수업을 관찰하고 관찰사항에 관하여 서로 조언하며 서로의 전문적 관심사에 관하여 토의함으로써 자신들의 전문적 성장을 위해 함께 연구하는 과정이다.

가. 동료장학의 특성

① 관계성은 비교적 반 형식적이고 반 제도적이다 : 교사들은 적어도 두 번 이상 서로의 수업을 관찰한 후 협의회를 개최한다.

② 상호 동료적이다 : 교사들만의 협의회는 대체로 원만하고 정확한 판단을 하며 수업활동은 실험적인 분위기로 활기 넘치게 되며 교수기술 성장의 확실한 계기도 된다.

③ 평가적이 아니다 : 보완적 의도를 갖고 있다.

나. 동료장학의 목적

① 동료장학은 교사들의 수업행위를 개선할 수 있어야 한다.

② 동료장학을 통하여 교사들은 수업자료를 공동으로 개발하고 제작할 수 있어야 한다.

③ 교사들은 동료장학을 통하여 자기 계발에 조력해야 한다.

④ 교사들은 동료장학을 통하여 상호평가를 할 수 있어야 한다.

다. 수업연구(공개) 중심 동료장학의 모형

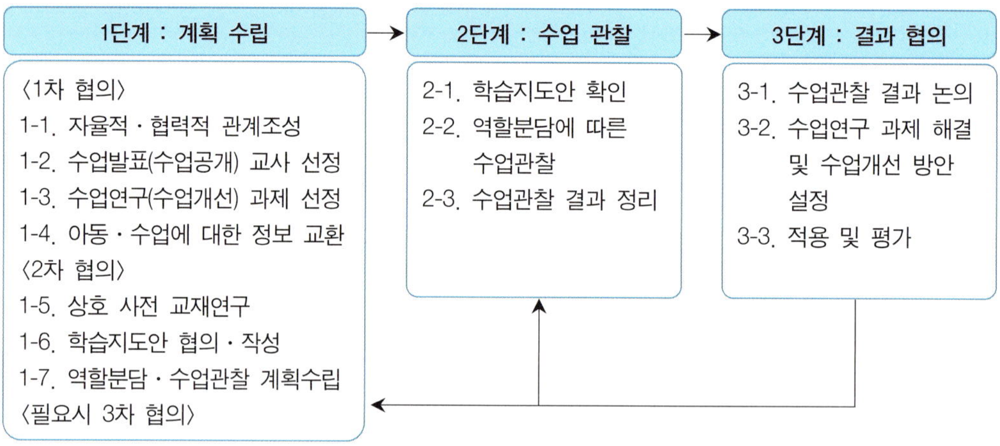

라. 동료장학에 대한 긍정적 기능

① 수업과 학급에 관한 여러 가지 조언을 필요로 할 때, 동료 교사를 더 선호하고 동료장학의 분위기가 민주적이며 허용적이다.

② 교사들은 특별히 장학에 관한 전반적인 훈련을 받지 않아도 또 복잡한 수업관찰 양식을 사용하지 않고도 동료 교사들끼리 서로 유용한 정보와 피드백을 제공할 수 있다.

③ 교사들은 동료장학과 동료코치를 통해서 유치원 내에 동료적 규범이나 동료의식 등 협동적 조직 풍토를 형성할 수 있다.

④ 상, 하급 관계에서 발생하는 위압감과 스트레스를 감소시킬 수 있다.

마. 동료장학에 대한 비판

① 동료장학의 실현 가능성이 아직은 모호하다.

② 유치원의 관료적 구조, 즉 시간 부족, 잡무처리, 동료와의 부적절한 상호작용, 유치원 건물의 부적절한 물리적 구조 등이 동료장학의 장애물이 되어 오히려 기대하는 만큼의 효과를 얻을 수 없다.

③ 관찰과 환류 협의회는 치밀한 계획 없이 실행하면 그 효과를 극대화시킬 수 없다.

④ 현행 장학체제가 동료적 장학보다는 순위적 분위기라는 점도 동료장학의 장애물이 될 수 있다.

⑤ 소규모 유치원이나 초등학교 내 병설유치원은 지역별 협의회를 구성하여 하나의 팀으로 동료장학을 실시할 수 없다.

바. 동료장학의 실제

■ 계획 및 실행

① 유치반, 유아반 동료 교사 간에 사전 교제 연구를 충실히 하여 학습-교수 방법 개선방안에 도움이 되도록 한다.

② 교사는 1주일 전에 학습-교수 계획 세안(표)을 작성하고, 원장, 원감과 사전 협의를 거치고 결재를 득한 후 수업을 한다.

③ 학습-교수 계획안은 동료 교사와 사전에 면밀히 협의 검토 분석하여 도움이 되도록 한다.

■ 결과 평가

① 동료장학 실시 후 수업 공개자와 동료 교사는 협조적인 분위기에서 결과 평가(표)를 한다.

② 동료 교사 간에 상호 신뢰와 협조 및 다양한 의견을 수렴하는 좋은 인간관계를 형성하여야 한다.

〈표 6-7〉 동료장학을 위한 학습-교수 계획안

<table>
<tr><td>일시</td><td colspan="2"></td><td>대상</td><td colspan="2"></td><td>지도교사</td><td></td></tr>
<tr><td>주제</td><td colspan="4"></td><td colspan="2">영역</td><td></td></tr>
<tr><td>목표</td><td colspan="7"></td></tr>
<tr><td>시간</td><td colspan="2">활동명</td><td colspan="3">활동내용</td><td colspan="2">지도상 유의점 및
준비물</td></tr>
<tr><td></td><td colspan="2"></td><td colspan="3"></td><td colspan="2"></td></tr>
</table>

〈표 6-8〉 동료장학 후 결과 평가

영 역		단 원		월·주	
주 제					
목 표					
일 시		대 상		평가자	

평 가 내 용	평 점					특기사항
	5	4	3	2	1	
1. 주제의 선정이 유아에게 적합하였나? 2. 목표는 유아의 수준에 맞게 세워졌는가? 3. 교사의 언어와 태도가 바람직했는가? 4. 교사의 질문이 개방적이었나? 5. 수업기술을 위해 사전에 교재 연구를 하였는가? 6. 동료장학을 위해 자기 연수를 하였는가? 7. 동료장학 시 지적 사항을 시정하려고 노력하였는가? 8. 동료 교사와 상호 간의 수업 관찰에 대해 객관적 자료를 갖고 협의하였는가? 9. 동료 교사 사이에 인간관계를 위해 노력하였나? 10. 분석 평가된 자료를 차기 수업에 반영하였나? 11 자료가 주제에 적합하게 제작되었는가?						
합 계						
12. 동료장학을 실시한 후 좋았던 점과 미비했던 점은?						

자료: 서울덕수초등학교 병설유치원(2017.10.5). 자율장학을 통한 교수-학습방법 개선 (서울특별시교육청 시범유치원 운영보고서)에 수록된 자료를 부분적으로 수정보완

(4) 자기장학

자기장학(교사 자율장학)이란 임상 장학을 필요로 하지 않거나 원하지 않는 교사가 혼자 독립적으로 자신의 전문적 성장을 위하여 연구하는 과정이다.

가. 자기장학의 기능

① 교사 자신의 자율성과 자기발전의 의지 및 능력을 기초로 한 교사 자신의 평가와 사정으로부터 시작한다.

② 제반 전문적 영역에서 교사 자신의 성장과 발달을 도모한다.

③ 원칙적으로 교사 자신이 스스로 계획을 세우고, 이를 실천하며 그 결과에 대하여 자기 반성을 하는 활동이다.

나. 자기장학의 모형

1단계 : 자기장학의 계획수립 → **2단계 : 자기장학의 실행** → **3단계 : 자기장학의 결과협의**

- 1-1. 자기발전 목표 또는 연구 · 추진 과제의 설정
- 1-2. 활동계획 수립
- 1-3. 요구되는 지원사항 추출
- 1-4. 자기장학 계획의 발전
- 1-5. 요구되는 지원사항 확보

- 2-1. 자기장학의 실행
- 2-2. 실행과정 중 협의

- 3-1. 자기 반성
- 3-2. 자기장학의 결과 협의

다. 자기장학의 주요 방법

① 스스로 자신의 수업을 녹음 또는 녹화하고 이를 분석하여 자기반성 · 자기발전의 자료로 삼는 방법

② 스스로 교사평가체크리스트를 이용하여 자신의 교육활동을 평가 · 분석하여 자기반성 · 자기발전의 자료로 삼는 방법

③ 자신의 수업활동이나, 생활지도, 그리고 학급경영 등에 관련하여 아동들과의 대화를 통하여 자기반성 · 자기발전의 자료를 수집하는 방법

④ 1인1과제연구 혹은 개인(현장)연구 등을 통하여 자기발전을 도모하는 방법

⑤ 교직활동 전반에 관련된 전문 서적이나 전문 자료를 탐독·활용하여 자기발전의 자료로 삼는 방법

⑥ 전공교과 영역, 교육학 영역 또는 관련 영역에서의 대학·대학원 과정 수강을 통하여 자기발전을 도모하는 방법

⑦ 교직 전문단체, 연구기관, 학술단체, 대학 또는 관련 사회기관이나 단체 등 전문기관을 방문하거나 전문가와 면담을 통하여 자기발전의 자료를 수집하는 방법

⑧ 교육활동에 관련이 되는 현장에 대한 방문이나 견학 등을 통하여 자기발전의 자료를 수집하는 방법

⑨ 각종 연수회, 교과연구회, 학술발표회, 강연회, 시범수업 공개회 등에 참석하거나 유치원 상호방문 프로그램에 참여하여 자기발전을 도모하는 방법

⑩ TV와 라디오 등의 방송매체가 제공하는 교원연수 프로그램이나 교원연수와 관련된 비디오테이프 등의 시청을 통하여 자기발전을 도모하는 방법

CHAPTER 07

영유아 이해 및 지도

1. 영유아에 대한 정보 수집

영유아의 올바른 성장과 발달을 돕기 위해서는 무엇보다 영유아에 대한 정확한 정보를 수집하는 것이 무엇보다 중요하다. 왜냐하면 영유아에 대한 정확한 이해를 바탕으로 올바른 행동과 태도에 대해서는 강화를 통해 더욱더 행동의 빈도를 높이려는 개입계획을 세워야 하며, 반대로 문제행동에 대해서는 적절한 수정기법에 대한 계획을 세우는 것이 필요하기 때문이다. 영유아에 대한 정보를 수집하는 방법으로는 다양한 방법들이 있지만 영유아의 특성에 맞는 관찰법, 면접법, 표준화검사법에 대해 살펴보면 다음과 같다.

1) 관찰법

관찰법은 영유아의 행동을 이해하기 위해 관찰대상 영유아의 행동을 관찰하고 관찰과정을 객관적으로 기록하는 방법으로 평가방법 중 가장 오래된 연구방법이다. 특히 관찰법은 의사소통에 어려움이 있는 영유아를 대상으로 영유아의 행동을 이해하기 위해 가장 보편적으로 사용되고 있는 방법 중 하나이다. 영유아를 위한 관찰법으로는 표본식 기술, 일화기록법, 사건표집법, 시간표집법, 행동목록법 및 평정척도법이 사용되고 있다(권성민 외, 2019; 김이영 외, 2018).

(1) 표본식 기술

표본식 기술은 관찰자가 미리 계획한 활동시간 혹은 교육활동이 종료될 때까지 대상 아동의 동작과 언어를 관찰하고, 관찰하고 있는 내용을 비디오를 찍듯이 객관적 관점에서 순서에 따라 세세하게 기술하는 관찰방법이다. 표본식 기술이 특히 강조하는 것은 관찰하는 동안 일어나고 있는 모든 상황과 모든 대화내용들을 포함하여 기술하는 것이다. 즉, 관찰자가 아닌 누군가가 기록된 표본식 기술을 읽었을 때 그 상황을 한 편의 영화처럼 떠올릴 수 있을 만큼 기술내용이 세세하게 작성되어야 한다는 것이다. 표본식 기술을 활용한 관찰기간은 몇 분, 몇 주 심지어 몇 달까지 다양하다. 이런 점에서 이 방법은 교사가 자연스럽게 유아들을 관찰할 때 사용하기보다는 교실집단에 소속되지 않은 연구자들이 교실상황이나 교사 혹은 유아를 대상으로 하는 관찰 연구를 진행할 때 주로 활용된다.

다양한 관찰기간으로 인하여 표본식 기술에 대한 코멘트나 해석은 관찰 즉시 이루어지지 않고 연구자가 관찰한 표본식 기술을 기본 자료로 연구를 진행한 후에야 제시될 수 있다. 표본식 기술의 장·단점은 〈표 7-1〉과 같다.

〈표 7-1〉 표본식 기술의 장·단점

구 분	내 용
장 점	• 특별한 관찰기술이 필요 없으며, 행동사건의 전후관계를 명확하게 파악할 수 있다. • 문제행동을 해결하는데 도움이 될 수 있으며, 체계적 실험연구를 위한 기초자료로 활용할 수 있다.
단 점	• 관찰을 위한 소요시간이 길다. • 수집된 자료 분석이 어려우며, 한번에 적은 수의 영유아들을 관찰할 수 있다.

(2) 일화기록법

관찰대상의 특정 행동을 관찰하여 기록하는 방법으로써 관찰대상의 특정 영역을 이해하는 데 중요한 역할을 하게 되는 것이 바로 일화기록법(anecdotal record)이다. 즉, 일화기록법은 유아의 특정 행동을 직접 관찰하여 이를 객관적으로 기술하는 관찰방법으로, 상황을 있는 그대로 기술하기 때문에 교사가 특정 유아 및 특정 행동에 관심을 가지고 초점화하여 기록할 수 있다.

정확한 일화기록을 위해서는 사건이 일어난 즉시 순서대로 정확하게 기록하여야 하지만 유아교육상황하에서 즉각적으로 기록하는 데에는 여러 어려움이 발생할 수 있다. 즉각 기록하지 못할 상황에는 이후 기록을 도울 수 있는 키워드를 누가, 언제, 어디서, 무엇을, 왜를 중심으로 기록하여 이후에 정확한 일화기록을 하는 자료로 활용하게 된다. 일화기록법의 장 · 단점은 〈표 7-2〉와 같다.

〈표 7-2〉 일화기록법의 장 · 단점

구 분	내 용
장 점	• 유아들이 어떻게 말하고 행동하는지 좀 더 정확하고 분명하게 그때의 상황을 기록할 수 있으며, 사전 준비나 별도의 계획 없이 진행할 수 있다. • 관찰자를 위한 특별한 훈련이 필요하지 않으며, 관찰자가 갖는 흥미의 모든 상황이 관찰의 대상이 될 수 있어 평가를 위한 자료수집의 범위가 넓다.
단 점	• 주관적 판단이나 감정을 완전히 배제하기 어렵기 때문에 객관성 유지가 어렵다. • 관찰기록 시 특정 행동을 중심으로 현재시점의 일부만 기록하기 때문에 전체적인 맥락을 이해하기 어렵고, 시간이 지난 후에 기록할 경우 기억의 왜곡이 발생하여 해석 시 오류를 범할 가능성이 있다. • 특정 행동이 얼마나 자주 일어나는지 양적 분석이 불가능하다.

(3) 사건표집법

사건표집법(event sampling)은 하나의 특정 사건이 발생할 것 같은 상황을 관찰 기록하는 방법으로 이는 특정 사건이 언제 발생하는가보다 그 사건이 발생하게 되는 전후 맥락이 무엇인가를 드러내는 것에 초점을 맞춘다. 특정한 하나의 사건이 바로 사건표집법의 관찰단위가 되기 때문에 사건의 원인과 결과가 드러나도록 발생 맥락을 시간적 순서에 맞추어 기록하는 것을 강조하는 방법이다.

유아 발달 특성상 유아들의 특정 행동들은 우연히 나타나거나 아주 드물게 나타나기 때문에 사건표집법을 활용하여 기록하기 위해서 관찰자는 관찰하고자 하는 특정 사건이 일어나게 되는 단서들을 미리 인지하고 있어야 한다. 왜냐하면 사건표집법에서는 하나의 특정 사건이 바로 관찰대상이기 때문에 관찰자들이 그 사건에 포함된 보편적 특성들을 미리 유목화하여 파악하고 있어야만 그 사건을 언제, 어디서 잘 관찰할 수 있을지를 정확하게 예측할 수 있기 때문이다. 사건표집법의 장·단점은 〈표 7-3〉과 같다.

〈표 7-3〉 사건표집법의 장·단점

구 분	내 용
장 점	• 관찰대상의 특정 행동이나 사건이 일어난 전후 맥락을 기록하므로 관찰된 행동의 배경, 즉 어떤 상황에서 그런 행동이 나타나는지 알 수 있다. • 개별 영유아에 대한 질적 정보를 제공해주어 개별 교수전략을 짜는 데 도움이 된다.
단 점	• 관찰기록 시 시간과 노력이 많이 소요되며, 목표했던 행동이 관찰 당시 나타나지 않을 수도 있다. • 관찰시간을 예측하기 어려우며, 뚜렷한 관찰의 초점을 가지고 관찰하므로 주관적인 관찰이 될 위험이 있다.

(4) 시간표집법

시간표집법(time sampling method)은 시간선택 관찰법이라고도 하는데, 이는 현장에서 영유아의 특정한 행동을 24시간 관찰할 수 없기 때문에 일정한 시간적 범위 내에서 여러 차례 반복 관찰하여 그 결과를 기록하는 방법이다. 또한 시간표집은 관찰의 시간단위, 시간간격, 관찰횟수 등은 연구목적과 관찰하려는 행동특성에 따라 적절히 변화시킬 수 있다. 특히 관찰시간이 짧고 관찰방법도 용이하여 행동수정 연구에 널리 활용되고 있다. 시간표집법의 장·단점은 〈표 7-4〉와 같다.

〈표 7-4〉 시간표집법의 장·단점

구 분	내 용
장 점	• 관찰을 부호화하여 기록하기 때문에 시간, 노력, 경비 등을 절약할 수 있다. • 짧은 시간에 개인 혹은 집단 모두를 체계적으로 관찰할 수 있어 자료수집이 용이하며, 수량화를 통해 통계적 분석이 가능하다.
단 점	• 특정 행동이 발생한 상황이나 인과관계에 대한 자료수집이 어렵기 때문에 질적 정보를 제공하지는 못한다. • 사전에 행동을 정의하고 범주화하며 시간단위를 정하는 등 사전준비가 많이 요구된다.

	• 관찰대상의 특정 행동이나 사건이 일어난 전후 맥락을 기록하므로 관찰된 행동의 배경, 즉 어떤 상황에서 그런 행동이 나타나는지 알 수 있다.

(5) 행동목록법

행동목록법(behavior checklist)은 관찰자가 관찰대상 아동의 행동목록을 사전에 만들어 두고 이에 따라 행동의 출현 유무를 체크하는 방법이다. 이 방법은 관찰시간이 절약되고 유아의 행동을 쉽게 관찰할 수 있으며, 그 결과를 학습계획 및 유아의 행동평가 등에 간편하게 적용할 수 있다. 또한 사건이나 행동의 발생 여부에 관심이 있을 때 주로 사용되며, 현장의 교사가 아동의 발달과정에 관심이 있을 때 사용되기도 한다. 행동목록법의 장·단점은 〈표 7-5〉, 5세 누리과정에서 제시하고 있는 신체운동관찰지의 일부 내용은 〈표 7-6〉과 같다.

〈표 7-5〉 행동목록법의 장 · 단점

구 분	내 용
장 점	• 관찰자가 사전 훈련을 받지 않고도 쉽게 관찰기록 할 수 있다. • 관찰시간과 비용이 절약되며 사전 정보를 파악하거나, 사후 집중 관찰이 필요한 행동이나 사건을 확인하는데 도움이 된다.
단 점	• 행동목록으로 작성되지 않은 행동의 출현에 대해서는 관찰의 결과를 평가할 수 없다. • 특정 행동이나 사건이 발생한 상황에 대한 인과관계의 질적 정보를 알 수 없다.

〈표 7-6〉 신체운동관찰지

관찰 영유아 명: 학급명: (만 세) 성별: 남, 여
관 찰 자: 관찰일:

구분	평가항목	평가내용	예	아니오	비고
신체 인식 하기	감각능력 기르고 활용하기	감각으로 대상이나 사물의 특성과 차이를 구분한다.			
		여러 감각기관을 협응하여 활용한다.			
	신체를 인식하고 움직이기	신체 각 부분의 특성을 이해하고 활용하여 움직인다.			
		자신의 신체를 긍정적으로 인식하고 움직인다.			

<table>
<tr><td rowspan="7">신체
조절과
기본
운동
하기</td><td rowspan="5">신체조절하기</td><td>다양한 자세와 움직임에서 신체균형을 유지한다.</td><td></td><td></td><td></td></tr>
<tr><td>공간, 힘, 시간 등의 움직임 요소를 활용하여 움직인다.</td><td></td><td></td><td></td></tr>
<tr><td>신체 각 부분을 협응하여 움직임을 조절한다.</td><td></td><td></td><td></td></tr>
<tr><td>눈과 손을 협응하여 소근육을 조절할 수 있다.</td><td></td><td></td><td></td></tr>
<tr><td>도구를 활용하여 여러 가지 조작운동을 할 수 있다.</td><td></td><td></td><td></td></tr>
<tr><td rowspan="2">기본운동하기</td><td>걷기, 달리기, 뛰기 등 다양한 이동운동을 한다.</td><td></td><td></td><td></td></tr>
<tr><td>제자리에서 몸을 다양하게 움직인다.</td><td></td><td></td><td></td></tr>
<tr><td rowspan="5">신체
활동에
참여
하기</td><td rowspan="3">자발적으로 신체활동에 참여하기</td><td>신체활동에 자발적이고 지속적으로 참여한다.</td><td></td><td></td><td></td></tr>
<tr><td>다른 사람과 함께 하는 신체활동에 참여한다.</td><td></td><td></td><td></td></tr>
<tr><td>자신과 다른 사람의 운동능력의 차이를 이해한다.</td><td></td><td></td><td></td></tr>
<tr><td>바깥에서 신체활동하기</td><td>규칙적으로 바깥에서 신체활동을 한다.</td><td></td><td></td><td></td></tr>
<tr><td>기구를 이용하여 신체활동하기</td><td>여러 가지 기구를 이용하여 신체활동을 한다.</td><td></td><td></td><td></td></tr>
</table>

(6) 평정척도법

평정척도법(rating scale method)은 관찰자가 관찰대상의 특정 행동에 대한 질적 정보를 얻기 위해 작성한 수량적 지표라고 할 수 있다. 평정척도법은 관찰대상 영유아의 어떤 특성이나 신체적 특질, 혹은 성격 등을 미리 정해진 범주에 따라 평가한다는 점에서 행동목록법과 유사하지만 특정 행동의 출현 유무만을 밝히는데 국한하지 않고 행동의 질적인 특성을 알 수 있다는 차이가 있다. 다시 말해 평정척도는 행동목록법이 갖고 있는 특정 행동의 출현유무 파악뿐만 아니라 행동의 질적인 특성의 정도까지 파악할 수 있다. 평정척도법의 장 · 단점은 〈표 7-7〉과 같다.

〈표 7-7〉 평정척도법의 장 · 단점

구 분	내 용
장 점	• 평정척도는 만들기 쉽고 사용이 편리하며, 시간이 많이 소요되지 않아 여러 발달영역을 한꺼번에 평가할 수 있다. • 행동의 질을 평가할 수 있으므로 발달에 대한 질적 정보를 얻을 수도 있다.

구 분	내 용
	• 특별한 훈련을 거치지 않아도 되며, 관찰기록을 바로하지 않고 교사가 편리한 시간에 기술할 수 있어 유아교육 현장에서 유용하게 사용할 수 있다.
단 점	• 관찰내용을 직접 현장에서 기록하는 것이 아니라 사후에 기록하기 때문에 관찰자의 기억과 관찰 당시 수집된 지각적 속성에 의존해야 하므로 평정의 정확성을 확보하기 힘들다. • 상황에 대한 설명이 없고 특정 행동의 수준 및 빈도만 기록하기 때문에 전후의 맥락을 설명하기 어렵다.

① 기술평정척도

기술평정척도(category rating scale)는 특정 행동의 차원을 몇 개의 연속적인 범주로 나누어 기술하고 이에 따라 나타나는 행동을 선택하는 방식이다. 또한 특정행동에 대한 범주는 3~5개의 기술적 범주에 따라 평정한다. 기술평정척도 기록지의 예는 〈표 7-8〉과 같다.

〈표 7-8〉 기술평정척도 관찰지

• 유아의 행동을 가장 잘 진술한 범주에 √표시를 한다.
• 문항 내의 진술문 중 어느 하나도 현재 유아의 행동을 설명하지 못하거나 덧붙일 내용이 있으면 기타 란에 기재한다.

■ 분류하기 능력은 어느 정도 발달되어 있는가?
(　　) 사물을 전혀 분류할 수 없다.
(　　) 동일한 사물끼리 그룹을 지을 수 있다.
(　　) 사물을 한 가지 특성을 기준으로 분류한다.
(　　) 사물을 두 가지 특성을 고려하여 분류한다.
(　　) 사물을 둘 이상의 특성을 기준으로 분류한다.
기타:

② 숫자평정척도

숫자평정척도(numerical rating scale)는 평가하려는 행동 특성을 기술한 척도치에 그 정도에 따라 점수로 환산할 수 있는 숫자를 부여하여 결과의 수량화와 통계적인 분석을 가능하게 하는 방법이다. 일반적으로 숫자를 부여할 때 가장 긍정적인 척도치에 가장 높은 점수를, 가장 부정적인 척도치에 가장 낮은 점수를 주는 것을 원칙으로 한다. 이때 점수가 3점 척도인 경우는 3, 2, 1점으로, 5점 척도면 5, 4, 3, 2, 1점으로 부여하는데, 행동의 정도를 보다 세분화 하여 평정하기 위해 5점 척도를 가장 많이 사용한다. 하지만 평정자마다 평정의 준거가 다를 수 있으므로 유의해야 한다. 숫자평정척도 관찰지의 예는 〈표 7-9〉와 같다.

〈표 7-9〉 숫자평정척도 관찰지

문 항		매우 못함	못함	보통	잘함	매우 잘함
1	이를 닦는다.	1	2	3	4	5
2	콧물이나 침을 잘 처리한다.	1	2	3	4	5
3	옷을 단정하게 입는다.	1	2	3	4	5
4	흘린 음식물의 뒤처리를 스스로 할 수 있다.	1	2	3	4	5
5	쓰레기를 아무데나 버리지 않는다.	1	2	3	4	5
6	벽이나 책상에 낙서하지 않는다.	1	2	3	4	5
7	주변을 깨끗이 청소한다.	1	2	3	4	5
8	도로나 위험한 곳에서 놀지 않는다.	1	2	3	4	5
9	함께 정한 놀이를 할 때 규칙을 지킨다.	1	2	3	4	5
10	입었던 옷을 잘 정리한다.	1	2	3	4	5

③ 도식평정척도

도시평정척도(graphic rating scale)는 관찰자의 판단을 돕기 위해 기술적인 유목에 시각적 선을 첨가시킨 형태를 말한다. 이때 선은 일반적으로 횡축을 사용하며, 선의 형태도 동간으로 나누어진 선 또는 나누어지지 않은 선, 그리고 연속선 또는 점선 등으로 다양하게 사용한다. 대체로 척도치에 따라 몇 개의 동간으로 나누어진 직선을 많이 사용한다. 도식평정척도 관찰지의 예는 〈표 7-10〉과 같다.

〈표 7-10〉 정서발달 도식 평정척도

관찰아동:	생년월일:	성 별:
관 찰 자:	관 찰 일:	연 령:
* 관찰 유아를 선정하고 각 항목에 알맞은 평점을 준다.		
1. 여러 가지 장난감을 갖고 논다.	├──┼──┼──┼──┤	1. 여러 가지 장난감을 갖고 놀지 않는다.
2. 친구들과 함께 논다.	├──┼──┼──┼──┤	2. 혼자 논다.
3. 내 물건과 친구의 물건을 구별할 수 있다.	├──┼──┼──┼──┤	3. 내 물건, 친구 물건의 구별이 없다.
4. 교사가 친구의 이름을 부르면서 사물을 갖다 주라 하면 그 친구에게 가서 반응을 보인다.	├──┼──┼──┼──┤	4. 친구의 이름에 별 반응을 보이지 않는다.

④ 표준평정척도

표준평정척도(standard rating scale)는 관찰자에게 평정의 대상을 다른 일반대상과 비교할 수 있도록 구체적인 준거를 제시하는 방법이다. 즉, 이 유형은 기술평정척도에서의 범주를 보다 객관적인 유목으로 기술한 형태라고 할 수 있다. 표준평정척도 관찰지의 예는 〈표 7-11〉과 같다.

〈표 7-11〉 누리과정 목표에 대한 표준평정척도

관찰아동:	생년월일:		성 별:		
관 찰 자:	관 찰 일:		연 령:		
지시: 다음 각 항목에 가장 적합한 곳에 평점을 부여한다.					
	하위 20%에 속함	하위 40%에 속함	중간 20%에 속함	상위 40%에 속함	상위 20%에 속함
1. 신체운동 · 건강영역	├	┼	┼	┼	┤
2. 의사소통 영역	├	┼	┼	┼	┤
3. 사회관계 영역	├	┼	┼	┼	┤
4. 예술경험 영역	├	┼	┼	┼	┤
5. 자연탐구 영역	├	┼	┼	┼	┤

2) 면접법

면접법은 연구자와 연구대상자가 직접 만나 의사소통하면서 여러 가지 자료를 수집하는 데 흔히 사용되는 방법이다. 면접법은 관찰법과 달리 연구대상과의 직접적인 상호작용을 통해 개인으로부터 필요한 정보를 얻는 데 효과적인 방법으로 알려져 있다. 면접법의 장·단점은 〈표 7-12〉와 같다.

〈표 7-12〉 면접법의 장·단점

구 분	내 용
장 점	• 피험자는 일상적인 사고방식대로 자신의 언어로 생각을 드러낸다. • 단기간에 많은 정보를 제공해준다. 예를 들어, 유아 양육에 대한 정보를 수집하고자 할 때 1시간 동안 부모와의 면접이 관찰을 통해 얻을 수 있는 것보다 더 많은 정보를 얻게 된다.
단 점	• 사람들이 자신의 생각, 느낌, 경험에 대한 보고의 정확성에만 의존해야 한다는 것이다. • 면접자를 기분좋게 하려고 어떤 피험자들은 대답을 조작할 수 있다. • 과거의 사건을 질문 받을 때, 일어났던 일을 정확히 기억하기 어려울 수도 있다. • 임상면접이 언어능력과 표현력에 의존하기 때문에 자신의 생각을 언어화하기에 어려움이 있는 사람들의 능력을 과소평가 할 수 있다.

(1) 부모면접

부모와의 면접과정에서 발달지체의 본질, 지속기간, 심각성, 발달지체가 발생했던 상황이나 사건에 대한 정보를 얻는다. 또한 발달지체에 대해서 부모나 주변 사람들이 어떻게 반응해 왔으며, 그리고 영유아의 발달지체 문제해결을 위해 지금까지 이루어졌던 시도들(이전의 치료 경험, 기관 이용 경험 등)에 관한 정보를 얻게 된다. 즉, 영유아의 발달과업이 이루어진 시기를 중심으로 발달력, 병력, 유아교육기관의 적응 상황, 또래관계에 대한 정보를 얻는다. 이때 영유아의 발달지체를 악화시키는 원인을 부모 자녀관계 맥락에서 파악하는 것도 중요하다. 부모면접에서는 발달지체에 대해 부모가 어떻게 반응해 왔는지, 그동안의 훈육방법에 대한 정보 수집이 반드시 필요한데, 이는 개입과정에서 부모 환경의 변화를 위한 목표 설정에 있어서 중요한 정보를 제공하기 때문이다. 영유아의 발달지체 문제로 전문가를 찾는 부모들은 영유아의 문제가 자신 때문이라 생각하여 죄의식을 갖거나 발달지체 행동이 부모의 잘못된 양육 때문이라는 부정적 평가를 받을 수 있다는 두려움을 갖기도 한다. 따라서 초기 부모면접에서 수용적으로 온정적이며 신뢰로운 관계를 맺는 것은 이후 영유아 개입에서의 성패를 좌우하는 중요한 요인이기 때문에, 면접관계를 촉진할 수 있는 면접기법을 익히는 것이 매우 중요하다(김이영 외, 2018).

(2) 영유아면접

부모면접에서 영유아의 문제와 관련된 배경 정보를 얻은 후 영유아면접이 진행되는 것이 일반적이다. 영유아면접에서 가장 중요한 요인 중의 하나는 좋은 면접관계를 형성하는 것이다. 왜냐하면 아직 발달적으로 자기 행동에 대한 인식이 부족하고 누군가에 의해 끌려온, 즉 치료동기가 거의 없는 영유아의 첫 면접과정을 이끄는 것이 쉽지 않기 때문이다. 영유아의 면접 형태는 영유아의 발달 수준에 따라 다르게 구조화된다. 예를 들어, 언어표현 능력에 제한이 있는 어린 연령 수준에서는 영유아와 상호작용하며 영유아의 행동을 관찰할 수 있는 놀이실에서 면접이 이루어지는 것이 일반적이다. 반면에 언어를 사용할 수 있는 영유아의 경우 면접은 놀이보다 이야기 나누기에 더 초점을 두고 진행하게 된다(김이영 외, 2018).

3) 표준화검사법

검사법(test method)은 인간의 능력, 기술, 태도, 지식 등을 측정하여 자료를 수집하는 방법이다. 특히 표준화된 검사도구를 활용할 경우 동일 연령의 타인과 비교가 가능하기 때문에 개인의 상대적인 수준을 평가할 수 있도록 해준다. 표준화된 검사(standardized test)는 검사조건이 모든 피험자들에게 동일해야 하고 정해진 절차에 따라 전국 규모의 많은 피검사들에게 실시되고 이를 동일한 절차 및 준거에 따라 객관적으로 채점되는 검사이다. 표준화(standardization)란 검사의 실시와 채점, 해석의 방법이 일정하게 정해져 있어 누가 검사를 사용하더라도 동일한 절차에 따라 진행하도록 하는 것이다. 이렇게 표준화된 절차에 따라 검사가 진행될 때 그 검사의 신뢰성이 높아지게 된다. 국내에서 제작 또는 표준화된 유아대상 표준화 심리검사의 예는 〈표 7-13〉과 같다.

〈표 7-13〉 유아대상 표준화 심리검사의 예

검사명	저자	내용	대상연령
유아지능검사	김재은 (1970)	낱말과 글의 뜻, 같은 그림 찾기 검사, 셈하기, 점잇기 검사, 네모 맞추기와 본뜨기 검사	4~7세
토랜스 창의성 검사 (TTCT-도형)	김영채 (1999)	검사내용: 그림구성하기, 그림완성하기, 선그리기 측정요인: 유창성, 독창성, 제목의 추상성, 정교성, 성급한 종결에 대한 저항	유아~성인
유아종합창의성 검사(K-CCTYC)	전경원 (2000)	언어: 빨간색 연상하기(검사1) 도형: 도형 완성하기(검사2) 신체: 동물 상상하기(검사3), 색다른 나무치기(검사4)	4~6세
유아 도형창의성검사 (K-FCTYC)	전경원 (2000)	검사내용: 으뜸도형으로 그리기(검사1), 자극도형으로 그리기(검사2) 측정요인: 유창성, 독창성, 개방성, 민감성	4~6세
한국판 덴버발달선별 검사 (K-DDST-Ⅱ)	신희선 (2002)	검사항목: 개인성/사회성, 미세운동/적응성, 언어, 전체운동 검사KIT: 딸랑이, 털뭉치, 블록, 연필, 공, 종, 인형, 컵, 이동용가방	출생~6세
유아 창의적 특성검사 (K-CTC)	전경원 (2003)	인지적 요인: 유창성, 융통성, 독창성 정의적 요인: 탈고정관념/독자성, 호기심/모험심, 다양성, 민감성, 유머감각, 개별성	4~6세
아동발달검사 (K-CDI)	김정미, 신희선 (2006)	사회성, 자조행동, 대근육운동, 소근육운동, 표현언어, 언어이해, 글자, 숫자, 문제항목	15개월~ 6세
SCI 자아개념검사 (유아용)	이경화, 고진영 (2006)	학문적 자아개념: 언어, 수학 비학문적 자아개념: 일반자아, 신체적 자아, 친구관계, 부모관계	유아
종합인지기능 진단검사 (CAS)	문수백, 이영재, 여광응, 조석희 (2007)	계획기능: 숫자짝짓기, 부호쓰기, 순서잇기 주의집중: 표현주의력, 숫자찾기, 수용주의력 동시처리: 도형유추, 언어공간과계, 도형기억 연속처리: 단어계열, 문장반복, 말하기 속도, 문장이해	5~12세
영유아 선별 교육 진단검사 개정판 (DEP)	장혜성, 서소정, 하지영 (2008)	대근육 운동기술, 소근육 운동기술, 의사소통, 사회정서, 인지, 기본생활	0~36개월

검사명	저자	내용	대상연령
영유아 발달선별검사 (KCDR-R)	김정미, 신희선 (2011)	사회성, 자조행동, 대근육운동, 소근육운동, 언어영역	0~6세
영유아 기질 및 비전형 행동 척도 (K-TABS)	김정미, 김효창, 조윤경 (2013)	고립행동 요인, 과활동성/과민감성요인, 저반응성 요인, 조절문제 요인	12~72개월
카우프만 아동용 지능검사 (K-ABC-Ⅱ)	문수백 (2014)	순차처리: 수회생, 단어배열, 손동작 계획력: 형태추리, 이야기완성 동시처리: 블록세기, 관계유추, 얼굴기억, 형태추리, 빠른 길 찾기, 이야기완성, 삼각형, 그림통합 학습력: 이름기억, 암호해독, 이름기억-지연, 암호해독-지연 지식: 표현어휘, 수수께끼, 언어지식	3~18세
한국 영유아 발달선별검사 (K-DST)	대한 소아과학회 (2014)	대근육운동, 소근육운동, 인지, 언어, 사회성, 자조	4~71개월
EBS 유아성격검사	프로이드심리검사연구소 (2015)	적극성: 기쁨, 접근성, 활동성 정서성: 분노, 공포, 슬픔, 회복율 사회성: 수줍음, 사교성, 이타성/협동성, 공감 자기조절: 충동성, 통제력, 주의집중, 조직화 민감성: 적응성, 자극/민감성, 규칙성, 불안	3~6세
유아용 웩슬러지능검사 (K-WIPPSI-Ⅳ)	박혜원, 이경옥, 안동현 (2016)	토막짜기, 상식, 행렬추리, 동형찾기, 그림기억, 공통성, 공통그림찾기, 선택하기, 위치찾기, 모양맞추기, 어휘, 동물짝짓기, 이해, 수용어휘, 그림명명	2~7세
우리아이 교육환경 검사(유아용)	한솔 교육연구원 (2017)	부모역할영역: 부모의 교육관, 사회적응에 대한 관심 및 지원, 교육지원 및 부모자녀관계 독서환경영역: 독서태도, 독서활동, 물리적 환경	25~60개월

출처: 권성민 외(2019). 유아사회교육. 양성원. pp.324-326.

표준화 검사의 결과가 개인의 능력이나 특성을 모두 대변해주는 것은 아니므로 그 사용과 해석에 있어 신중을 기해야 한다. 표준화 검사의 결과는 해당 개인을 이해하려는 하나의 참고 자료임을 명심해야 하고, 한 가지 검사만으로 의사결정을 하기보다는 다양한 측정도구를 함께 사용하는 것이 바람직하다(신명희 외, 2016).

2. 포트폴리오 작성과 의미 이해

포트폴리오 평가는 영유아 개개인의 변화 및 발달 과정을 종합적으로 평가하기 위해 전체적이고 지속적으로 평가하는 방법이다. 이 평가방법은 표준화 검사가 영유아들의 다양한 문화나 일상생활을 반영하는 데는 적합하지 못하다는 관점에서 생겨난 대안적인 평가방법으로써 기존의 평가방식으로 인하여 야기될 수 있는 문제점들을 보완할 수 있기 때문에 각 영유아별로 수집된 자료를 포트폴리오로 구성하도록 권장하고 있다. 따라서 영유아들이 일상적인 하루 일과에서 산출한 결과물, 즉 미술, 음률, 극놀이 등의 표현 결과로 나타난 성장의 기록이나 그림, 작품을 수집하는 것은 포트폴리오 평가에서 중요한 자료가 된다. 포트폴리오 평가는 기존의 결과 중심적이고, 심리측정적인 표준화된 검사방식의 평가와 달리 유아의 성장과 발달에 대한 다양한 차원의 정보를 장기간에 걸쳐 수집하고 분석하는 것으로 과정 중심적인 평가라 할 수 있다. 이러한 포트폴리오 평가의 특징을 살펴보면 〈표 7-14〉와 같다(권성민 외, 2019; 김이영 외, 2018).

〈표 7-14〉 포트폴리오 평가의 특성

- 포트폴리오 평가는 계획, 실행, 활용에 있어 유동적이고 적응적이다. 평가과정 중에 포트폴리오에 포함되는 내용, 조직 및 활용방법 등이 유아의 연령과 발달적 수준, 현재 교사가 중점을 두고 있는 문제나 발달영역, 기관의 목적, 그 밖의 다른 요소들에 따라 언제든지 변경할 수 있다.
- 포트폴리오는 유아들의 발달과 학습에 대한 다양한 자료를 수집할 수 있다. 포트폴리오에 포함되는 내용에는 유아의 그림, 언어활동 결과물, 활동장면의 사진이나 녹화영상, 선호하는 도서의 목록, 교사의 관찰기록 등의 다양한 자료를 통해 유아의 발달과 학습에 대한 정보를 얻을 수 있다.
- 유아들이 포트폴리오 평가에 능동적으로 참여할 수 있다. 평가과정에서 유아가 활동결과물의 수집 및 선정에 직접 참여하기 때문에 내적 동기를 유발하고, 긍정적인 자존감을 증진시킨다.
- 포트폴리오 평가는 상대적인 비교 평가가 아닌 개별적인 평가이다. 포트폴리오 평가는 유아 개개인의 성과물이 일상생활에서 지속적이고 장기적으로 수집되기 때문에 유아의 연령, 발달수준, 능력에 따른 개별화된 교육과정의 계획 및 적용이 가능하다.
- 포트폴리오 평가는 유아에 대한 다면적 평가가 가능하다. 포트폴리오 평가는 오랜 기간 동안 시간의 흐름에 따라 일어나는 자기반성과 성장 및 변화내용에 대한 결과물과 기록물들을 지속적이고 체계적으로 수집하기 때문에 정해진 준거에 따라 결과와 과정까지 종합적으로 판단할 수 있다.
- 포트폴리오 평가는 의사소통을 하는 도구가 되어준다. 교사의 일방적인 전달이 아닌 평가과정에 교사, 유아, 부모가 함께 참여하여 포트폴리오를 구성하기 때문에 유아의 활동결과 및 생각, 변화 등을 공유할 수 있다.

포트폴리오는 영유아 자신의 내적 감정이나 사고의 표현이기 때문에 결과로 나타난 제작물을 평가함으로써 영유아의 이해수준이나 느낌, 세상이나 다른 사람을 보는 방법을 이해할 수 있다. 따라서 포트폴리오 대상은 영유아 개인뿐만 아니라 공동작업을 포함한 초기에 이루어진 자료에서부터 완성품에 이르기까지 다양한 자료로서 그림, 사진, 영유아의 저널 쓰기, 녹음자료, 비디오자료 등은 영유아의 발달 정도를 평가하기에 매우 유익한 자료로 활용될 수 있다(하수연 외, 2015).

포트폴리오가 평가자료로서 가치를 지니기 위해서는 각 내용에 따라 한 달 또는 분기, 한 학기 등과 같이 일정한 시간 간격을 두고 구성된 영유아의 작품을 체계적으로 수집해야 한다. 이렇게 체계적으로 수집된 자료는 교사에게 일정한 기간 동안 일어난 영유아의 발달을 평가해 볼 수 있도록 하고, 영유아에게는 스스로 자신을 판단하여 볼 수 있는 기회를 제공한다.

포트폴리오 평가의 유형은 크게 전시 포트폴리오, 활동과정 포트폴리오, 총평 포트폴리오로 나눌 수 있는데, 구체적인 내용은 〈표 7-15〉와 같다(황해익 외, 2009).

〈표 7-15〉 포트폴리오 평가의 유형

구분	내용
전시 포트폴리오	영유아가 행한 최고의 학습결과나 행동을 자료로 만들어 전시할 목적으로 제작하는 포트폴리오를 말한다. 작품의 선정은 교사와 영유아의 협의 하에 이루어지는 것이 원칙이며, 이 과정에서 영유아의 의견을 최대한 반영해야 한다. 이때 교사나 영유아가 특정 작품을 선택한 이유에 대한 설명을 덧붙일 수 있어야 한다.
활동과정 포트폴리오	영유아의 활동과정에서 발생하는 초기 작품에서부터 가장 우수한 작품까지, 또는 학기 초의 행동에서부터 학기 말의 행동까지 학습자의 변화 과정을 살펴볼 수 있도록 만들어진 포트폴리오를 말한다. 미완성된 작품이나 활동의 진행과정에 대한 기록도 활동 과정 포트폴리오에 첨부될 수 있다.
총평 포트폴리오	영유아에 대한 총체적인 평가를 목적으로 영유아의 학습과정에서 생겨나는 여러 가지 산출물뿐만 아니라 표준화된 검사결과, 교사의 관찰자료, 가족에 대한 정보 등 영유아에 대한 모든 정보를 포함하는 포트폴리오를 말한다.

따라서 유아교육기관에서는 포트폴리오 평가를 실시하는 목적, 교사의 능력, 시간적 여유 등을 고려해서 각자의 상황에 가장 적합한 포트폴리오 평가의 유형을 선택하여 실시하는 것이 효과적이다.

3. 독특한 특성을 가진 영유아 지도

1) 유전적 요인에 의해 발생되는 문제

영유아가 유전적 요인 혹은 출산과정상의 문제로 인해 신체 내부기관의 결함, 선천적 질병 그리고 신체적 장애를 갖고 있는 경우를 의미한다. 이와 같은 선천성 질병과 장애문제는 영유아가 기능을 수행하는 데 어려움을 초래하는 요인이며, 더불어 부모와의 상호작용에도 많은 제한을 받게 되는 요인이다. 그러나 최근 발달한 의료장비를 통한 산전검사(산모 혈청검사, 초음파검사, 양수검사 및 융모막검사 등)나 출생 시 실시하는 선별검사 등을 통해 주로 발견되는데, 조기에 발견할수록 치료 가능성이 높다. 유전적 요인에 의해 발생되는 영유아의 대표적인 문제는 터너증후군, 다운증후군, 선천성 감상샘저하증, 페닐케톤뇨증, 선천성 심장병 및 선천성 면역결핍증이다(표 7-16 참조).

〈표 7-16〉 유전적 요인에 의해 발생되는 영유아 문제

구분	특징
터너증후군	터너증후군은 정상적으로 XX 또는 XY로 존재해야 하는 성염색체가 X 단일염색체(45, X) 또는 X 부분 단일염색체로 변경된 것이다. 45, X는 모든 임신의 1.5%에서 발생하지만 45, X 태아의 99.9%가 유산이 되고 0.1%만이 생존하여 출생하게 된다. 터너증후군은 세포유전학적으로 X 염색체가 단일염색체로 존재하는지, 구조적 이상이 존재하는 부분 단일염색체인지, 모자이크형인지에 따라 크게 세 가지로 분류할 수 있다. 터너증후군의 외형상 특징으로는 저신장, 림프부종(70%), 두껍고 짧은 목(80%), 뒷목 아래에 내려와 있는 머리카락선(80%), 방패형 가슴(75%), 유두의 형성부전과 넓은 간격의 유두(78%), 몸의 중심에서 밖으로 향해 있는 팔꿈치(70%), 손톱의 발육부전(75%), 짧은 4번째 손가락과 4번째 발가락을 보이는 것이 주 특징이다.
다운증후군	다운증후군 증상은 얼굴이 넓고 편평하며, 눈꼬리가 위로 올라가 있고 내측눈구석주름을 보이는 것이 주 특징이다. 또한 귀가 밑에 붙어 있고, 코가 작고 입술과 혀가 크며, 정신박약, 신장이나 심장의 기형 그리고 손가락·손바닥·발바닥 지문이 이상하게 나타나는 등의 증상을 보인다. 원인은 아직 모르지만 35세 이상인 여성이 낳은 아이나 15살 미만의 어린 부모에게서 태어난 아이 중에 많이 나타난다. 다운증후군 환자에게는 23쌍의 정상적인 염색체 외에 또 하나의 염색체가 있으며, 대부분의 환자들은 보통 21번 염색체를 1개 더 가지고 있는 21삼염색체성을 나타낸다. 노화현상이 빨리 와서 보통사람보다 수명이 짧다.

구분	특징
선천성 갑상샘저하증	선천적으로 갑상샘 기능이 제대로 활동하지 않는 경우를 의미하며, 생후 6개월 이내에 발견하여 치료하지 않으면 심각한 지능 저하 및 성장 발육지연을 초래하게 되는 질병이다.
페닐케톤뇨증	PKU는 음식물 중에 포함되어 있는 페닐알라닌이라는 아미노산 효소의 이상으로 신체 속에서 대사되지 않고 체내에 쌓이면서 신경계에 문제를 유발함으로써 나타나는 질환이다.
선천성 심장병	선천성 심장병은 태아기에 여러 원인에 의해 심혈관질환이 생겨 출생 시 이미 병을 갖고 태어나는 상태를 말한다.
선천성 면역결핍증	선천성 면역결핍증은 1만 명 중에 1명꼴로 나타나는 희귀병이라고 할 수 있으며, 유전성 질환으로 80% 이상이 영아 연령에서 나타나고, 특히 대부분 X염색체에 의해 유전되므로 70% 정도가 남자에게 나타난다.

2) 신체적 발달문제

영유아가 태어나 신체적 성장, 생리기능 및 운동기능이 발달하면서 여러 가지 신체적 문제를 경험하게 되는데, 이러한 신체적 문제는 발달에 부정적인 영향을 미치는 요인으로 작용하게 된다. 영유아기에 발생할 수 있는 신체적 발달문제로는 영아돌연사증후군, 아구창, 폐렴, 설사, 천식, 중이염, 아토피성 피부염 및 열성경련이 대표적이다(표 7-17 참조).

〈표 7-17〉 영유아의 신체적 발달문제

구분	특징
영아돌연사 증후군	아이가 생후 1년 이내에 뚜렷한 원인없이 갑작스럽게 사망하는 것을 의미한다. 즉, 돌 전의 건강한 아기가 갑자기 사망하는 경우로 부검이나 사망 당시의 상황이나 사후검사, 병력 검토를 해 보아도 사망의 원인을 찾을 수 없는 갑작스런 죽음을 말한다. 대부분 생후 1~5개월 영아에게 가장 많이 발생하고 우리나라에서는 1년에 70~80건 정도 발생하는 것으로 알려져 있다. 영아돌연사증후군을 완벽하게 예방할 수 있는 방법은 없지만 위험을 낮출 수 있는 방법으로는 아기를 엄마와 같은 방에 재우되, 별도의 아기 침대나 요에 천장을 향해 똑바로 눕혀서 재우는 것이 가장 안전하다.
아구창	아구창은 칸디다 알비칸스(Candida albicans)라는 곰팡이로 인해 입안에 하얀 반점이 생기는 병이다. 일반적으로 미숙아나 몸이 허약하거나 면역 기능이 저하된 아이에게 생기는데, 신생아의 경우 입안이 깨끗하지 못하거나 젖꼭지와 젖병 소독이 불량한 경우 생길 수 있다. 증상은 입안에 우유 찌꺼기 같은 하얀 반점이 잔뜩 깔려 있어 아파하고, 이것이 떨어질 때 피가 나기도 한다. 입안의 곰팡이가 장으로 넘어가 설사를 일으키기도 한다. 아구창의 예방

구분	특징
	을 위해서는 신생아를 목욕시킬 때마다 부드러운 거즈에 깨끗한 물을 적셔 입안을 잘 닦아주는 것이 필요하다. 평소 젖병과 젖꼭지 소독을 철저히 하고 엄마 손도 늘 깨끗이 씻어야 한다.
폐렴	감기의 2차 감염으로 발생하는 경우가 많다. 발열과 기침은 물론 호흡 곤란을 일으킬 수 있다. 폐렴은 폐에 염증이 생기는 병으로 호흡기 질환 중에서 비교적 중증 질환에 속한다. 폐렴은 주로 바이러스가 원인이지만 마이코플라즈마, 폐렴구균 등의 세균이 원인이 될 때도 있다. 폐렴은 2세 미만에서는 처음부터 폐렴으로 올 수도 있지만 더 큰 아동은 감기, 홍역, 백일해 등을 앓은 후 2차적으로 잘 발생한다. 발열, 기침 등 폐렴의 주요 증상은 감기와 비슷하지만, 고열에 시달리며 호흡 곤란이 오는 것이 감기와 다른 점이다. 이때 호흡이 빨라지는 것이 특징인데, 호흡 수가 1분에 50회 이상이고 숨 쉴 때마다 코를 벌름거리며, 갈비뼈 아랫부분이 쑥쑥 들어간다. 또한 얼굴과 입술, 손끝, 발끝이 새파랗게 질리면서 창백해진다. 어떤 아이들은 구토와 설사, 경련이 뒤따르기도 하며 기운이 없고 식욕도 떨어진다.
설사	설사는 보통 때보다 변을 보는 횟수가 증가하고 변에 물기가 많아지는 경우를 말한다. 설사 자체는 질병이 아니고 병의 증상을 의미한다. 따라서 설사를 하면 장에 나쁜 것이 있을 때 이를 내보내는 역할을 해 오히려 몸에 도움이 되는 측면도 있다. 중요한 것은 설사 자체를 빨리 멈추게 하는 것이 아니라 설사를 하는 원인을 밝혀 해결하는 것이다. 그러므로 아이가 설사를 하면 엄마는 아이가 최근에 먹은 음식을 비롯해 환경적 변화 등 가능한 모든 원인을 살펴봐야 한다. 설사가 심해 탈수가 우려될 때는 설사를 멎게 하는 지사제를 사용할 수 있는데, 이는 꼭 의사의 처방으로 이루어져야 한다.
천식	천식은 만성적인 기도의 알레르기 염증질환으로 폐 속에 있는 기관지가 때때로 좁아져서 호흡곤란, 기침, 천명(음) 등 호흡기 증상이 반복적으로 그리고 갑작스럽게 발작적으로 나타난다. 전 세계적으로 많은 나라에서 유병률이 증가하고 있으며 우리나라에서도 소아 청소년층과 40세 이후 성인에서 유병률이 증가하고 있다. 천식은 치료비 등의 직접적인 의료비 뿐 아니라 결석, 결근, 일상생활 장애에 따른 생산성 저하 등 사회경제적 질병 부담이 큰 질병이다.
중이염	귀의 고막 안의 공간을 중이(중간귀)라고 하고 이곳이 감염되어 급성 염증이 발생한 것을 말한다. 중이염에 걸리면 39℃ 이상의 고열이 나고, 밤에 유난히 보채며, 젖을 먹으면 토하기도 한다. 또 귀를 만지면 자지러지게 운다. 대부분의 중이염은 감기의 합병증으로 생기지만, 알레르기성 비염이나 주위의 여러 가지 공해 물질도 원인이 될 수 있다. 열이나 귀의 통증이 없는 중이염도 있는데, 대개 감기가 오래된 상태에서 발견된다. 고막이 파열되었거나 중이염이 만성화되면 귀에서 고름이 나오고, 잘 못 듣는 난청 증상을 보이기도 한다.
아토피성 피부염	아토피는 만성적으로 재발하는 심한 가려움증이 동반되는 피부 습진 질환이다. 아토피 피부염은 천식, 알레르기 비염, 만성 두드러기와 함께 대표되는 알레르기 질환의 하나라고 볼 수 있으며, 보통 태열이라고 부르는 영아기 습진도 아토피 피부염의 시작으로 볼 수 있고, 나이가 들면서 점점 빈도는 줄어들지만 소아, 청소년, 성인에 이르기까지 호전 악화를 보이며 만성적인 경과를 보이기도 한다.
열성 경련	열성 경련이란 중추신경계의 감염이나 대사 질환 없이, 감기나 기타 열이 나는 병에 걸려 열이 날 때 경련하는 것을 말한다. 대부분의 열성경련은 6개월에서 3세에 나타나고 5세 이후

구분	특징
	에는 드물게 발생하고, 남아가 여아에 비해 2배의 발생률을 보이며, 가족력을 가지고 있는 것이 특징이다. 대개 열이 갑자기 오를 때 의식이 없어지면서 눈이 한쪽으로 돌아가고 팔다리가 뻣뻣해지거나 까딱까딱 움직이는 모습을 보인다. 열이 나면서 경련하면 대부분 열성 경련이며, 이는 별다른 문제없이 좋아지는 경우가 흔하다.

3) 심리적 발달문제

영유아기에 발생되는 심리적 문제는 향후 발달과정에 매우 많은 영향을 미치게 되며, 조기 발견이 매우 중요하다. 영유아기에 발생되는 대표적인 심리적 문제는 반응성 애착장애, 배설장애, 불안장애, 우울장애, 주의력결핍 과잉행동장애, 틱 및 공격적 행동 등이다(표 7-18 참조).

〈표 7-18〉 영유아의 심리적 발달문제

구분	특징
반응성 애착장애	애착 형성의 실패로 인해 사회적 관계 형성에 있어서 심각한 문제를 일으키는 장애이다. 애착이란 주양육자의 관계에서 발생하는 심리적 유대감을 의미하며, 아동발달에 많은 영향을 미치는 요인으로 알려져 있는데, 반응성 애착장애 아동은 신체적, 지적, 정서적인 발달이 지체될 수 있고, 아무에게나 강한 애착을 보이거나 반대로 지속적으로 접촉을 거부할 수도 있다. 또한 반응성 애착장애 아동은 눈맞춤이 어렵고 혼자서만 놀려고 하고 이름을 불러도 반응이 없는 등 자폐 범주성 장애와 유사한 행동 특성을 보이지만 자폐 범주성 장애와는 달리 심각한 의사소통 장애와 상동 행동은 보이지 않는 경우가 많다. 그리고 반응성 애착장애 아동의 경우는 사회성 발달능력이 있기 때문에 바람직한 환경이 주어지면 정상 발달의 가능성도 높다.
배설장애	배설장애(Elimination Disorder)는 아동이 고의든 아니든 대소변 가리기를 제대로 하지 못할 경우를 말하며, 유뇨증과 유분증이 여기에 포함된다. 배설기능의 정상적인 발달단계는 야간에 대변을 가리고, 주야간에 대변을 가리며, 주야간에 소변을 가리고, 야간에 소변을 가리는 순서이다. 이러한 발달은 일반적으로는 만 2세부터 만 4세까지 서서히 이루어지며, 평균적으로 대소변 가리기 훈련에 걸리는 시간은 약 3개월 정도이다. 남자아이보다는 여자아이가 대체로 빨리 가리기 시작하고, 대부분 소변보다는 대변을 더 빨리 가린다. 이러한 대소변 가리기는 소아의 지적능력, 사회성숙도, 문화적 요소 및 모자 사이의 심리적 상호교류 등의 요인에 의해 영향을 받는다.
불안장애	불안장애(Anxiety Disorder)는 아동기에 가장 흔히 나타나는 장애이며, 불안 경험이 생활에 지속적으로 나타날 때 발달에 부정적인 영향을 미치게 된다. 불안은 개인이 미래의 위험이나 불행을 미리 걱정하고 염려함으로써 초래된 긴장감, 강한 부정적 정서에 의한 감정 상

구분	특징
	태로 정의된다. 불안은 부정적인 정서, 즉 슬픔, 분노, 죄의식 등을 동반하게 된다. 불안은 위험을 지각하고 자신을 안전하게 지키려는 긍정적인 측면이 있는 반면에 불안을 통제하지 못해 신체적, 정서적, 행동적인 반응에 부적응을 초래하게 한다. 특히 영유아에게 나타나는 과도한 불안은 발달과정을 방해하기 때문에 영유아의 불안을 해소하기 위한 적절한 개입이 필요하다.
우울장애	우울장애(Depression Disorder)는 영유아부터 성인기까지 나타날 수 있지만 영유아의 우울증에 대해 간과하기 쉽다. 그러나 최근 영유아의 우울증에 대한 연구가 활발해지면서 영유아의 우울증이 갖는 위험성에 대한 증거가 나오기 시작하였다. 영유아의 우울장애에서 흔히 관찰되는 증상으로는 슬픈 모습, 신체적 호소, 정신 운동 초조, 분리불안과 공포감이 나타난다. 그리고 연령이 높아질수록 무쾌감증, 절망감, 망상 및 정신운동지체의 발현빈도가 증가된다. 모든 연령에서 우울장애는 우울감, 집중력 부족, 불면, 자살 사고를 나타낸다. 영유아의 우울증의 경우 감정이나 불편감을 언어로 표현하는데 한계가 있기 때문에 신체증상으로 호소할 가능성이 높다.
주의력결핍 과잉행동장애	주의력결핍 과잉행동장애(ADHD)는 영유아가 자기 나이 수준에 비해 지나치게 주의가 산만하고, 심하게 나대거나 꼬무락거리거나, 참을성이 없어 매우 충동적인 행동을 하는 문제를 지속적으로 나타냄으로써 개인을 포함하여 부모나 형제 관계, 또래관계, 학업성취도 등에 상당한 지장을 초래하는 경우를 말한다. 즉, ADHD는 아동기에 가장 일반적으로 나타나는 장애로서, 지속적인 주의력 결핍(Inattention), 과잉활동(Hyperactivity) 그리고 충동성(Impulsivity)의 특징을 가진다
틱	틱(Tic)이란 갑작스럽고 빠르며 반복적, 비율동적, 상동적인 움직임이나 소리를 말하며, 증상이 나타나는 근육군과 양상에 따라서 단순틱과 복합틱으로 구분된다. 틱은 순간적인 눈 깜박임, 목 경련, 얼굴 찡그림이나 어깨 으쓱임 등으로 나타난다. 복합틱은 단순 운동 틱과 달리 한 군데 이상의 근육을 침범한 얼굴 표정, 만지기, 냄새를 맡거나 뛰기, 발 구르기 혹은 욕설행동증과 같은 좀 더 통합적이고 마치 목적을 가지고 하는 행동과 같은 양상을 보이게 된다. 틱 증상의 공통적인 특징은 불수의적이고, 시간에 따라서 강도나 빈도가 변할 수 있다는 것이다. 스스로 노력하면 일시적으로 억제가 가능하기도 하지만 기본적으로 불수의적인 특징을 가지고 있다. 스트레스나 불안, 피로감, 지루함 또는 흥분상태 등에서는 증상이 악화될 수 있고 휴식, 수면 중, 한 가지 일에 몰두할 때는 증상이 일시적으로 호전을 보이기도 한다.
공격적 행동	성장기의 영유아는 발달지연이나 스트레스, 부모의 무관심, 환경 부적응 등으로 다양한 형태의 공격성을 보일 수 있다. 이러한 아이의 공격성은 대부분 자연 치유되거나 시간이 지나면서 공격성이 점차적으로 사라지지만 일부 아이들은 공격성을 더욱 강화시키게 된다. 공격성을 보이는 아이들은 대부분 집중력이 떨어져 있거나 경미한 자극이나 외부 요소에도 민감하게 반응하는 경향이 강하다. 또한 부모 또는 주변인이 아이에게 특정 규칙을 강요하거나 아이의 공격행위를 통제하려 든다면 아이는 신경질적으로 반응하면서 자신의 공격성을 발달시키기도 한다. 이러한 공격행동의 주요 요인으로는 아이의 욕구불만, 수면부족, 정서순환의 곤란, 아동학대, 부모에 대한 관심끌기, 발달지연 등을 들 수 있다.

CHAPTER 08

보육교사의 직무스트레스 관리

1. 보육교사의 직무스트레스 개념

직무스트레스(job stress)의 연구는 1960년대에 미시간대학교 사회연구소에서 조직 내에서 스트레스를 일으키는 요인들을 찾아내어 정신적, 신체적 관련성을 규명하는 것으로 시작되었다. 이후 1970년대에 들어 기업경영학, 행동과학, 산업심리학과 같은 분야에서 조직 차원의 스트레스에 대한 연구가 본격적으로 진행되었다.

영국의 보건안전위원회(Health and Safety Commission)에서는 스트레스를 개인에게 주어진 과도한 압력과 요구에 대해 사람들이 갖는 반응으로 정의하였다. 미국노동부산하 국립산업안전 건강연구소(NIOSH : National Institute for Occupational Safety and Health, 1999)는 직무스트레스에 관하여 작업조건과 조직구성원 간의 상호작용과정에서 발생하는 불균형이 신체적 반응, 심리적 반응, 행동적 반응 또는 지각이 급성으로 나타나는 증상으로 지속될 경우 다양한 질병이 발생된다고 하였다. 우리나라의 경우 한국산업안전공단(2005)은 직무스트레스를 직무요건이 근로자의 능력이나 자원, 바람과 일치하지 않을 경우 나타나는 유해한 신체적, 정서적 반응으로 정의하고 있다.

직무스트레스에 대한 일반적인 정의로 Brown(1984)은 직무스트레스를 직업적 요구와 개인의 역량 사이에 생긴 격차나 부조화로 경험되는 긴장과 불편함을 의미하였고, Calpan(1980)은 개인에게 위협을 가하는 모든 직무환경의 특성을 직무스트레스라고 규정하였다. 이는 보육교사의 직무에 관련한 스트레스의 개념을 포함하고는 있지만, 직업적인 특징인 교사라는 특수한 역할로 인하여 별도의 연구가 이루어져야 할 필요성이 있겠다.

직무스트레스는 구성원들에게 긍정적인 측면과 부정적인 측면으로 영향을 미친다. 순기능적 역할의 유스트레스(eustress)는 기쁜 마음 또는 즐거움으로 인해 받는 긍정적 효과가 있는 반면 역기능적인 디스트레스(distress)는 좋지 않은 일로 인해 생기는 부정적 효과가 있다.

Stranks(2005)는 직무스트레스의 역기능을 강조하면서 스트레스 때문에 구성원이 심리적으로 예민해지고 불안과 걱정, 초조가 발생되어 개인에게 뿐만 아니라 조직에서도 업무수행능력의 감소 및 생산성 감소와 같은 역기능효과를 초래한다고 하였다.

보육교사의 직무스트레스의 장기 누적은 교사의 퇴직이나 이직률을 높이는 원인이 되고 나아가서는 보육시설의 교사 안전성을 떨어뜨림으로써 보육프로그램의 질적인 저하를 초래하는 사회적 문제가 되기도 한다. 이와 같이 직무에서 오는 스트레스는 개인의 문제가 아니라 사회적으로도 많은 부작용이 나타난다. 이에 직무스트레스에 대한 대처를 어떻게 하느냐에 따라 그 효과가 달라지기 때문에 보육시설에서의 직무스트레스를 발생시키는 요인들에 대한 분석이 잘 이루어져서 교사의 직무스트레스를 대처하는 통제능력을 함양시켜 질적으로 높은 보육서비스로의 개선이 이루어져야 할 것이다.

2. 보육교사의 직무스트레스 요인

1) 보육교사의 근무시간

보육시설의 운영시간은 주 5일, 평일 12시간 이상 운영함을 원칙으로 하되, 보호자의 근로시간 등을 참작하여 조정 운영할 수 있다. 공휴일을 제외하고 연중계속 운영하여야 하며, 지역 및 시설여건에 따라 보호자와 시설자의 협의에 의하여 공휴일에도 운영할 수 있다.

보육시설은 07:30~19:30까지 운영하는 것을 원칙으로 하고, 보호자의 근로시간 등을 고려하여 조정 운영할 수 있다. 보육교사들의 근무시간은 1일 8시간을 원칙으로 하고 보육시설의 운영시간을 고려하여 출퇴근 시간은 탄력적으로 할 수 있다. 이렇듯, 종일제 보육시설들이 12시간이 넘는 보육을 하고 있으나 부모들은 더 많은 시간을 보육해 주기를 원하고 있으며, 기존 종일제 보육시간이 취업모의 근무시간을 보장해 주지 못한다고 생각하고 있다. 또한 보육교사들은 부모들의 다양한 사유로 인한 늦은 귀가, 잡무처리, 행사준비, 수업준비 등으로 인한 초과 근무를 하고 있는 실정이다.

2) 보육교사의 보수

보수는 자신이 일하는 것에 대한 보상체제에 대해 교사가 만족하는 정도의 급여, 상여금, 수당 등을 포함한 정규급여를 의미한다. 보수는 직업선택과 직무만족에 있어서 중요한 요인으로 작용하며, 적절하지 못한 보수를 받았을 때 사기가 저하되고 교사에게 요청되는 성실성, 직무수행을 기대할 수 없게 되므로 가장 중요한 요소라 하겠다.

보육교사의 호봉인정기준은 국고보조시설(정부지원시설)종사자의 경우 인건비 책정을 위한 호봉산정기준으로 적용함을 원칙으로 하나, 국고보조시설이 아닌 시설(미 지원시설)은 다른 법령에 특별히 규정한 경우를 제외하고는 호봉기준을 달리 정하거나 인건비 책정 시 호봉을 적용하지 아니할 수 있다. 이러한 보육교사를 위한 좋은 취지에서 시작된 처우개선비는 지방자치단체 사업의 예산에 따라 어떤 구의 보육교사는 몇 만원에 좋은 대우를, 어떤 구의 보육교사는 같은 일을 하면서도 몇 만원에 허탈함을 감출 수가 없다. 좋은 취지에서 시작한 처우개선비만이라도 중앙정부 차원에서 지급기준을 현실화시켜 지급하는 것이 바람직하며, 우선되었으면 한다.

3) 보육시설 근로기준

근로기준법에서 사용자는 1년간 8할 이상 출근한 근로자에 대하여는 15일의 유급휴가를 주어야 하고, 계속근로연수가 1년 미만인 근로자에 대하여는 1월간 개근 시 1일의 유급휴가를 주어야 한다고 정하고 있다. 생리휴가는 개정 이전에는 유급휴가이었으나 개정법 적용 이후에는 여성인 근로자가 요청할 때 휴가를 주도록 되어 있다.

4) 보육교사의 신분

우리나라는 보육교사의 자격을 영유아보육법에 명시하고 있는데 보육교사로 근무하기 위해서는 보건복지가족부 장관이 수여하는 보육교사 국가자격증을 발급받아야 하며 보육교사의 자격검정은 무시험을 원칙으로 하며, 영유아보육법 시행령 제21조에 의한 자격기준을 갖추었는지 한국보육진흥원에서 심사하여 발급한다.

보육교사 임면보고를 받은 시장 · 군수 · 구청장은 보육교사 자격 및 결격사유에 이상이 없는 자에 대해서는 경력관리시스템(보육통합정보시스템)에 임면 사항을 입력 · 관리하며, 종사자의 출산휴가, 육아휴직, 자격정지, 자격취소, 퇴직 등의 사항도 경력관리시스템에 입력 · 관리한다. 보육교사의 출산휴가, 육아휴직 등의 사유 발생 시 영유아보육을 위해 채용된 대체교사(임시교사)로서 주당 30시간 이상 근로하는 자에 대한 임면사항도 입력 · 관리한다.

보육교사로부터 경력증명서 발급 요청이 있는 경우 시장 · 군수 · 구청장은 경력증명서를 발급하여야 한다. 보육종사자 경력관리시스템 도입 전 보육시설에 종사한 경력이 있는 자가 해당 경력을 인정받기 위해서는 보육시설에 종사한 사실을 공적으로 증명할 수 있는 서류를 관할 시장 · 군수 · 구청장에게 제출해야 하며, 호봉책정기준이 되기도 한다. 이러한 보육교사의 자격은 공무원과 유사하나 대우는 턱없이 부족하다.

3. 보육교사의 직무스트레스 해결방안

1) 보육교사의 근무시간

보육시설의 운영시간을 영유아보육법 시행규칙에서 12시간 이상을 원칙으로 밝히고 있으면서도 근무 외 시간에 대한 교사인력의 배치 언급이 마련되지 않으므로 교대근무를 할 수 있는 여분의 인력을 배치하는 것이 더욱 어려운 것이 보육시설의 실정이다.

보육교사의 평균 근무시간이 10.38시간으로 보육시간 내내 쉬는 시간이 없이 점심시간까지도 원아를 돌보는 업무를 수행하고 있는 장시간의 근무조건이 보육업무의 효율성을 떨어뜨리고 직무만족을 낮게 하는 요인이 되므로 보육교사의 근무시간을 근로기준법상 8시간으로 조정하기 위한 제도적 방안수립이 필요할 것으로 보여진다.

2) 호봉제를 통한 보수수준의 상향

직무스트레스와 직무만족에 가장 높은 비중을 차지하고 있는 보육교사의 보수수준을 상향 조정시키고, 근무경력에 따른 차별화된 적절한 체계가 필요하리라고 본다. 보육교사들의 실질적인 인건비 개선은 보육료 상승 또는 정부지원과 직결되는 문제로 현실적으로 단기간에 개선하기는 불가능하지만 현행 보육사업 안내에서 제시하고 있는 보육교사들의 인건비나 초과근무수당 등의 처우가 제대로 시행될 수 있도록 보육료 지원단가를 상향조정하고 현행보육료와의 차액을 정부가 아동별로 보육시설에 지원하는 방안을 고려해야 할 것이다.

또한 경력자가 보육시설에 계속 안정적으로 일할 수 있도록 직급수당 지원 및 담임수당지원과 자격 및 학력을 고려한 보수규정이 마련되어야 하고, 호봉이 제대로 산정되어서 적절하게 대우 받아야 한다.

3) 보육시설 근로기준

보육교사들의 복지후생만족을 위해서는 휴가나 연월차, 병가 등을 자유로이 활용할 수 있어야 한다. 하지만 현재 보육시설에서는 휴가나 보수교육 등 일시적으로 교사의 결원이 생길 경우 지역보육정보센터에서 4분기로 나누어 미리 신청을 받아 대체교사를 투입시켜주고 있다.

보육교사가 갑자기 아파서 병가를 내야 하는 경우나 집안에 상을 당했을 때 집안일로 월차를 내야 하는 상황이 발생했을 경우에는 보조교사가 없는 시설이 대부분이어서 이마저도 불가능한 상황이다. 따라서 보육시설에 보조교사를 의무적으로 배치할 수 있는 제도적 방안, 또는 시행 중인 대체교사지원시스템이 활성화되어서 각 보육시설에 보육교사들이 병가나 연월차 등을 자유로이 활용할 수 있도록 제도적인 뒷받침이 되어야 할 것이다.

4) 신분보장

보육교사에 대한 신분보장과 사회적 인식의 전환이 필요하다. 시설유형 중 국공립시설의 보육교사들이 사회적 인식에 대한 만족수준이 높게 나타났다. 이는 국공립보육시설에 다니는 보육교사에게 주어지는 신분보장에 따른 소속감이 크다는 것을 알 수 있다. 그렇다고 국공립 보육교사들이 공무원에 준하는 많은 혜택을 받고 있는 것은 아니다.

모든 보육시설에 근무하는 보육교사들이 교사로서 자부심을 갖고 직무에 충실할 수 있도록 연금제도나 자녀들의 학비감면 등 제반 복지 혜택이 보장되어야 하며, 학부모나 다른 직업과 비교하여 동등한 대우를 받을 수 있도록 사회적 인식개선이 필요하다.

"보육교사의 '학부모 스트레스'도 아동학대 원인"

김재희 기자 승인 2018.11.14

심심치 않게 찾아볼 수 있는 어린이집 내 아동학대 사건. 생업을 위해 보육기관에 아이를 맡길 수밖에 없는 학부모들은 아동학대 사건에 경악하는 한편, 보육교사와 원장에게 신뢰보다는 의심으로 다가갈 수밖에 없다.

학부모들과 기관 간의 신뢰를 회복하고, 영유아를 아동학대 피해에서 보호하고, 보육교사와 아동의 인권을 지키려면 아동학대 사건을 어떻게 접근해야 할까.

이번 토론회는 전직 어린이집 교사와 학부모 대표를 초청해 눈길을 끌었다. 육아정책연구소 측은 "현장에 밀착해 아동학대 사건을 이해를 하기 위해서 이들을 모셨다"고 설명했다.

◇ 전직 보육교사 "CCTV 설치에 아동학대 해결 기대선 안 돼"

전직 보육교사 이아무개 씨는 "어린이집 내 폐쇄회로(CC)TV 설치만이 근본적인 해결책이 아니"라고 강조했다. 이 씨는 "잠재적인 아동학대범이라는 인식 때문에 교사는 모든 것을 통제 · 감시당하고 있으며 학부모와의 신뢰형성에도 어려움을 겪고 있다"고 말했다.

이 씨는 ▲학대 주장이 무고로 밝혀졌을 경우 교사가 피해를 보상받을 수 있는 법적 근거 마련 ▲학대 의심 상황 발생 시 진위 여부 파악 우선 지침 확보 ▲학대 수사 과정 비공개 원칙으로 기관과 교사 보호 ▲아동학대 판단 때 교사 행위 맥락 고려 등 교사가 사명감과 윤리의식을 가지고 현장에서 계속 근무할 수 있도록 하는 방안을 제안했다.

서울대학교 부모학생조합 '맘인스누' 이진화 대표는 '학부모가 경험한 어린이집 아동학대'를 발표했다. 이 대표는 학대 의심상황이 발생하면 부모 대처 매뉴얼이 없다는 점부터 지적했다. "학대 신고가 굉장히 부담이 많이 가는 일이지만 일단 신고한다"며 "문제를 공유하거나 건의할 수 없는 상황이기 때문에, 학대가 심각해질 때까지 자녀와 그 친구들을 방치하게 된다"고 말했다.

2차 가해도 피해아동 학부모를 괴롭히는 원인이 됐다. 해당 교사가 진술을 번복하거나, 피해아동 학부모에게 '아이에게서 담임을 데려간 가해자'라는 프레임을 씌우거나, 피해아동의 평소 행실을 문제 삼거나 하는 등의 문제가 학대 신고 후에 발생한다고 이 대표는 설명했다. 이를 방지하는 제도와 함께, 가해교사에 대한 즉시 분리 · 휴직 등의 후속조처가 있어야 한다고 강조했다.

이 대표는 교사 처우개선이 무엇보다 시급하다고 강조했다. "밝고 따뜻한 선생님도 학기 말에는 직무소진이 얼굴에서부터 보인다"며 "직무소진으로 발생하는 학대가 절반 이상이라고 생각한다"고 말했다.

◇ "아동학대 사법절차 전 객관적 · 효율적 '중재기구' 설치해야"

김경희 중앙아동보호전문기관 정책연구팀장은 발제 '어린이집 아동학대 현황과 과제'에서 아동학대 사례를 분석했다. 그는 "아동학대행위자 특성을 분석해보면 아이가 지시를 따르지 않아서 무시하거나 방치하는 등의 현상이 나타난다"며 "아이들을 체벌로 교정할 수 있다는 인식이 우리 사회에 팽배하기 때문"이라고 설명했다.

사례로 확인된 바로, 학대가 발생하는 어린이집은 ▲위계적 관계 존재 ▲보육교사 업무 과중을 조절하지 않음 ▲교사 간 반목 ▲교사 간 소통 부재 ▲원장과 교사 간의 갈등 등 다섯 가지 특성이 있다는 점을 발견했다. 김 팀장은 원장이 리더십을 발휘해줄 것을 당부했다. 그는 "조직문화를 개선하고, 과중하다고 느끼는 업무량을 조절해주거나, 경험 부족으로 고생하는 교사에게 노하우를 제공해야 한다"고 조언했다.

특히 최근에는 교사가 부모에게 느끼는 스트레스도 학대 원인으로 대두됐다. 아동 식사 지도 시에 학부모가 무리한 요구를 하거나, 보육에 구체적이고 까다로운 요청을 한다거나, 교사에 대한 인신공격을 가하거나 하는 등의 어려움을 교사들이 겪는 것으로 조사됐다. 김 팀장은 "아동학대 예방은 교사 한 명의 노력으로 되는 것이 아니라 부모의 노력도 필요하다"고 강조했다.

이윤진 육아정책연구소 부연구위원은 이번 토론회에서 아동학대 해결과정에 '중재기구'를 설립할 것을 제안했다. '어린이집 아동학대 사후 대응 : 중재기구 설립 가능성 탐색'에서 이 부연구위원은 '중재기구'를 "비사법적 절차를 원칙으로 아동과 보육교사의 인권을 보장하기 위한 시스템"으로 정의했다. 중재기구가 비사법적 절차로 운영돼야 하는 이유를 "인터뷰에서 사법적 절차까지 원치 않는다는 의견이 상당수 확인됐다"고 설명했다.

이 부연구위원은 "아동보호전문기관에 아동학대 사건 신고가 들어왔을 때는 어린이집과 학부모 간 사전 조율이 실패했을 경우"라며 "학부모와 기관 양쪽이 감정이 격앙된 상태이기 때문에 좀 더 객관적으로 상황을 판단할 기구가 필요하다"고 중재기구의 필요성을 설명했다.

또한 "아동학대 처리과정에서 의견이 일방적으로 반영되거나 묵살된다"며 "학부모와 기관의 감정 다툼을 최소화하고 당사자 간 의견 조율 기회를 마련해야 한다고 덧붙였다. 한편, 지금까지 나온 정부의 어린이집 내 아동학대 발생 예방 대책은 근본적인 해결책이 될 수 없다는 주장이 나오기도 했다.

질의응답 시간을 이용해 자신을 어린이집 운영자라고 소개한 한 참가자는 "현장에서 정책이 만들어지는 것을 보면 옥상옥이라는 생각이 든다"고 말했다. 그는 ▲교사 대 아동 비율 축소 ▲실내 보육 공간 크기 확충 ▲보육교사 8시간 근무 정립 등이 우선돼야 아동학대를 예방할 수 있다고 주장했다.

출처 : No.1 육아신문 베이비뉴스(http://www.ibabynews.com)

4. 보육교사의 직무스트레스 관리방법

1) 긍정적 정서

사랑의 감정은 그 순간의 애정 표현에 대한 생각뿐만 아니라 애정의 확대, 미래의 애정표현, 타인과의 사랑 경험 공유, 타인의 사랑 지원과 같은 다양한 생각들을 확장시킨다. 이것을 유아교사와 유아들 관계에 적응시켜 본다면 그 파급효과도 클 것이다.

영유아기에 경험한 초기 사회적 관계가 이후 맺게 되는 사회적 관계에 대한 기대감의 기초를 형성하게 되며, 영유아기에 경험한 관계는 다른 사람을 이해하기 위한 틀을 제공하여 관계를 맺는 상대와 어떻게 상호작용을 해야 하는가에 대한 지침을 제공해준다고 볼 수 있다.

하지만 유아교사가 행복하지 않을 때 예를 들면, 몸이 아프다거나 개인적 사정에 의해 행복하지 않은 불편한 상황에서도 유아교육을 계속해야 하는 경우라면 그 부정적 감정의 피해가 고스란히 유아들에게 전달되어질 수밖에 없다는 데 그 심각성이 있다. 그러므로 유아교사의 긍정적 정서를 늘려주는 것, 다시 말해 유아교사의 행복증진은 유아보육 · 교육 활동에서의 상호작용의 질에 매우 중요한 의미를 가진다는 것을 알 수 있다.

2) 사랑을 통한 행복 찾기

영유아들에게 의미 있는 주변 성인의 행복감이 유아의 행복감에 긍정적인 영향을 주고 있으며, 가족이나 교사 등 영유아와 함께 지내는 성인들이 느끼는 높은 행복감이 아동에게도 긍정적으로 작용함을 나타낸다.

뿐만 아니라 유아교육기관에서 영유아들은 성장과 발달의 과업들을 진행해 가면서 인성을 비롯한 모든 발달영역의 기초가 이루어지는 결정적 시기를 보낸다. 이때 발달 특성상 교사의 영향력이 가장 많이 미치는 시기이므로 교사는 영유아 보육 · 교육의 질은 유아들과 많은 시간을 같이하는 유아교사의 질이 최대 관건이 된다.

3) 자부심과 보람

유아교사 교육에는 유아교사의 행복수준을 높여주는 내용을 포함하여 유아교사 스스로 성장한다는 느낌을 가질 수 있도록 다양한 지원을 하고 유아교사가 자부심과 보람, 사명과 긍지를 가지고 보육에 임할 수 있는 분위기로 이끌 수 있어야 한다.

유아교사가 행복감을 느끼면 유아들에게 기쁨과 보람으로 다가갈 수 있고 긍정적인 정서가 확대될 때 유아보육 · 교육을 의무 아닌 사랑의 감정으로 새롭게 임할 것임을 알 수 있다.

CHAPTER 09

보육교사와 조직환경

1. 보육기관의 조직환경

1) 조직환경의 의미

조직구성원이 조직 내에서 경험하는 총체적 조직환경의 질의 의미한다. 보육기관이라는 조직을 두고 말하면, 보육기관 간에 구분을 지어주고, 보육기관 구성원의 행위에 영향을 미치는 일련의 내적 특성이 곧 보육기관의 조직풍토인 것이다. 보육기관 풍토는 보육기관 구성원인 유아, 교사, 행정가들의 공유하는 가치관, 신념, 행동표준 등 내적 특성을 의미한다. 조직풍토를 일련의 내적 특성으로 정의하는 것은 어떤 면에서는 인성에 대한 정의와 유사하다. 따라서 보육기관 풍토는 보육기관의 인성이라고 볼 수 있다. 그러나 인성이라는 개념이 그러하듯이 조직풍토의 개념은 매우 모호한 개념이라고 할 수 있다.

보육교사들은 주로 유아들과 부모와의 관계 속에서만 그 존재가 규명되는 경향이 있었다. 하지만 보육교사들은 보육기관이라는 조직에 속한 구성원으로서 유아나 부모와는 또 다른 관계를 유지한다. 보육교사들이 근무하는 보육기관의 조직은 다음과 같은 특성을 가지고 있다.

첫째, 보육기관은 보육과 교육이라는 목적성과 기능에서 오는 독특한 특징이 있다.

보육기관은 영유아를 교육과 함께 건강하고 안전하게 돌보는 것이 매우 중요한 기능이므로 다른 학교 조직에 비해 부모와 시설 간, 교사와 유아 간의 친밀감, 관심, 지원 등이 더욱 강조된다. 보육기관에서 교사와 영유아의 관계는 가족적인 관계이며 교사는 영유아와의 스킨십이 강조된다. 이처럼 보육기관이 갖는 기능 및 목적이 가족과 같은 따뜻함과 사랑, 안정적인 생활을 요구하기 때문에 조직구성원에게 그러한 성향과 역할을 강하게 요구하게 된다.

둘째, 보육기관은 다른 조직에 비해 규모가 작고 인적 구성이 단순하다. 시설의 규모가 작다는 것은 단순히 영유아의 수, 종사자의 수가 적다는 것을 의미하는 것이 아니라 교육적, 경제적, 행정적 측면에서 다양한 의미를 지닌다. 시설 규모가 작다는 것은 경제적 규모가 작다는 것이며 조직구조가 단순하다는 것을 말한다. 조직구조가 단순하기 때문에 임의대로 이루어지는 것에 크게 지장을 받지 않으며 조직 내에서도 과학성, 체계성, 합리성이 강조되기보다는 가족적 분위기가 강조된다.

셋째, 보육기관은 근무조건이 열악하고 조직, 공동체에 대한 의식이 적다. 보육기관은 교사들에게 공동체 의식과 공통의 행위 유형을 갖게 하는 가치와 신념, 규범 등의 내재적 문화가 가시적으로 표출되고 이를 전달해 주는 매체 혹은 수단인 상징물과 인물, 의식과 행사, 일화이야기 의사소통인 외재적 문화를 지각할 기회를 많이 제공하지 않는다(김동춘, 1999). 게다가 근무조건도 열악하기 때문에 이직률이 높아 조직에 대한 응집력이 약하다. 이처럼 보육기관 조직의 성격은 가족적인 응집력을 많이 요구하고 있지만 근무조건이나 조직 관리의 미흡으로 인해 그러한 일체감과 응집력을 갖지 못하는 경우가 많은 것으로 보인다.

넷째, 조직의 주 구성원이 갖는 특성이다. 보육기관 조직구성원인 교사는 20~30대가 50% 차지하는 젊은 세대로 구성되어 있다.

다섯째, 보육기관의 질을 결정하는 집단인 교사의 업무 성격은 매우 독립적이고 개인적이다. 보육기관은 육아에 대한 지원이라는 역할 비중이 크고 이용대상이 맞벌이 자녀가 주를 이루고 있기 때문에 교사는 늦게까지 유아들과 함께 지내야 한다. 그러한 시간 외에도 교사의 손과 관심을 필요로 하는 일로 업무량이 매우 많다. 이처럼 보육기관의 업무 성격은 매우 독립적이고 개인적인 반면 업무량이 많기 때문에 상호교류나 소통의 시간이 절대적으로 부족하다.

여섯째, 우리나라의 보육기관은 설립주체가 매우 다양하다. 이에 운영주체나 보육시간 또는 보육대상의 특성에 따라 다양한 유형의 어린이집이 설립·운영되고 있다. 설립 및 운영주체에 따른 어린이집 유형으로는 국·공립어린이집, 법인 및 민간어린이집, 직장어린이집, 가정어린이집, 부모협동 어린이집으로 분류된다(영유아보육법 제10조). 보육대상에 따른 어린이집 유형으로는 영아전담 어린이집, 장애아전담 어린이집, 장애아통합 어린이집으로 구분된다(심성경 외, 2014).

이상에서 살펴본 바와 같이 보육기관은 교육과 보육이라는 서비스를 제공하여 가정과 학교의 특질을 동시에 요구하며 젊은 여성과 유아가 주 구성원이고 세심함, 배려, 사랑, 봉사, 가족과 같은 분위기가 강조된다. 또한 조직구성원은 20대가 주를 이루며 근무조건이 열악하고 의사소통의 기회가 적다는 점에서 유치원과는 또 다른 조직적 특성을 가지고 있음을 알 수 있다.

2) 조직환경의 구성요인

Schein(1985)은 조직환경에 대한 구성원들의 인식 수준을 묵시적 가정(제1수준), 가치관(제2수준), 표준(제3수준)으로 구분하였다. 묵시적 가정은 인간의 특성, 인간관계의 특성, 진리와 현실의 특성, 환경에 대한 관계 등 당연시되고 비가시적이며 잠재의식 속에 흡수된 수준으로서 잠재적 수준이다. 가치관은 개방성, 신뢰성, 협동, 친밀성, 팀워크 등은 인식적 수준, 표준은 동료 이해, 교장 비판 금지, 학생에 대한 도움, 동료지지, 자신수양 등 가시적 수준에 해당한다.

Pascale & Athos(1981)는 조직환경은 공유 가치, 전략, 구조, 제도 및 절차, 구성원, 관리기술, 관리스타일 등으로 구성된다고 하였다. Deal & Kennedy(1983)는 학교조직환경의 구성요소로 가치관, 영웅, 의식과 의례, 문화 네트워크를 들고 있다. 조남두(1992)는 가치, 규범, 기본가정, 학교에 대한 확고한 태도 등을 포함한 내재적 문화와 의식, 일화, 역사, 교사와 교장·교감의 의사교환, 동료교사 상호 간의 의사교환, 교사·학생 간의 의사교환, 문서를 통한 의사교환 등을 포함한 가시적 문화로 구분하였으며, 서인덕(1986)은 핵심적 문화, 상징적 문화, 실천적 문화의 세 차원으로 구성된 유형을 제시하였다.

조직환경의 개념을 조직에 적용한 조직환경은, 구성원들의 총체적 삶과 상징을 나타내는 것으로서 그들 특유의 가치와 규범을 지칭하는 하위문화인 동시에 그러한 삶이 형성된 사회적 맥락이다(김철훈, 2001). Hargreaves(1991, 1993)는 교육개혁을 위한 핵심적 기본 원칙으로서 협동적 조직을 강력히 지지한다. 또한 학습자의 성취도에 긍정적으로 영향을 주는 문화유형으로서 협동적 조직환경을 지지하고 있다(Rosenholtz, 1989; Nias, Southworth, & Yeomans, 1989).

보육기관의 조직환경이 다른 조직환경과 다른 점으로서 조직환경의 구성요소들은 구성원들에게 내면화된 요소가 아니라 상징적으로 표출되는 것이라고 보고, 가치, 신념, 규범 등의 내재적 요소와 중심인물, 상징, 의식 등의 외재적 요소로 구분하였다. Deal & Peterson(1990)은 조직문화의 구성요소로 가치(values), 믿음(beliefs), 가정(assumptions), 규범(norms)의 네 가지를 제시하였다. 가치는 교수의 질, 학생들이 배우고 행동하고 결정짓는 것에 대한 책임감, 교육에서 중요한 것을 말하고, 믿음은 학교의 제 환경과 그것을 다루는 방법에 대한 시각을 의미한다. 가정은 생각과 행동을 결정짓는 아이디어를 말하며, 규범은 가치, 믿음과 가정의 통합체를 의미한다. Rosenbaum(1988)은 교장의 지도성, 보상과 기대, 책임감, 응집성, 상호 협조와 신뢰, 유대감, 혁신성, 합리성, 개방성, 교직에 대한 자부심 등을 조직환경에서 나타나는 요소로 보았다.

보육기관은 일반 학교조직과는 다른 조직특성을 지니고 있다. 김동춘(1997)에 의하면 보육기관의 특징은, 영유아를 바람직한 방향으로 변화시킨다는 광범위한 목적의 학교조직으로서 융통성과 교수학습의 질적인 측면을 많이 필요로 한다. 또한 보육기관은 관료조직의 특성을 지니고 있으면서 전문성을 강조하는 조직이다. 어린이집 교사는 보육목적을 수행하기 위해 자신의 독립된 영역에서 직무를 수행한다. 보육기관은 정해진 절차가 기계적으로 적용되지 않으며 체제 유지 조직이며 적응적 조직이다. 즉, 보육기관 조직은 한 교사가 보육시간 동안 담당 영유아를 보호하고 교육하며, 교사의 재량에 의해 시간운영에 융통성이 많이 부여되는 조직의 특성을 지니고 있다.

2. 보육교사의 조직환경과 행복감

1) 자아개념의 확립

자아개념이란 용어는 철학, 심리학 등 다양한 분야에서 폭넓게 사용되고 있다. 학자들의 다양한 정의를 종합하여 보자면, 자아개념이란 자기 자신에 대한 인식 또는 지각이라고 볼 수 있다. 즉, 한 개인이 자신의 외적인 용모나, 지적 혹은 사회적인 능력 및 기술, 의미 있는 중요한 타인으로부터 인정받음 등에 대해 가지고 있는 태도나 느낌 및 지식의 총체라고 정의할 수 있는 것이다.

이러한 자아개념은 자기 개인이 어떤 존재인지를 인지적으로 인식하는 자기인식, 자신을 어느 정도로 중요한 존재로 여기는지의 정도를 나타내는 자아존중, 자신의 능력을 어느 정도로 평가하는지를 알 수 있는 자아효능감, 자신을 스스로 통제할 수 있는지를 알아보는 자기통제능력의 하위요인들은 분석함으로써 알 수 있고, 발달시킬 수 있다. 보육교사의 자아개념은 교사로서의 능력에 대한 신념과 행복, 즉 교사효능감을 높이는 데 중요한 요인이다. 따라서 예비교사 교육과정에서부터 긍정적 자아개념을 높이기 위한 다양한 시도가 이루어져야 할 것이다.

2) 교수효능감

교사효능감이 높은 교사는 지속적인 인내심과 다양한 유형의 피드백을 보여주고 인지적 구성주의 교수방법, 자율적인 통제와의 관련성이 높다. 더불어 교사 자신의 효능감과 학생의 학습성취에 긍정적인 영향을 주기 위하여 바람직한 교육환경을 조성하며, 다양하고 효과적인 교수전략을 사용한다.

또한 교사효능감이 높은 교사는 자신의 교육활동에 대해 가치와 만족을 느끼고 유아의 행동과 성취에 대해 긍정적인 기대를 갖는 경향이 있다. 유아의 학습에 대해 강한 책임감을 느끼며, 특정한 교육목표의 달성을 위해 다양한 교수법을 사용하려 하며, 유아를 의사결정과정에 민주적인 방법으로 참여시키려는 경향을 가지고 있다.

3) 직무만족

교사효능감이 높은 교사들은 직무만족도가 높다는 것으로, 교사효능감과 직무만족도의 상관관계는 교사효능감이 높아지면, 직무만족에서도 긍정적으로 영향을 주고 있어 자신의 업무와 역할을 긍정적으로 평가하고 유아들을 가르치는 것에 대해 관심과 열의를 보일 때, 교사효능감이 증진되고 이를 통해 직무만족도가 향상되어 교사효능감과 직무만족도는 서로 영향을 준다.

따라서 보육교사가 자신의 보육에 대한 전문성 인식과 아울러 긍정적인 교사로서의 효능감을 지니게 된다면 직무만족도도 높아질 것이고 자신에 대해 만족과 행복을 느끼게 될 것이다.

4) 조직환경

보육기관 조직환경에 대한 보육교직원들의 인식, 태도, 가치는 교사효능감과 밀접한 관계가 있다. 조직환경과 더불어 상호작용으로 인한 경험은 개인의 만족, 효능감, 즉 자신감 형성에 가장 기본적인 것을 제공해 주며, 조직의 환경, 문화, 기대, 구성원의 특징, 지도자의 지도성 및 기타 조직체제들은 교사의 직무태도 및 행동을 준다. 그러므로 인간은 주어진 환경과 상호작용을 통해 성장, 발달하기 때문에 건강한 조직환경은 유아들과의 보육활동에 영향을 미칠 수 있고, 교사의 행복감 증진에 기여한다.

3. 보육교사의 직무만족도

1) 의미

직무란 개인이나 집단에 의하여 수행되는 업무를 가리키며, 직업이 개인의 자아를 얼마만큼 충족시켜 주는가의 척도를 직무만족도라 한다(교육학 용어사전, 1981). Locke(1983)는 개인이 자신의 직무를 평가하거나 직무를 통해 얻게 되는 경험을 평가함으로써 얻게 되는 '유쾌감이나 긍정적인 정서상태'라고 정의하였다. 그는 모든 사람에게 동일한 욕구의 정해진 위계가 있다는 접근법에 대한 반발과 인간의 욕구는 사람마다 다양하다는 논리에 근거하여 직무만족을 개인의 가치들과, 직무와 그 환경에 대한 지각들 사이의 상호작용에 의해 주로 기인하는 것이라고 본 것이다(Tiffin, McCormick, 1965).

직무만족이란 한 개인이 자신의 직무에 대해 가지고 있는 일련의 태도로서, 직무 또는 직무수행 결과로 얻어지는 유쾌하면서 긍정적인 정서상태를 의미한다. 이는 일종의 정서적 반응으로서 내성-자기관찰 등을 통해서 이해되며 자신이 원하는 것과 실제와의 격차라고 이해할 수 있다. 이러한 직무에 대한 유쾌한 감정적, 정서적 만족상태는 종사자의 주관적인 인식과 밀접한 관련을 가지고 있을 뿐 아니라 개인의 직무 수행에 중요한 영향을 미치는 것으로 보고 있다.

보육교사의 직무는 어린이집이라는 조직 속에서 중요한 인적환경으로 교육의 목적을 달성하기 위하여 자신이 맡은 바 핵심적인 역할을 수행하여 보호자 및 양육자에서 교육자, 중재자 및 연구자로 변하여 간다. 보육교사는 전문가로서 직무 또한 다양해지고 있고, 부모를 대신하여 영유아를 보살피는 자녀양육의 대행자로서의 역할도 하고 있고, 우수한 프로그램을 활용하여 효과적으로 영유아를 가르치고 지도하는 역할도 담당해야 한다. 그래서 보육교사가 능력을 충분히 발휘할 수 있는 적절한 근무환경이 제공되어야 하고, 그에 따른 직무만족이 나타날 때 보육교사는 양질의 보육서비스를 제공할 수 있는 것이다(문정희, 2015).

2) 중요성

보육교사의 직무만족도를 구성하는 요인들은 일반적으로 교사 개인적 변인과 환경적 변인으로 구분하거나 직무내적변인과 직무외적변인으로 구분할 수 있다. 본 연구에서는 직무만족도 하위변인을 직무내적변인(직무 자체, 사회적 인정)과 직무외적변인(근무환경, 보수)으로 분류하였다.

첫째, 직무자체란 직무경험의 특성(도전성, 다양성, 자율성과 통제)과 관련되는 다양한 직무요소로, 수행해온 업무의 양과 그것을 하는 데 소요되는 시간을 포함하며, 직무가 본질적인 즐거움을 주는 정도와 인식, 창조성, 기술 형성에 대한 교사들의 요구를 충족시키는 정도를 말한다. 따라서 교사들의 직무특성을 평가할 때 본질적으로 질적인 면과 양적인 면을 포함시킨다. 즉, 개인의 일에 대한 질적인 면은 즐거움의 본질적인 원인을 찾아내고 교사들의 요구를 충족시키려는 정도를 말하며, 양적인 면은 교사들이 수행해야 하는 업무의 양과 업무를 성취하는 데 소요되는 시간구조를 말한다.

둘째, 우리나라는 다른 전문 직종에 비하여 유아교사의 사회 · 경제적 지위를 낮게 평가하고 있고, 이와 같은 교직에 대한 고정관념과 교사의 처우 소홀에서 오는 교원 처우 소홀에서 오는 교원에 대한 사회적인 인식은 교사 스스로가 가지는 열등감이나 불만과 함께 교사의 직무 만족에 많은 영향을 미치는 요인이 되고 있다. 따라서 교사의 경우, 사회적으로 높은 인정을 받을수록 직무에 대한 만족도가 높을 것으로 기대할 수 있다.

셋째, 어린이집의 근무환경은 근무태도와 특정 직무의 수행능력에 강력한 영향력을 지닌다. 근무시간의 유동성, 교사와 유아의 비율, 적당한 휴식, 교수자료 등과 근무자 환경, 즉 온도, 환기, 채광과 공간 배열, 물리적 환경의 질을 말하며 이러한 요소들은 어린이집에 근무하는 교사의 직무만족 수준과 직무수행 능력에 상당한 영향을 미친다.

넷째, 보수는 개인의 직업선택에 있어서 가장 중요한 요인으로 작용할 뿐만 아니라 어떠한 직종에 있어서든 종사자의 직무만족과 능률에 결정적인 영향을 미치는 요소로 인정되고 있다. 교사들이 받는 외부로부터의 보수는 그들의 상징적인 가치면에서 중요한 것이다. 보수는 또한 당면한 조직을 내 · 외적인 문제가 적당한 보수문제만큼이나 중요한 것으로 인식하고 있다. 공정성은 또한 개인의 보수가 직업에 쏟은 개인의 노력에 비추어 공정하게 주어진 정도로 해석된다.

3) 보육교사 직무만족도에 미치는 요인

(1) 인간관계

인간관계는 사회적 · 심리적 만족을 얻으면서 협동하여 일할 수 있도록 직장의 환경과 분위기를 조성함으로써 직원 전체로 하여금 근무의욕을 고도로 양양시켜 행정 및 경영의 능률화를 도모하는 관리수단이다. 어린이집의 보육교사에게 있어서 인간관계 만족은 보육교사 개개인이 원장이나 보육교사 및 학부모들과 상호작용하는 과정에서 협동하여 일할 수 있도록 직장의 환경과 분위기를 조성함으로써 얻어지는 사회적 · 심리적 만족으로서 직무의욕을 고도로 향상시켜 교육 및 보육 서비스의 능률화를 도모하는 수단이라 할 수 있다(최미정, 2006).

(2) 복지·후생과 보수

복지·후생과 보수는 교사의 생활 안정은 물론 가족에 대한 부양책임을 덜어줌으로써 교직에 대한 성실한 근무를 할 수 있도록 하는 데 중요한 의의가 있다. 또한 복지후생은 퇴직금을 포함한 국민연금의 혜택, 건강보험 등을 일컫는데 이러한 복지·후생 문제는 구성원들에게 만족할 만한 노력을 창출하도록 유도하는 직접적인 방법이며, 관리자 측면에서 높은 수익을 가져올 수 있는 효과적인 방법이라 할 수 있다.

보수는 자신이 일하는 것에 대한 보상체제에 대하여 교사가 만족하는 정도의 급여, 상여금, 수당 등을 포함한 정규 급여를 의미하며, 개인의 직업선택에 있어서 가장 중요한 요인으로 작용할 뿐만 아니라 어떠한 직종에 있어서든 종사자의 직무만족과 능률에 결정적인 영향을 미치는 요소로 인정되고 있다(송유진, 1993).

(3) 사회적 인정

사회적 인정은 자기가 하고 있는 일에 대한 칭찬, 비판, 한 일에 대한 신용 등을 의미하는 사회적 지위와 관련된 개념으로서 개인 또는 집단이 타인과 다른 집단과의 관계에서 갖게 되는 위치에 따라 정해진다. 따라서 개인의 사고와 노력에 의한 것보다는 사회 전체적인 요인에 따른 것이라 말할 수 있다(이귀애, 2003).

교직의 경우 비교적 타 직종에 비하여 전문화된 집단이므로 하위 단계의 욕구 충족뿐 아니라 사회적 인정과 같은 보다 높은 차원의 욕구 충족이 필요하다. 특히 보육교사는 초·중등 교사에 비해 사회적 인정이 낮은 실정이므로(정훈희, 2004), 높은 차원의 욕구 충족이 이루어지지 못하여 보육교사로서 교직에 대한 열등감이나 불만을 갖게 될 수도 있다. 이러한 가능성은 결국 직무에 불만을 초래할 것이라고 본다. 따라서 보육교사에 대한 직무 만족의 중요 요인으로서 직무 만족에 미치는 영향은 크다고 볼 수 있으므로, 사회적 인정에 대한 제고가 필요하다고 본다.

(4) 직무 자체에 대한 신념

직무 자체에 대한 신념은 교직에 대한 가치부여, 직무 의욕, 적성과의 일치, 보람과 만족감 등을 말하는 것으로 임금 이외의 근무자의 책임을 효율적으로 수행할 수 있게 하는 것들을 총칭한다(박미선, 2000).

교사들은 그들의 직무특성을 평가할 때 본질적으로 질적이고 양적인 면 모두를 포함시킨다. 개인의 일에 대한 질적인 면에서는 즐거움의 본질적인 원인을 찾아내고 교사들의 요구를 충족시키려는 정도를 말한다. 그리고 양적인 면에서는 교사들이 수행해야 하는 업무의 양과 업무를 성취하는 데 드는 시간의 양을 말한다. 교사의 부적절한 근무환경이나 근무조건 등은 교사의 자질향상과 전문성을 저해하게 된다. 또한 교직에 대한 신념은 교사 자신의 교직에 대한 정신적 열의나 목적의식, 즉 교직관에 달려 있지만 그보다도 근무 부담을 비롯한 제반 근무여건에 의하여도 좌우된다고 하였다(배종근, 1979).

(5) 근무환경

업무의 구조와 일이 수행되어지는 데 있어서의 근무환경은 근무태도와 특정 직무의 수행능력에 강력한 영향력을 지닌다. 또한 근무환경은 어린이집이 속해 있는 지역사회 환경, 내부의 교육 및 복지시설, 그리고 물리적 · 제도적 환경 등의 제반 근무조건(채규정, 1988)이며 어린이집 환경에서 직무구조는 보육시간을 효율적으로 이용하여 보육교사의 직무 만족도를 높이는 중요한 요인이 된다.

(6) 업무량

교사의 업무량이란 “교사가 그의 직무와 관련하여 맡고 있는 일체의 일로써 업무의 양”이라고 하였다(최인순, 1995). 어린이집 교사의 고유 업무는 대부분 교육활동과 관련을 맺고 있으나, 비전문적이고 사무적인 잡무도 많다. 김효숙(1992)은 일반적으로 스트레스를 받을 만큼 너무 많지 않거나 너무 적어서 심심하지 않을 정도의 근무 부담이 있는 직무에 만족한다고 하였다.

또한, 영유아 대 교사의 비율은 교사의 직무에 대한 감정에 상당한 영향을 준다고 하였다. 영유아 대 교사의 비율이 높은 어린이집에 근무하는 교사들은 그들의 직무에 덜 만족했으며, 그들의 기관을 부정적으로 평가했다(최은희, 1997). 이처럼, 교사의 업무량은 교사의 사기와 근무의욕에 중요한 영향을 미치므로 중요요인이 된다고 볼 수 있다.

(7) 승진과 신분의 보장

승진이란 한 조직체에서 특정한 구성원이 책임과 권한의 증가, 위신의 증대, 직무수행에 필요한 기능의 확대, 책임의 증가 외에도 근무시간이나 각종 근무조건의 개선이 따르는 새로운 직무로 수직이동이 되는 것을 의미한다(김신복, 1983).

교원의 직무 만족과 직결되는 일정의 제도적 장치라고 할 수 있고, 이처럼 교사 개인의 승진은 개인의 성공에 대한 기대와 능력 발전, 인적 자원을 효율적으로 이용하여 교사의 직무만족도를 높이는 중요한 요인이 된다.

4. 보육기관의 긍정적 조직문화

1) 의미

조직은 인간, 자본, 설비 등과 같은 자원을 기관의 목적을 효과적으로 성취하기 위한 방향으로 연계하고 통합하며 목적을 성취하기 위한 활동들을 결정하는 과정이다. 조직은 경영요소들의 정비이며 상호의존적인 부분들이 목적에 효과적으로 기여하도록 조정한다. 자료, 설비, 공간, 인간 에너지가 수집되고 조직되지만 인간조직이 목적을 성취하는 데 있어서 자본이나 설비 조직보다 더 중요시되고 있다. 인간조직의 가변성이 상대적으로 크기 때문이다. 그러나 조직에 대한 관심은 인간자원에만 제한되어서는 안 된다. 목적을 성취하기 위하여 질서정연한 방법으로 교직원, 유아, 각종 서비스, 물리적 환경, 시간 등을 조직하여야 한다.

2) 긍정적 조직문화의 종류

(1) 교직원 조직문화

교직원의 자격, 능력, 성취를 객관적으로 평가하고 기관의 목적을 효과적으로 수행할 수 있도록 조직하여야 한다. 모든 교직원은 유아를 위한 최선의 서비스를 제공할 수 있도록 유아, 가족, 사회에 많은 책임을 갖는다. 조직은 조직 내의 다양한 직위에 적절한 인간을 선발하고 기관의 목적을 성취하는 데 헌신하도록 해야 한다.

인간구조의 구성은 미래에 경영자가 될 인재를 선발하고 훈련하는 것을 의미한다. 신임 교직원은 오랜 기간이 지난 후에는 조직의 경영자가 된다는 점을 고려하여 선발의 중요성을 강조한다. 따라서 조직은 합리적인 보상, 평가, 승진체제를 확립하고 우수한 인재를 채용하여야 한다. 교직원이 확보되면 기관의 모든 과업들을 분석하여 개인에게 위임하여야 한다. 개인은 배정된 활동들을 다음에 초점을 두고 분석하여야 한다.

- 수행되어야 할 과업 및 활동
- 활동이 성취되어야 할 장소
- 활동이 수행될 시기
- 참여하여야 할 구성원
- 협력이 성취될 방법
- 요구되는 자료와 설비
- 성취의 기대되는 수준

보육기관에서 경영자는 기관의 인간조직을 포괄적으로 파악하고 효율적으로 활용하여야 한다.

(2) 유아 조직문화

유아들을 학급으로 조직하는데 통제범위의 개념이 적용된다. 통제범위는 교사가 책임지고 있는 유아의 수에 관련된다. 그리고 교사 유아의 비율과 학급규모의 요소를 통합한다. 많은 감독이 요구될 때 통제범위는 매우 중요하다. 학급 구성의 개념에는 학급규모와 교사 대비 유아의 수를 포함한다. 학급 구성에서 가장 중요한 요소는 절대적인 학급규모이다. 학급규모에서 차이는 경비차이에 영향을 미친다. 일반적으로 유아학급은 교육적인 측면에서 소규모가 대규모보다 더 바람직하다. 교육이나 보호는 노동집약적 과업이므로 유아와 교사의 비율이나 학급규모에서 조그마한 변화도 교육경비에 많은 영향을 미친다.

유아의 학급규모는 20명 이하로 유지되어야 한다. 단일연령집단과 혼합연령집단은 각각 장점과 단점을 가지고 있다. 혼합연령집단은 가족과 같으며 유아들 상호 간에 도움을 제공할 수 있다. 단일연령집단은 유아가 더 도전적이다. 학급규모의 결정은 교원들과 회의를 하고 교원의 요구와 능력을 분석하고 부모의 요구와 유아 개인의 요구를 분석하여 상황에서 적절하게 이루어져야 한다.

(3) 음식문화

경영자는 국가의 관련 규정을 준수하면서 부엌과 식당 영역을 조직하여야 한다. 부엌의 적절한 관심과 식당의 위생은 중요한 요소이다. 해충이나 부패방지 등에 조심하여야 한다. 음식서비스에서 식사와 간식은 주 혹은 월 단위로 잘 조직되어야 한다. 그리고 음식이 유아의 건강을 유지하면서 다양한 학습경험으로 활용되도록 조직되어야 한다.

(4) 관리와 청결 문화

전체 기관, 교실, 서비스 영역, 놀이 영역에 관련된다. 청결과 안전은 본질적이고 일상적인 관심을 요구한다. 경영자는 가장 효과적인 방법으로 관리 및 청결서비스 조직을 구성하여야 한다. 이를 위하여 직무상세화가 이루어져야 하고 적정한 업무 부담을 고려하여 책임이 위임되어야 한다. 야외공간에도 주기적으로 관심을 가져 청결과 보수의 기준을 충족시킬 수 있어야 한다.

(5) 수송과 서비스 문화

수송 서비스는 유아에게 중요한 복지이다. 운전자의 자격기준 충족, 유아의 안전벨트 규정 준수, 성인의 보조가 필수적이다. 수송은 경비가 많이 소요되며 재정은 세심하게 계획되어야 한다. 그리고 안전 사항과 보험이 보장되어야 한다. 여러 가지 긴급서비스에 대비한 조직문화를 구성하여야 한다. 의료서비스, 응급서비스, 보수 및 수리 서비스는 긴급히 요구된다. 긴급상황이 발생할 때 연락할 전화번호와 사람이름 등이 확인되어야 한다.

(6) 보육 및 교육활동에서 긍정적인 작용을 하는 조직문화

보육기관의 보육 및 교육활동에서 긍정적인 작용을 하는 조직문화 조성을 위해서 교육조직의 이직률을 낮추고 양질의 서비스를 제공함에 있어 핵심적인 역할을 하는 교사를 자원으로서 관리하여야 할 것이다.

3) 긍정적인 조직문화 형성 요인

교사의 높은 조직몰입은 교사 개인 입장에서는 조직으로부터 외적 보상과 심리적인 만족감을 얻을 수 있고, 조직 입장에서는 조직에 대한 목표와 가치를 반영하고 있기 때문에 조직 운영의 효과성을 이룰 수 있다. 교사의 조직몰입은 조직성과에 대한 예측이 가능하므로 교사의 지각, 결근, 이직 등 조직에 부정적인 행동 수준을 줄일 수 있고 조직의 성과를 이루기 위해 교사가 조직에 긍정적인 태도를 갖게 하는 것은 긍정적인 조직문화를 형성하게 하는 요인이 된다 할 수 있다.

(1) 관계지향

합의문화, 집단문화, 인간관계모형이라고도 하며 구성원들의 신뢰, 팀워크를 통한 참여, 충성, 사기 등의 가치를 중시한다. 관계지향문화에서는 조직과 개인의 목표가 일치하는 현상이 나타나는데 여기에는 개인의 조직에 대한 신뢰가 기초가 된다. 높은 수준의 참여는 조직에 대한 관심을 증대시키고 참여와 관심은 책임감과 자긍심을 향상시키면서 주인의식도 갖게 하며 주인의식을 가지면 자율적 업무수행능력도 향상되고 단순히 고용인 이상의 높은 관여를 보임으로써 조직과 목표에 대한 몰입이 강화되며, 조직과 개인의 목표가 일치하는 현상이 나타나고 개인의 조직에 대한 신뢰가 기초가 된다. 또한 정직한 사람과 부정직한 사람은 반드시 밝혀지며, 조직은 따뜻한 마음을 갖고 구성원을 항상 염려하고 있다고 구성원들은 믿게 된다.

관계지향문화의 사기와 과업지향문화의 경쟁은 보육교사의 유지적인 몰입에 유의미한 영향을 미친다는 연구결과가 있다. 관계지향문화의 사기 측면에서는 참신한 아이디어를 제안하는 교사에게 인센티브를 제공하거나 일정부분 재량권을 부여할 때 조직이 교사 개개인의 역량 개발을 중요시 한다는 인식 수준이 높을수록 유지적인 몰입 수준이 향상되고 과업지향문화의 경쟁 측면에서는 개인별 교사의 노력과 성과에 맞는 대우와 보상을 받고 있다는 인식 수준이 높을수록 보육기관에서 조직문화 수준이 향상된다고 할 수 있다.

보육기관에서 교직원의 관계강화를 위해서는 조직의 비전, 교직원 개인의 비전공유를 위한 노력이 요구되며 조직의 목표달성에 유아교사들이 매우 중요한 역할을 하고 있음을 격려하고 배려하여 소진과 자발적 이직을 막을 수 있도록 해야 할 것이다. 동료의 이직은 근무환경을 더욱 열악하게 하고 불안정하게 만들며 불신감을 조성하게 만든다. 보육교사가 동료 교사와 함께 일하는 즐거움을 가질 수 있도록 구성원의 관계강화 프로그램 지원이 요구되며 보육교사 상호 간에 신뢰감을 가질 수 있어야 할 것이다.

(2) 상호협력

발전문화, 개발문화, 개방체계모형이라고도 하며 구성원 상호 간의 협력을 통하여 동기를 유발하고 개인의 능력을 발휘하여 외부환경에의 적응과 변화, 신축성을 특징으로 하고 있다. 또한 변화하는 환경에 적응하기 위하여 조직변화와 혁신에 초점을 맞추며 구성원들이 하고 싶은 일을 도전과 창조정신 하에서 조직의 최대 지원을 받으면서 자율적으로 수행할 수 있으므로 조직과의 일체감을 촉진시킬 수 있다. 조직문화 관리 면에서는 조직의 목표와 가치를 수용하고 내면화시켜 자발적이고 적극적으로 업무를 수행하게 함으로써 조직몰입을 향상시키는 역할을 하게 된다. 혁신지향문화의 속성이 강한 조직에서는 외부환경 변화에 유연하게 적응할 수 있는 혁신가적인 조직인이 양성되어 조직의 적응능력 향상에 기여할 수 있게 되는 것이다.

보육교사의 팀워크 증진을 위해 교사의 과다한 업무와 열악한 근무환경을 개선할 필요가 있다. 종일 영유아들을 보육해야 하는 보육환경에서 조직의 성과를 위해 잦은 행사 준비, 행정업무 증가, 기타 업무를 감당할 시간이 부족한 가운데 보육교사들은 팀워크를 이뤄 수행해야 할 업무가 증가하고 있는 상황이다. 보육교사가 팀워크를 이뤄 해야 할 업무가 있을 때 과중한 업무로 인해 영유아들의 서비스의 질에 부정적인 역할을 미치지 않도록 대체교사, 보조교사, 자원봉사, 희망근로, 노인일자리 사업 등 인력 지원이 필요하며 어린이집 원장은 물리적인 면, 심리적인 면에서 보육교사의 업무를 지원하여 보육교사가 긍정적인 업무태도를 가지고 팀워크를 이뤄 보육업무를 효율적으로 처리할 수 있도록 해야 할 것이다.

(3) 위계와 통제의 해소

위계문화, 내부과정이라고도 하며 공식적 명령과 규칙, 집권적 통제와 안정지향성을 강조하는 관료제의 가치와 규범을 반영한다. 또한 명령, 규칙, 규제 등 통제와 능률, 안정을 특징으로 하는 일종의 비적응적 문화 혹은 관료적 문화를 의미하는 것으로 이 문화에서 구성원들은 소극적이고 모험을 기피하여 창의성이 현저히 떨어진다. 다시 말해 통제를 강화함으로써 구성원들의 동기부여와 열정은 약화되고 직무에 대한 매력은 감소하므로 구성원들의 직무만족도가 높아지기 곤란하다. 뿐만 아니라 통제강화와 위험부담으로 인해 처벌과 책임을 회피하고자 하므로 무사안일 행태가 만연되고 반면에 자발적 노력의지와 조직에 대한 애착은 약해진다. 이러한 상황에서는 조직몰입의 향상도 기대하기 어렵게 된다.

긍정적인 보육 및 교육활동을 위한 조직문화를 형성하기 위해서는 자발적 노력의지와 조직에 대한 애착을 강화하여야 한다. 이를 위해 보육교사가 최대한 역량을 발휘할 수 있도록 사기 향상 프로그램을 개발, 보급하여 보육교사의 자긍심을 향상시키기 위한 정책적인 지원 노력도 필요하다. 또한 보육제도 실시에 있어 보육교사의 의사가 반영될 수 있는 통로가 개방되어야 한다. 보육교사의 급여 수준, 후생복지 수준, 전문직으로서 사회적 지위 향상의 정책적인 개선 노력이 요구된다. 사기 향상을 위한 지원은 보육교사가 정신적, 육체적으로 소진되는 것을 예방하고 보육교사들이 양질의 보육서비스를 제공하여 긍정적인 교육활동을 할 수 있는 조직문화가 형성되어야 할 것이다.

(4) 목표와 과업

조직의 성과목표 달성과 과업 수행에 있어서의 생산성을 강조하는 문화이다. 이러한 문화적 특성이 지배적인 조직은 목표달성, 계획, 능률성, 성과 보상의 가치를 강조하며 안정성과 통제에 대한 필요성과 함께 조직내부적인 관심사보다는 외부환경에 지향점이 있으며 외부지향, 성과성, 개인주의는 응집력과 팀워크를 약화시키고 방어적 태도는 조직에 대한 애착과 주인의식을 고취시킬 수 있는 기회를 잃게 한다. 과업지향문화에서는 구성원들의 몰입은 강해질 수 있지만 정서적 몰입의 향상은 기대하기 어려우며 조직관리 면에서는 목표달성을 강조하고 경쟁을 장려하지만 인간적 배려와 인간관계를 기본으로 하는 직무만족에는 소홀해질 수 있다. 동시에 성과주의를 지나치게 강조하는 경향이 있으므로 구성원들은 조직에 대한 방어적 태도와 개인주의적 행동을 취하게 될 수 있다.

보육교사들의 적응을 돕기 위해서 조직의 목표를 명확히 이해하고 새로운 보육환경 변화를 수용하기 위한 적극적인 노력이 필요하다. 보육교사가 타 보육기관의 환경을 참관, 참여할 수 있는 기회를 가질 수 있도록 하여 교육환경 적응과정에 문제들을 현명하게 풀어나갈 수 있는 다차원적인 관점을 가질 수 있도록 보육교사의 역량을 키우는 노력이 필요하다. 이러한 노력을 통해 보육서비스 평가 제도를 적극 수용, 실천해야 할 것이다. 보육 및 교육수요자의 욕구에 맞는 서비스 제공을 위해 새로운 정보를 찾고 활용하고자 하는 전문가로서의 노력, 직무태도가 요구된다. 또한 행정서류와 영유아 보육업무를 간소화 시키고, 효율적으로 처리할 수 있는 프로그램의 개발과 보급이 필요하다.

CHAPTER 10

보육교사의 전문성

1. 보육교사의 전문성

1) 전문성의 개념

전문성이란 하나의 직업으로서 과학이나 학습에 의하여 지식을 소유하며 그것에 기초하여 타인에게 영향을 미치거나 일을 수행하는 직업을 의미한다(백혜리, 1990). 전문직에 대한 개념은 시대와 사회의 변화에 따라 달라지며, 어떤 직업이나 어느 개인을 전문직이나 전문가로 인정하는 데에는 사회적 인식과 개인적 인식의 정도에 따라 상당한 차이가 있으므로 이러한 측면에서 전문직이나 전문가의 개념은 합의 수준에 의해 결정되는 상대적인 성격을 지닌 것으로 이해해야 한다(임재택, 1996).

전문성이란 개인적 차원에 해당되는 것으로서 직업에 종사하는 자들이 보여주는 태도와 행동을 의미한다고 보았다. 즉, 자신의 일에 대한 신념, 오랜 기간 자신의 직업에 헌신하는 태도, 전문가로서 지니고 있는 지식에 의해 결정할 자유가 있다고 믿는 태도 등이 이에 해당된다고 하였다(이은화 외, 1995).

2) 보육교사의 전문성

보육교사의 전문성을 보육에 필요한 결정을 내릴 수 있는 능력, 교육과정을 설계할 수 있는 능력, 학습환경을 관리할 수 있는 능력, 교육활동을 계획하고 수행할 수 있는 능력, 유아의 발달을 평가할 수 있는 능력, 유아 및 부모상담 능력 등으로 설명하고 있으며, 보육교사는 이러한 역할수행을 할 수 있는 전문적 능력을 갖춘 전문가라 하였다(Spodek, 1987). 보육교사의 전문성을 지식과 기술의 발달, 자기이해 발달, 생태적 발달의 세 가지 측면으로 보았다.

첫째, 지식과 기술의 발달은 바람직한 교수기술과 지식을 갖추는 것으로 교육과정에 대한 이해, 유아에 대한 이해, 학급운영 및 교수기술 등에 대한 내용을 포함한다.

둘째, 자기이해 발달은 교사가 자신에 대한 이해와 교사 자질을 개발할 수 있는 기회를 갖도록 하는 것을 강조하고 있다.

셋째, 생태적 발달은 교사의 전문적인 학습을 지원하는 직무환경의 중요성과 교사를 둘러싼 조직 및 인간관계를 뜻하는 것이다, 서로 통합적으로 발달할 때 진정한 교사의 전문성 발달이 성취될 수 있다고 보았다.

교육자의 핵심 직무는 남을 가르치는 일이다. 대학생을 가르치는 교수나 초·중등 학생을 가르치는 교사, 유치원 혹은 어린이집에서 유아를 가르치는 교사는 모두 그가 가르치는 대상에서 차이가 있을 뿐 그들은 모두 남을 가르친다는 공통적인 활동을 수행하고 있다. 따라서 영유아를 가르치는 유아교사나 보육교사의 전문성에 대한 인식과 신장 노력은 중요한 과제가 된다.

교사의 전문성은 교사로서의 직무수행을 통해 정해진 교육목표를 달성해 내는 전문적 소양과 능력을 의미한다고 정의할 수 있다(이우태, 2012). 이순영(2009)은 이를 구체화하였는데, 그는 교직의 전문성을 첫째, 고도의 지적 능력, 둘째, 장기간의 교육, 셋째, 봉사 지향적 직무의 성격에서 오는 사회적 책임, 넷째, 전문직에 요구되는 고도의 윤리강령, 다섯째, 자율적 단체 구성을 그 특성으로 정리하였다.

Katz(1988)는 보육교사가 갖추어야 할 전문성 기준을 사회적 요구에 부합되는 사회적 필요성, 이타주의적 봉사정신, 자율성 확보, 최소한의 자율적 규제방안으로서의 윤리강령, 대상으로부터 적절한 심리적 거리, 과업수행의 기준, 장기간의 훈련, 특수화된 지식의 8가지로 제시하였다. 유아교사의 전문성을 전문가가 갖추어야 할 능력으로 정의한 Brock(2012)은 영유아발달과 보육과정에 대한 지식, 자격 · 훈련 및 전문성 발달, 보육활동 기술, 전문가로서의 책임감 및 자율성, 전문가로서의 도덕성, 놀이활동을 토대로 한 교수-학습에 대한 신념, 아동 · 부모 · 동료에 대한 헌신과 다양성 수용, 직업윤리, 자기 동기적 보상을 유아교사의 전문성 요건으로 정리하였다.

대만의 Wang(2005)은 교사가 영유아를 돌보기 위해 필요한 지식과 아동 및 그 가족을 위해 효율적으로 일하기 위한 행동이 유아교사의 전문성이라고 규정하였다. 그는 유아교사의 전문성을 교수능력, 운영관리 능력, 의사소통 능력, 전문성 신장 능력, 보육보호 능력의 5가지 하위 범주로 제시하였다.

한편 양옥승(2002)은 유아교사에게 필요한 전문적 능력을 첫째, 유아교육에 대한 전문적 지식, 둘째, 개별화와 융통성, 셋째, 보살핌과 협력, 넷째, 현장성과 정보기술의 이해, 다섯째, 개방성과 의사소통 능력, 여섯째, 의사결정의 능력, 일곱째, 지속적인 자기 갱신, 여덟째, 삶에 대한 비전으로 정리하여 제시하였다.

보육교사의 전문성에 대한 기준은 매우 다양하게 제시되고 있다. 직업의 전문성을 가늠하는 일반적이고 공통적인 기준 – 전문지식과 기술, 장기간 훈련에 의한 자격, 자율적 직무수행, 사회적 책무성 – 은 물론, 상대적으로 다양한 보살핌이 필요한 유아를 가르쳐야 하는 유아교사의 직무특성과 관련된 능력 – 유아 부모와의 소통능력, 이타주의적 봉사정신, 보살핌 – 등이 제시되었다. 이렇듯 다양하게 제시되고 있는 유아교사의 전문성 기준 중 본 연구에서는 직업의 전문성에 대한 공통적인 기준인 전문지식과 기술, 장기간 훈련, 자율적 직무수행, 사회적 책무성 등에 초점을 맞추어 그 의미를 살펴보았다.

첫째, 전문지식은 유아교사의 전문성을 구성하는 중요한 요인이 된다. 유아교사가 갖추어야 할 전문지식이란 영유아를 보육하고 교육하는 데 있어서 필요한 지식과 기술 및 그에 따른 적절한 방법을 의미한다. 둘째, 장기간의 훈련이란 유아교사가 전문지식과 기술을 터득하고 실행할 수 있게 되기 위해서는 오랜 기간 동안의 전문적 교육과 훈련을 요구한다는 것을 의미한다. 여기에는 유아교사 양성기간뿐만 아니라 유아교사직에 종사하는 중에도 지속적인 교육과 훈련이 필요하다는 점이 포함된다(홍금자, 2002). 셋째, 사회적 필요성이란 유아교육활동이 영유아를 위한 보육하고 교육하는 활동 이외에 부모와 지역사회를 위한 종합적 서비스를 제공하는 활동이라는 의미이다(이수련, 2013). 즉, 유아교사는 영유아의 보육 및 교육은 물론 부모와 지역사회와의 긴밀한 협력을 통해 어린세대가 잘 성장하도록 하는 데 중요한 역할을 담당한다는 점에서 전문성을 가진다고 할 수 있다.

유아교사의 전문성은 교사로서의 직무수행을 통해 정해진 교육목표를 달성해 내는 전문적 소양과 능력을 의미한다고 정리할 수 있다. 이를 위해 장기간의 체계적인 교육 및 훈련, 영유아 발달과 교육에 대한 지식과 기술, 영유아의 교육에 대한 사회적 필요에의 부응이 갖추어져야 한다고 하겠다.

3) 보육교사직의 전문성 기준

(1) 사회적 필요성(Social neccessity)

현재 우리의 보육에 대한 사회적 필요성은 거의 절대적이라고 볼 수 있다.

(2) 이타주의(altruism)

전문성은 자신의 이윤 추구보다는 이타주의적 봉사정신이 있어야 한다. 따라서 보육교사는 아동복지를 향한 사명감과 의식 그리고 유아의 건전한 성장과 발달에 기여한다는 책임감과 의무감으로 헌신할 수 있어야 한다.

(3) 자율성(autonomy)

전문인들의 과업수행은 그들 자신이 가지고 있는 지식과 원리와 기술에 따라서 자율적으로 수행되어야 한다. 보육활동에 있어서도 현실적인 상황과 부모의 요구에 민감해질 수 있으므로 보육교사는 자신의 철학과 신념에 따라 적절하게 교육목표나 교육방법을 선택해야 한다.

(4) 윤리강령(Code of ethics)

윤리강령은 직업에서 생기는 여러 가지 유혹에 관한 규정적 진술이다. 보육교사는 유아의 개인차를 인정하고 수용하며, 유아의 존엄성과 대상자의 다양한 입장을 이해하는 데 있어 윤리적인 판단으로 해야 한다.

(5) 적절한 심리적 거리(distance from client)유지

전문인은 문제해결의 과정에서 그들의 지식과 원리를 적절하게 활용하기 위해서 그들이 봉사하고 있는 대상으로부터 적절한 심리적, 정서적 거리를 유지해야 한다. 보육교사가 유아와 너무 밀착되어 있으면 전문성을 제대로 발휘하기 어렵기 때문에 유아와 균형적인 관계를 유지하면서 객관적으로 유아를 관찰하고, 조정할 수 있는 자기인식(Self-awareness)을 가지는 것이 필요하다.

(6) 과업수행의 기준(standards of practice)

전문인은 과업을 수행함에 있어서 지식이 바탕이 되어 수행할 수 있어야 하고, 과업의 수행은 보편적인 대상에게 적용될 수 있어야 한다. 보육교사의 경우도 과업수행에 있어 전문적 지식이 바탕이 되어야 한다. 즉, 인간에게 있어서 가장 중요한 시기인 유아를 교육하는 입장에 선 교사는 여러 가지 문제상황에 대처할 수 있는 전문적 지식이 필요한 것이다.

(7) 오랜 기간의 훈련(prolonged training)

훌륭한 보육교사가 되기 위해서는 오랜 기간 동안의 훈련이 필요하며 새로운 기술개발과 연구를 위한 자극적 기회가 필요하다. 보육교사는 새로운 내용의 변화 및 새로운 기술, 변화하는 지역사회의 요구에 부응하고 전문가로서 자질 및 소명감을 유지, 개선시키는 훈련이 요구된다.

(8) 특수화된 지식(specilaized knowledge)

전문인은 특수성을 가질 수 있기 때문에 특수화된 지식을 가질 수 있어야 한다고 하면서, 보육교사의 지식을 교육과정의 결정과 교수전략에 관한 지식, 아동의 학습방법에 대한 지식, 아동 발달에 대한 지식, 아동태도 형성에 대한 지식, 아동 환경에 대한 지식,

아동 언어발달에 대한 지식, 교육활동 구성에 대한 지식 등 일곱 가지로 열거하였다.

2. 보육교사의 전문적 역할

교사의 역할은 미성숙한 유아를 교육하고 주어진 학교환경과 사회환경 속에서 한 사람의 유능한 사회인으로 살아가는 데 필요한 능력을 가질 수 있도록 도와주는 일이라고 할 수 있다.

영유아보육법에서 '보육'의 의미는 '보호'와 '교육'을 의미하므로 보육교사의 역할은 영유아의 신체적 보호 및 교육적 차원의 영유아의 경험, 활동을 자극하며 발달상 적절한 환경을 마련해 주는 것으로 볼 수 있다. 교사의 역할은 아무나 수행할 수 있는 일반적인 것이 아니며, 한 인간의 인생에 있어 기초형성 과정에 관여하는 중요성을 고려할 때, 유아들의 다양성 및 개인차를 가치 있게 여기고 존중하며, 효율적인 업무수행을 위해 전문적인 훈련을 거쳐 전문가로서의 교사 역할을 수행해야 함은 물론 끊임없는 자기 향상을 위한 노력이 요구된다(이우태, 2012).

1) 대리 부모로서의 역할

보육교사는 유아의 상호작용 시간이 길고, 영아의 생활에 깊이 관여하므로 중요하다. 보육교사는 우선 유아양육에 대한 확고한 철학을 갖고, 따뜻한 성격에 영아에 대한 애정을 지니고 유아기의 경험이 중요함을 인식해야 한다. 보육교사는 유아가 정서적으로 안정감을 느끼게 해주고 기본적인 욕구를 적절하게 충족시켜 주고 건강하게 성장 발달하도록 도와주는 양육자의 역할을 수행하여야 한다. 보육교사는 유아가 정서적으로 안정감을 느끼게 해주고 기본적인 욕구를 적절하게 충족시켜 주고 건강하게 성장 발달하도록 도와주는 양육자의 역할을 수행하여야 한다.

유아의 신변을 안전하게 보호하고 정상적인 발달을 도와주고 유아들이 어린이집에 있는 동안 최대한 유아의 안전과 건강을 지켜야 하고, 그들을 사랑과 관심으로 돌보아 주어야 한다. 특히 어린 영아들의 수유, 기저귀 갈기 같은 즉각적인 관심이 요구되는 기본적인 신체적, 정신적 요구의 충족은 매우 중요하다. 유아들은 자신의 기본적 요구를 적절한 언어로 표현할 수 없고, 가정과 부모를 떠나 어린이집의 낯선 환경에 접하게 되는 영아들이 정서적으로 안정되고, 교사와 신뢰하는 관계를 유지할 수 있도록 교사는 영아의 애정적 욕구를 충족시켜 주고, 유아에게 허용적인 보살핌과 개별적인 상호작용을 제공해야 한다.

교사는 영아를 자신의 자녀와 같이 사랑하며 천사처럼 귀하게 애정으로 대하고 영아의 평소 집에서의 습관을 이해하고 점차로 도와주며 또한 부모와 영아를 돌보는 일에 대해 의논하며 매일 유아의 활동, 건강 등에 대한 정보를 교환하도록 한다. 그럼으로써 교사는 영아가 가정과 같은 분위기를 느끼고, 정서적인 안정감과 기본적인 욕구를 만족시킬 수 있도록 보호 및 교육의 역할을 수행하게 된다.

2) 환경제공자로서의 역할

유아의 교육적 환경은 아동의 정서발달과 인성형성에 지대한 영향을 미친다. 안전한 교육환경은 유아들의 심리적인 안정과 올바른 인격형성에 도움을 주지만 불안전한 교육환경은 유아들의 심리적인 불안정으로 인해 올바른 인격형성 지장을 초래할 수 있다. 보육교사는 영아의 발달과 안전을 고려한 적절한 환경을 구성하는 역할을 수행하여야 한다.

유아의 발달적 요구에 맞게 적절한 변화를 주면서 교재, 교구 및 교실이나 놀이터의 환경을 조직해야 한다. 영아가 자유롭게 뛰어 놀며, 자연을 충분히 맛보며 건강하게 성장할 수 있는 환경을 구성하도록 한다. 여러 가지 감각기능을 발달시킬 수 있는 활동과 신체를 건강하게 단련시킬 수 있는 활동을 할 수 있는 환경을 제공한다. 안전을 최대한 고려하고 깨끗하고 청결한 환경을 구성하면서도 영아들이 스스로 할 수 있는 방향으로 구성하도록 한다. 유아의 자발적인 흥미와 호기심을 자극하고 존중하는 교구 · 교재를 마련하는 등 적절한 환경을 구성해 주어 유아의 건강한 성장과 발달을 돕도록 한다.

3) 상호작용자로서의 역할

유아는 부모와 교육환경, 보육교사들과의 상호작용을 통해 그들이 올바르게 성장할 수 있는 계기를 마련하게 된다. 보육교사는 사람, 자연, 사물과의 상호작용이 충분히 일어나도록 도와주며, 유아의 활동을 관찰하고 도와주는 역할을 수행하여야 한다. 교사는 애정과 관심을 가지고 각 유아의 모든 행동을 관찰하고 적절히 반응해 주어 영아가 자신과 주변에 대해 배울 수 있도록 도와주어야 한다.

유아가 자연스럽게 자신의 감정이나 느낌을 자유로이 표현할 수 있게 해주고 자신의 생각을 나타낼 수 있게 도와준다. 유아들의 언어, 요구, 감정 표현에 민감하게 반응하고, 유아들의 반응을 격려해준다. 또한 유아가 이해하지 못하는 많은 경험과 사실들을 설명해 주어야 한다. 교사는 영아를 신뢰하고 유아의 가능성에 대해 기대를 가지고 신체적으로나 언어적으로 원활한 상호작용을 하도록 한다. 또한 유아와 영아들이 서로 관계를 맺고 사회적 상호작용이 활발히 일어나도록 돕는다.

영아들끼리 노는 것을 볼 수 있게 하고, 서로 가까이 할 수 있게 자연적으로 만나게 해준다. 영아들이 잘 놀 수 있도록 적극적으로 도와주며 함께 주고받으며 놀아주며 특히 유아의 언어발달을 도와주기 위해 이야기 해주고, 노래 불러주고, 책을 읽어주는 등 언어적 상호작용의 중요성을 인식하도록 한다.

4) 일상생활의 모델로서의 역할

어린이집에서 교사와 영아가 함께 하는 시간이 길고, 또 영아의 생활에 보다 깊이 관여하게 되기 때문에 영아의 기본적인 양육자로서 보육교사는 영아가 모방을 하더라도 부끄럽지 않을 행동과 말로 영아를 지도하며, 영아에 대해 긍정적인 태도를 보임으로써 바람직한 동일시 대상이 되어주어야 한다.

유아는 교사의 언어, 행동, 생각, 태도 등 거의 모든 면에서 교사의 생활형태 자체를 따라하려 하므로 교사의 바람직한 행동은 유아의 전인발달에 영향을 미친다. 따라서 교사는 올바르게 인사하고 바르게 걷고 윗사람에 대한 예의를 지키며 바른 행동을 하도록 하고 식습관이나 먹는 활동에 모델이 될 수 있어야 하며 특히 고운말, 바른말을 사용하도록 노력하고 다른 교사나 부모들과 즐겁고 친한 관계를 유지하도록 하는 등 건전한 모범을 보이도록 노력해야 한다. 즉, 교사는 매일의 일과 속에서 바른 행동을 하고 유아의 좋은 모델이 되어야 하며 일관성 있고 지속적으로 행동하도록 한다.

5) 신뢰감 형성을 도와주는 역할

교사는 가정과 부모를 떠나 어린이집의 낯선 환경에 접하게 되는 유아들이 정서적으로 안정되고, 교사와 신뢰로운 관계를 유지할 수 있도록 유아의 애정적 욕구를 충족시켜 주어야 한다. 교사이기 이전에 부모의 대리자 또는 보호자로서 유아에게 따뜻하고 허용적인 자세로 보살펴 주어야 한다.

6) 부모 및 지역사회와의 교류자로서의 역할

보육교사는 공동육아를 위하여 부모 및 지역사회와의 교류자로서의 역할을 수행하여야 한다. 교사는 부모와의 원활한 의사소통을 통해 유아의 가정과 그 부모의 요구 등을 이해하고 부모를 지원해주고 부모와 어린이집 사이의 신뢰감을 형성하기 위해 노력해야 한다. 교사는 항상 부모에 대해서는 부모의 역할을 보완하는 위치로서 유아에 대한 책임을 부모와 공유한다.

부모의 이야기를 적극적으로 듣는 자세를 갖고 부모와 상호작용하며 영아양육에 대한 정보를 제공한다. 유아의 성장발달에 관한 정보를 부모에게 제공하여 부모로 하여금 유아에 대한 이해를 높이고 보육에 대한 이해를 증진시킴으로써 보육의 효과를 보다 높이고, 가정과 보육시설의 일관성 있는 지도가 이루어지게 해야 한다. 즉, 부모 및 가족이 유아에게 미치는 영향을 정확히 알아야 유아발달을 증진시킬 수 있으므로, 교사는 유아특유의 배경 및 특성을 알고 적용할 수 있어야 한다. 또한, 보육교사들은 지역사회에의 자연, 자원, 인사 등을 활용하고 유아들이 지역사회에 대해 긍정적으로 수용할 수 있도록 해주어야 한다. 또한 다양한 자원봉사자와 함께 일하며 지역공동체로부터 지원을 얻는 역할도 해야 한다. 지역사회의 자원활용자이면서 동시에 중심 역할을 해야 한다. 지역사회와 유대관계를 맺어 프로그램을 지역사회에 알리고 또한 지역사회로부터 도움을 받도록 한다. 건강한 생활문화를 보급하고, 건강을 증진시켜 주고, 더불어 함께 유아를 보육하도록 하는 중요한 역할을 수행해야 한다.

7) 유아의 발달적 특성을 이해하는 역할

교사는 유아 한 명 한 명의 독특한 개성과 욕구를 알고 이를 존중해주며 개별적인 관심을 가져야 할 뿐 아니라 영아의 발달적 특성을 이해해야 한다. 영유가 어떻게 성장하며, 각 발달단계에서 신체적 · 사회적 · 정서적으로 어떠한 발달적 특성이 있으며, 무엇에 관심을 보이는지에 대한 발달적 지식을 가지고 있어야 한다.

교사는 유아의 발달 수준을 이해하고 그에 적합한 활동을 계획해야 한다. 유아를 주의 깊게 관찰하여 발달에 있어서 개인차를 고려하여 상호작용 해야 한다. 그리고 하루 일과 운영에 있어서 영아 개인의 생리적 주기를 고려하여 융통성 있게 운영하는 것이 필요하다. 유아 개인의 수유시간, 배변시간(기저귀 갈기), 수면시간 등이 다르므로 영아의 개별적 요구에 따라 시간이나 활동을 재조정할 수 있어야 한다.

8) 관찰자 및 평가자로서의 역할

보육교사는 유아의 발달, 환경 및 활동 전반에 걸쳐 항상 관찰하고 평가하는 역할을 수행하여야 한다. 유아의 발달은 갑자기 이루어지는 것이 아니라 서서히 진행되므로 유아들의 요구와 발달 수준을 정확히 이해하고 판단할 수 있는 관찰, 평가 능력이 있어야 한다. 유아들의 개별적인 차이를 이해하고 계속적으로 발달하는 영아의 행동을 잘 관찰하고 이해하도록 노력하고 유아의 발달과정에 대해 잘 알고 있어 다음 과정을 예견할 수 있어야 한다. 각 영아는 독특하고 지속적으로 변화하므로 교사는 각 유아의 특별한 요구와 특성을 파악하기 위해 유아의 행동을 관찰해야 한다.

특히 언어적 표현능력이 없는 유아의 경우, 교사는 유아 개개인의 특별한 욕구를 잘 관찰하여 반응해야 한다. 교사는 유아의 생리적인 스케줄, 행동, 기능을 늘 관찰하고 기록함으로써 보육계획과 평가가 가능하도록 해야 한다. 생활기록부, 연락장, 보육일지를 활용 및 기록하여 개별 보육의 기초로 삼으며 건강기록을 참고하여 유아의 발달을 이해 평가하고 부모와 효율적으로 대화하도록 한다.

3. 보육교사 발달의 중요성

보육교사의 발달에 대한 이해는 교사 자신의 발전에 도움을 줄 수 있는 주요 요인이며 인간은 누구나 자기 이해를 바탕으로 타인에 대한 이해가 가능하기 때문에 자기 자신에 대한 이해가 부족한 교사에게 유아를 이해하도록 요구한다는 것은 매우 무리한 일이라 할 수 있다. 자신의 발달단계를 인정하고 그 특성을 이해한 교사만이 유아의 발달에 적합한 교육을 실천할 수 있는 교사로 성장할 수 있다.

1) 지식과 기술 발달로서의 교사 발달

보육교사에게 효과적인 교수를 위한 기술과 지식을 요구하고 이를 학습할 수 있는 기회를 주어야 한다는 관점이다. 보육교사의 개인적인 상황과 특성을 고려하지 않고 전문가에 의해서 위에서 아래로, 외부에서 기관 안으로 지식과 기술을 부과해 교사의 자발적인 참여에 실패하고 교사로부터 거부감을 가질 수 있다.

2) 자기 이해로서의 교사 발달

보육교사의 자기 이해와 자신에 대한 지식이 전문성 발달의 중요 요인이 된다는 관점이다. 사람은 각자 다른 발달단계를 가지고 있으며 개인의 발달적 요소는 전문적인 발달을 이루는 데 방해가 되거나 도움이 될 수도 있고, 지나치게 개별화, 다양화되어 일반적으로 교사에게 적용하기 힘들다.

3) 생태학적 변화로서의 교사 발달

단순한 생존의 의미를 넘어서 좀 더 잘 가르치기 위한 교수 기회와 지속적인 개선과 전문적 학습을 지지하는 직무환경이 창조되어야 한다는 관점이 있다. 그리고 교사의 근무환경이 교사 발달의 성공과 실패의 시발점이고, 교수상황 그 자체가 교사 발달의 초점이 될 수 있다.

4. 보육교사의 발달적 관점

1) 보육교사에 대한 발달적 관점

교사 발달이란 교직생활 전체 기간을 통하여 교직생활과 관련된 제반 영역에서의 가치관, 신념, 태도, 지식, 기능, 행동에 있어 보이는 양적 · 질적인 긍정적 변화를 말한다. 예비 교사는 교사양성기관에 입학하는 순간부터 시작하여 교사생활의 전 기간을 통하여 전문적 지식, 기술, 행동, 태도, 신념, 관심사 등의 교직과 관련된 모든 영역에서 변화되어 간다. 교육현장에서 교사생활을 시작하면서 교사들은 교사양성기관에서 습득한 가치관, 태도, 지식, 기술, 행동 등에 변화를 한다. 교사는 실제 교육현장에서 아동들과 상호작용하는 과정에서, 교육현장의 구조와 운영상의 제반 특성과 대면하는 과정에서, 그리고 다른 교사들과의 상호작용 과정에서 계속적으로 변화될 수 있다.

교사 발달이라는 용어를 교사가 교직생활을 하면서 교직관, 교직에 대한 신념, 가치관, 관심과 같은 영역에서의 태도 및 관점과 교과지식, 학습지도 및 생활지도, 학급경영, 업무수행, 교수방법, 수업전략, 교육과정의 구성, 계획, 절차 및 실행 등과 같은 영역에서의 기술, 지식 및 행동 등이 시간적 변화에 따라 교직 전 영역에 걸쳐 변화, 발전, 퇴보하는 현상이라 정의하고 있다.

2) 보육교사 발달의 기본 가정

인지발달의 근거가 되는 수많은 기본 가정들이 있다. 인간이라는 하나의 개체는 인간 발달에 관한 일군의 이론들보다 복잡하다는 것을 인정하고 기본 가정에 대하여 살펴보면 다음과 같다.

(1) 모든 인간은 인지구조를 통해 경험을 발전시킨다.

케이스(Robbie Case, 1992)는 피아제와 신 피아제 이론을 종합하여 다른 문화들이나 같은 문화 안에서 인지구조의 존재를 지지하는 많은 증거들을 제시하면서 인지구조에 관한 논의를 확대시키고 있다. 그의 연구는 구성주의를 보다 정교화하였다. 구성주의란 개인이 자신의 경험으로부터 의미를 구축한다는 것을 뜻한다.

구성주의자들은 정신을 인간의 인지적 능력이 경험을 이해하는 토대가 될 수 있도록 복잡한 비계와 더불어 보다 정교하게 점진적으로 발달하는 조립자로 보고 있다(Arlin, 1990). 그러므로 성인은 의미를 해석하기 위해서 점차로 복잡한 인지구조를 지닌 구성주의로 생각할 수 있다.

(2) 인지구조는 덜 복잡한 상태에서 보다 복잡한 수준으로 향하는 위계적인 순서나 단계를 거쳐 조직된다.

듀이는 학생들이 그들의 인지 발달이나 성장의 단계가 인지구조를 통해 일어난다는 것을 설명한 최초의 교육자 중의 한 사람이었다. 이 관점에서 보면 어린이들은 성인의 축소판이 아니라 근본적으로 성인과 같은 인지능력을 가지고 있다. 대신 어린이, 청소년, 성인은 질적으로 구별되는 일련의 단계를 거쳐 발달하고 상호 독립적인 많은 영역에 걸쳐 정점에 도달한다.

(3) 각 단계로의 이동은 인간이 자신의 경험에서 의미를 구축하는 방법에 있어서의 중요한 변형을 나타낸다.

인지적 변형은 애벌레에서 나방, 나방에서 나비가 되는 변태과정에 비유될 수 있다. 나비가 되면 성장은 더 이상 변화하지 않고 가역적이지도 않다. 다시는 태어난 형태로 되돌아갈 수 없다. 젊은 교사가 학교의 복잡한 사회적 딜레마 상태에서 정의와 공정성의 원리를 사용할 수 있을 때 그의 이러한 능력은 영원히 존재하게 된다. 그 교사는 그 지점에서 궁극적으로 학교에 활력을 불어넣고 학생이나 동료 교사들의 복지를 위해 충분하지 않지만 필요조건으로써 규칙과 법을 사용하는 방법을 알게 된다.

(4) 발달은 자동적으로 일어나지 않는다.

인간은 자신의 주위 환경과의 적절한 상호작용을 필요로 한다. 젊은 성인 학습자의 경우 적절한 반성적 사고가 따르는 중요한 도움을 주는 경험이 보다 복잡한 인지구조를 촉진시킨다는 사실이 연구결과(Reiman & Parramore, 1993)에서 밝혀졌다. 이렇게 중요하고 새로운 경험 없이 사람들은 그들의 발달적 잠재력에 미치지 못하는 단계에 머무르게 된다. 예를 들면, 경력 교사를 위한 중요하고 새로운 경험은 초임 교사를 위한 동료장학 요원의 역할을 가정해 보는 것과 관련될 수 있다.

(5) 행동은 개인의 특정한 발달단계에 의해 결정되고 예측 가능하다.

예측은 정확하지 않기 때문에 복잡한 문제해결 상황에서 반복적인 관찰이 필요하다. 초임 교사가 교사로서 자신의 경험에서 어떻게 의미를 구축하는가를 관찰할 수 있는 유일하고 강력한 기회는 초임 교사와 함께 사후 협의회에 참여하는 것이다.

3) 보육교사 발달의 단계

(1) 입문기(교직경력 1~3년)

최초로 발령받아 학교의 조직체계와 일상의 직무수행을 위해 학교사회에 적응하는 기간이다. 이 시기에는 양성교육 단계에서 몸에 익힌 교수능력과 실제로 학습지도에 임했을 때에 필요한 교수능력을 정확히 파악하여 양자의 간격을 좁히는 노력을 계속한다. 또한 학급 경영의 능력을 중심으로 한 기초적 지식과 역할을 인식하며 선배 교사의 조언을 받아가며 실제로 체득하는 단계이다.

(2) 성장기(교직경력 4~9년)

자신의 수업 기술과 능력의 개선을 위하여 열정을 쏟는 단계이다. 이 시기에는 자기 나름의 교수관을 가지고 수업을 전개하여 담임하고 있는 아동 개개인을 관찰하며 좋은 상담자로서의 역할에 노력을 기울인다. 학급경영에 있어서는 학년 경영, 학교 경영과의 유기적인 관련을 꾀하면서 비전을 가지고 개성을 나타내면서도 다른 학급과의 균형을 유지할 필요가 있다. 연구 면에서도 실천과 이론의 통합을 도모하는 교사로서 연구에 대한 정보를 수집하고 실천해야 하는 단계이다.

(3) 충실 · 발전기(교직경력 10~19년)

직무에 애착을 갖고 더 나은 교육을 향하여 노력하는 단계이다. 자신의 교수능력의 완성을 목표로 하는 것과 함께 후배 교사의 모범이 되고 후배 교사의 수업개선을 위해 적극적으로 지도조언을 하기 위한 자료를 수집할 필요가 있다. 또한 전교생의 교육활동에 참여하여 학년경영의 중핵으로서 경영활동을 하며, 대외적으로 발표되는 연구나 교내 연구에서 이론 구축이 가능하도록 할 필요가 있다.

(4) 발전기(교직경력 20~29년)

이 시기에는 주요 부장으로서 활약하는 단계로 좀 더 발전적인 전문가로서 성장을 계속 추구하는 단계이다. 동료 교사의 고민이나 문제를 해결해 주는 조언의 능력을 가지지 않으면 안 된다. 학교 조직의 참모로서 연락기능, 조정기능, 지도 조언, 연구활동 지원 등 후배 교사에게 원만한 교육활동이 이루어지도록 분위기를 만들어 줄 수 있는 역량을 길러야 한다.

(5) 원숙기(교직경력 30년 이상)

원숙기는 관리직으로 활동하는 단계로서 직업에 대한 안정기를 맞는다. 더 높은 수준의 교수활동이나 자기 성장을 추구하기는 어렵다. 관리직을 포함한 완성기의 교사는 교내의 교사 전원이 학교 교육목표의 교수목표를 달성하도록 하게 지도 조언을 하며 학교 경영의 책임자로서의 자질을 갖추어야 한다. 또한 후배 교사들이 맡은 직무를 원활히 수행할 수 있도록 분위기를 만들어 주어야 한다.

4) 카츠의 교사 관심사 발달단계

(1) 생존단계(survival stage)

최초 교직생활 1년간의 시기이다. 교육현장에서 부딪치는 여러 가지 문제를 원활하게 처리해 나갈 수 있을지에 많은 관심과 우려를 포함한다. 교사들은 지원, 이해, 격려, 확신, 외로움 등 심리적 안정과 교실현장에서 즉각적으로 활용할 수 있는 통찰력이 필요하다. 교수상황을 잘 파악하고 있는 원장이나 선배 교사 혹은 프로그램 보조자 등의 즉각적이고 지속적인 도움이 중요하다.

(2) 강화단계(consolidation stage)

교직경력 1년말~3년 정도의 시기이다. 어느 정도 안정감과 자신감을 갖게 되며, 지금까지 배운 것들을 확고히 하는 시기이고, 다른 업무나 기술을 숙달하고 개별적인 문제 유아와 상황에 초점을 두기 시작한다. 현장에서의 즉각적인 지원과 특정 유아 및 문제 유아에 대한 정보를 제공해 줄 수 있는 경험 많은 동료 교사나 전문가와의 정보교환과 감정교환이 필요하다.

(3) 갱신단계(renewal stage)

교직경력이 약 2년~5년 정도의 시기이다. 종래의 일을 반복하기보다는 무언가 새로운 것을 시도해 보고자 하여 다양한 프로그램에 관한 정보와 도움을 얻고자 한다. 다른 프로그램을 운영하는 교사와의 만남, 협회의 참여, 자료연구, 타 학급이나 기관의 방문이 필요하고 여러 분야의 전문가와 상담하는 것이 많은 도움이 된다.

(4) 성숙단계(maturity stage)

교직경력 3년 내에 도달하기도 하나 보통은 5년에서 그 이상의 시기이다. 교사가 교사로서의 완전한 자신감과 경험을 갖추게 되는 시기이고, 교사로서 자신을 인정하고, 자아갱신을 위한 전략과 관습을 개발하며, 철학, 성장과 학습의 본질, 학교와 사회의 관계, 교직 등에 대해 나름의 안목과 관점을 가지게 된다. 그리고 세미나, 단체, 학위 프로그램, 협의회, 학술지, 폭넓은 독서, 여러 분야 전문가와의 만남 등이 필요하다.

〈표 10-1〉 교사 발달에 따른 훈련의 요구

교사의 발달단계	훈 련 요 구
성숙단계	세미나, 교육기관, 학위과정, 책, 저널, 협회
갱신단계	협회, 전문적 단체, 저널, 잡지, 시범 프로젝트, 교사센터 방문
강화단계	전문가와의 만남, 동료 및 상담자의 충고
생존단계	현장에서의 지원과 기술적 지원

출처: 황해익 외(2013).

5) 휴버먼의 교직 생애주기

(1) 생존 · 발견단계 : 교직경력 1년에서 3년의 시기

직업생활에 대한 입문으로 생존과 발견의 문제를 동시에 겪으며 생존은 현실충격과 관계가 있는데 교수경험이 없는 교사들에 있어 수업지도 관리의 복잡성과 우연성에 직면하게 됨에 따라 자아에 사로잡힘, 직업적 이상과 일상적인 학급생활을 고역, 과업의 단편성, 학생들과의 거리감, 다양한 학생들의 특성으로 인한 수업자료의 부적절성에 어려움을 겪으며 이러한 문제를 극복하고자 하는 데 관심을 둔다.

그리고 발견개념은 교사가 되어 자기 자신의 학급, 교재, 연간 프로그램을 갖게 됨에 따라 나타나는 초기단계의 열정을 의미하는 것으로 교직 입문기에는 생존과 발견이라는 두 가지 문제를 동시에 경험을 한다.

(2) 안정화 단계 : 교직경력 4년에서 6년의 시기

생의 주기에 있어 몰입, 안정화, 성인으로서 책임감 이행의 특징을 갖으며 이 시기 교사들은 교직 초기 3년에서 4년 동안에 주변상황에 적합한 기본적인 수업 레퍼토리를 연마하고 세련화, 자기 스타일화, 편리화를 추구한다.

(3) 실험주의·행동주의 단계 : 교직경력 7년에서 18년의 시기

실험주의 정신은 교육에 있어 여러 가지 좌절요인과 장애물을 초현실적으로 변화시키고자 하는 것이며 행동주의는 새로운 책임이 수반되는 것을 말하며 이 시기 교사들은 새로운 도전과 자극을 찾으며 나이 많은 동료 교사들에게서 볼 수 있는 병폐와 직업 내에서 일어나는 문제에 관심을 갖는다. 실험주의·행동주의에 대한 시도에서 실패를 경험함으로써 이에 대한 환멸을 느끼고 자기 자신에 대한 재평가와 자기의심이 일어나기도 한다.

(4) 평정·상대적 거리감의 단계 : 교직경력 19년에서 30년의 시기

자기 수용적인 특성과 힘과 정열의 감소로 인해 평정감이 증대하나 교사의 연령이 학생과의 차이가 커짐에 따라 학생과의 거리감이 생긴다. 그리고 보수주의 단계를 경험하기도 하는데 이 시기 교사들은 이전에 비해 보다 더 신중해지고 혁신에 대해 저항하며 과거에 대한 향수를 느낀다. 또한 희망하는 것을 얻으려 하기보다는 현재 가지고 있는 것을 고집하는 데 더 많은 관심을 보인다.

(5) 이탈단계 : 교직경력 31년에서 40년의 시기

직업생활에서의 은퇴와 종말에 대한 내재화가 증가하는 경향이 있고 자신의 직업에 대한 투자보다는 지금까지의 교직생활을 돌아보는 데 더 많은 관심을 보인다.

6) 글릭먼(Glickman, 1981)의 구체적, 추상적 사고 발달

(1) 추상적 사고 수준(저)

자신의 학급을 변화시켜야 하는지 결정하기 어려워함, 스스로 판단하지 못하며 그 때까지 습관적으로 해오던 방식으로 충동적으로 문제에 대하여 결정해 버리는 경향이 있다.

(2) 추상적 사고 수준(중)

변화에 대한 필요성을 느끼지만 어떤 행동을 취할지, 또는 어떤 행동의 결과가 어떠할지 판단하기 어려워한다.

(3) 추상적 사고 수준(고)

몇 가지 정보원을 통합하고 자신의 지식과 경험을 적용해 합리적으로 문제를 해결해 나아가며 성급한 결론을 내리지 않고 종합적인 근원을 토대로 판단한다.

7) 유아교육 교사 관심사 평정척도(KTCRS: Kindergarten Teacher Concerns Rating Scale)

Arroyo & Sugawara(1983)는 Kats의 유아교육 교사의 발달단계를 적용하여 유아교육 실습생의 관심사를 측정하기 위한 척도(SSTC : Scale of Student Teaching Concerns)를 개발하였다. 예비교사는 현직교사와 마찬가지로 생존, 강화, 갱신, 성숙관심사가 존재하며, 초기단계의 실습생이 후기단계의 실습생에 비해 생존, 강과, 갱신, 성숙관심사 모두에 대해 더 많은 관심을 가지고 있는 것으로 나타났다.

〈표 10-2〉 교사 관심사 질문지의 문항범주 및 문항번호, 문항내용

<table>
<tr><th>교사
관심사</th><th>하위범주</th><th>문항
번호</th><th>문 항 내 용</th><th colspan="3">문항 수</th></tr>
<tr><td rowspan="6">생존 관심사</td><td>규율</td><td>4
8</td><td>학급의 유아수에 관심갖기
학급통제나 훈육의 중요성 인식하기</td><td>2</td><td rowspan="6">18</td><td rowspan="11">54</td></tr>
<tr><td>불충분한
시 간</td><td>54</td><td>수업준비를 위한 충분한 시간 할애하기</td><td>1</td></tr>
<tr><td>불충분한
정 보</td><td>12
16
20
24
28</td><td>유아에 대한 적절한 수준의 기대 갖기
교사발달에 관한 정보 접하기
교수매체 제작 및 활용에 관한 정보 접하기
유아에게 지도할 학습내용 이해하기
유아의 기초기술 평가하기</td><td>5</td></tr>
<tr><td>불충분한
교수기술</td><td>32
36
40
41</td><td>일과계획 조직하기
수업활동 계획하기
수업상황에 따른 수업내용 및 방법 조절하기
수업지도안 작성하기</td><td>4</td></tr>
<tr><td>불충분한
준 비</td><td>44</td><td>교사로서 나의 학력에 대한 적절성 생각하기</td><td>1</td></tr>
<tr><td>인정</td><td>45
48
49
52
53</td><td>유아로부터 인정받기
직장동료로부터 인정받기
장학사로부터 인정받기
행정적 지원에 관심 갖기
학부모로부터 인정받기</td><td>5</td></tr>
<tr><td rowspan="5">강화 관심사</td><td>학문</td><td>2
6
10</td><td>활동에 문제가 있는 유아 돕기
유치원에 오기 싫어하는 유아 돕기
학습부진아 돕기</td><td>3</td><td rowspan="5">13</td></tr>
<tr><td>행동</td><td>18
26
30</td><td>교사에게 의존적인 유아다루기
계속해서 우는 유아다루기
공격적인 유아다루기</td><td>3</td></tr>
<tr><td>언어</td><td>43</td><td>유아의 언어장애에 관심 갖기</td><td>1</td></tr>
<tr><td>인성</td><td>37</td><td>유아의 긍정적 자아개념 증진하기</td><td>1</td></tr>
<tr><td>유아문제
및
문제상황</td><td>14
22
34
38
51</td><td>특별한 요구를 가진 유아돕기
유치원에서 부모격리에 어려움을 겪는 유아돕기
유아들이 보이는 갈등 해결하기
병약한 유아돕기
문제유아의 부모와 상담하기</td><td>5</td></tr>
</table>

이러한 Arroyo와 Sugawara의 연구에 대해 Tsai(1990)는 유아교육 실습생의 관심사 평정척도를 현직교사에게 적용하는 것이 더 바람직하다고 하면서 이들의 연구를 기초로 유아교육 교사의 관심사 평정척도(KTCRS : Kindergarten Teacher Concerns Rating Scale)를 개발하였다. 이 도구는 54문항으로 된 질문지로서 5단계 평정척도로 이루어져 있다.

5. 반성적 사고

1) 반성적 사고의 개념

듀이(Dewey)에 따르면 반성적 사고란 자신의 신념이나 실천행위에 대해 그것의 원인이나 궁극적인 결과를 적극적이고 끈기 있게 주의 깊게 고려하는 것을 의미한다. 그가 정의한 반성적 사고의 개념을 살펴보면 반성적 사고에는 사고의 과정과 내용, 두 가지 요소가 포함된다. 로스(Ross, 1989)는 듀이(Dewey, 1933)와 숀(Schon, 1983)의 연구를 종합하여 반성적 사고의 과정을 다음과 같이 정리했다.

① 교육적 문제나 딜레마를 인지한다.
② 다른 상황의 공통점과 차이점을 인지하는 것으로 문제에 대해 반응한다.
③ 분석된 상황에 비추어 문제를 다시 정의한다.
④ 여러 가지 문제의 해결책을 시도해 본다.
⑤ 나타난 결과를 검토해본다.

써백과 그의 동료들(Surbeck, 1991)은 10명의 유아교육과 학생들이 쓴 저널을 분서하여 반성적 사고의 과정을 다음과 같이 정리했다.

〈표 10-3〉 반성적 사고의 과정

반성적 사고의 과정	개념
1. 반응	교실에서 일어나는 모든 상황에 대해 보이는 최초의 반응을 의미한다.
긍정적 느낌	자신이나 다른 사람에 대한 만족, 기쁨을 표현하는 것이다.
부정적 느낌	자신이나 타인에 대한 불만족이나 불평을 하는 것이다.
보고서	개인적인 관심이나 느낌을 배제한 사실만 언급하는 것이다.
개인적 관심	교실에서 벌어진 상황에 대해 개인적 관심을 표현하는 것이다.
이슈	교육적 이슈·문제·지식을 나타내는 것이다.
2. 정당화	자신의 반응을 설명하고 정당화하며 예를 제시함으로써 확장시키는 과정을 말한다. 정당화는 세 가지 유형이 있다.
구체적 정당화	반응을 보였던 그 상황에 초점을 맞추어 확장시키는 것이다.
비교 정당화	반응을 보였던 상황을 과거의 경험이나 다른 상황과 비교하며 최초의 반응을 확장시키는 과정을 말한다.
일반화된 정당화	최초의 반응을 일반적 원리, 이론 또는 광범위한 철학적 배경을 이용하여 정당화하는 과정을 말한다.
3. 의사결정	첫 번째 반응을 확장하고 정당화한 것에 기초하여 개인적, 전문적, 사회적, 윤리적 문제에 대한 의사결정을 한다.
개인적 초점	개인적 차원에서 의사결정을 한다.
전문가적 초점	교육적 문제, 이슈, 이론, 교수방법, 미래의 목표, 교사로서의 태도, 아이들의 능력과 특성에 기초하여 의사결정을 한다.
사회적·윤리적 초점	사회적 이슈, 윤리적 문제 또는 도덕적 차원에서 의사를 결정한다.

반성적 사고는 교사들의 특정한 상황에 대한 반응으로부터 시작한다. 이러한 반응은 교사가 의식적으로 상황을 인식함으로써 시작되는데, 그 시작이 긍정적인 느낌이나 부정적인 느낌으로 시작될 수도 있고, 간단한 사실을 보고하는 것으로 시작할 수도 있다. 교사의 상황인식과 그에 대한 반응을 보인 후에는 다음 단계인 정당화의 단계로 들어간다. 정당화의 단계에서는 자신의 반응에 대한 이유를 단순히 설명할 수도 있고 다른 상황과 비교하여 분석해 볼 수도 있으며 이론적인 관점에서 해석할 수도 있다.

최초의 반응에 이어 이를 정당화한 후에는 상황에 대한 의사결정을 하는 단계로 넘어가는데 이때 의사결정은 개인적, 전문가적, 사회·윤리적 측면에 초점을 맞추어 이루어질 수 있다. 그리고 과거나 현재에 일어나고 있는 실천적 행위에 대한 사려 깊고 분석적인 사고로부터 미래 행위에 대한 방향을 결정하는 자연스러운 과정이다.

2) 반성적 사고의 필요성

(1) 교사의 사고과정 및 신념체계와 실천행위의 관계

애쉬톤과 웹(Ross, 1989에서 재인용)은 어떤 행위의 변화를 초래하는 조건이 행위자 내부에 있다고 믿는 것과 행위자가 통제할 수 없는 외부에 있다고 믿는 것이 교수활동에 어떤 영향을 미치는지를 연구하였다. 이들은 학습자가 교육내용을 이해하는 데 실패했을 때 학습자의 가정환경, 지능, 교과목에 대한 흥미와 같이 교사가 통제할 수 없는 외부의 조건들이 학습에 가장 큰 영향을 미쳤다고 믿는 교사는 학습자의 이해를 돕기 위해 자신의 교수방법을 바꾸지 않는다는 것을 발견하였다. 이와 반대로 학습에 가장 중요한 요소가 교사 자신이라고 믿는 교사들은 학습자의 이해를 돕기 위해 교수방법을 변형하려는 노력을 기울였다. 더불어 연구자들은 많은 교사들이 유아들이 학습내용을 이해하는 데 실패했을 경우 교사 자신보다는 외부의 조건을 문제 삼는다는 것을 보고하고 있다. 이는 교사들이 문제를 한 가지 관점에서만 보거나 자신의 입장에서만 사건을 보기 때문이다(O'Loughlin, 1992).

교사가 자신이 유아에게 미치는 영향을 이해하기 위해서는 교사 자신의 눈을 통해서 본 교수-학습의 본질이 무엇인지를 생각할 수 있는 능력을 키워야 한다. 반성적 사고는 바로 이럴 때 당면한 상황을 다각적인 관점에서 보도록 해준다.

아무리 우수한 교사라 할지라도 자신이 의식하지 못하고 있는 바람직하지 않은 신념들이 유아의 학습을 도우려는 교사의 노력을 방해할 수도 있는 것이다. 반성적 사고는 바로 이렇게 감추어진 신념들을 드러내어 검토하고 분석할 수 있게 해준다.

(2) 교수활동의 불확실성과 현장 교육의 강화

가르친다는 것은 매우 불확실하고, 역동적이며, 끊임없이 변화하는 복잡한 과정이고 이 과정에서 교사는 적합한 목표가 무엇인지, 가장 효과적인 교수방법은 어떤 것인지, 그리고 유아들이 무엇을 배웠는지를 판단하고 평가해야 한다. 교사들이 당면한 문제에는 정답이 없는 경우가 많다. 이에 교사들이 직면하는 문제의 해결을 위하여 많은 연구가 이루어졌으나, 각각의 경우에 대한 구체적인 답변을 제공해 줄 수는 없었다. 이런 교수활동의 복잡성과 불확실성의 극복을 위해 1980년 이후 예비교사들을 가능하면 현장에 자주, 그리고 빨리 내보내는 것이 주된 흐름이었다.

예비교사들은 현장에서 바람직하지 못한 교수활동을 보아도 비판하지 않고 그대로 수용하려는 경향이 강하기 때문에 현장 경험 자체보다는 현장의 경험을 재구성하는 데 도움을 주는 것이 더 중요하다. 반성적 사고능력이 있는 예비교사는 현장 중심 교육의 부정적인 측면을 극복하기 쉽기 때문에 대학에서 예비교사의 반성적 사고의 능력을 길러주는 것은 매우 중요하다.

(3) 실천적 지식과 자율적인 의사결정자로서의 교사

교실환경에서 일어나는 많은 문제들에는 정확한 해답이 없다. 또한 유아교사가 현장에서 직면하게 되는 문제들에 대해 직접적으로 적용할 수 있는 지식이나 교수방법을 모두 배울 수도 없는 상황이다. 그렇다면, 가능한 교사는 필요한 능력을 많이 배우는 것과 동시에, 이를 적용하여 직면한 문제를 최선의 방향으로 판단하고, 결정, 해결할 수 있는 능력을 기르는 것이 매우 중요한 일이다.

자율적 의사결정자로서의 교사의 역할과 관련해서 고려해야 하는 점은 교사들이 내린 판단이 항상 바람직하지 않을 수 있다는 점이다. 따라서 교사들은 자신의 판단에 대해 매번 재평가할 기회를 가져야 하며, 교사의 의사결정 과정과 자신의 결정에 대한 재평가를 내릴 수 있도록 도와주는 것이 바로 반성적 사고인 것이다. 반성적 사고는 교사들이 적절하고 바람직한 판단을 내리도록 도와주어 성숙하고 자율적인 의사결정자가 되도록 해준다.

(4) 교사 교육 프로그램의 체제 순응적 교육과정

반성적 사고 및 활동은 비판적 사고 및 활동의 온건한 표현으로 볼 수도 있다. 새로운 연구결과들에 기초하여 교수활동에 대한 반성적 재평가는 교사들에게 교수와 학습에 대한 가정에 의문을 가지게 하고 교사가 학교 사회에서 수동적인 역할을 담당하여 체제 순응적 교사가 되는 것을 막아준다.

3) 반성적 사고의 수준

밴 매넌(Van Manen, 1977)은 반성적 사고를 기술적 수준, 전문가적 수준, 그리고 정의, 평화, 평등과 같은 도덕적 · 윤리적 가치를 포함한 비판적 수준으로 구분하였다.

(1) 기술적 수준

기술적 수준에서 반성적 사고의 주된 관심사는 주어진 목적을 달성하기 위해 교육적 지식을 기술적으로 적용하는 것에 있다. 자이크너와 리스톤(Zeichner & Liston, 1987)은 이것이 대부분의 교생들이 교생 실습을 하는 동안 가지게 되는 관점이며 초기 대부분의 탐구 중심 교사 교육에서 취한 관점이라 보았다.

(2) 전문가적 수준

전문가적 수준에서 교사는 문제상황에 직면하거나 어떤 결정을 내려야 할 때 그 문제나 상황의 기저에 깔려 있는 가정이나 경향성에 대하여 분석해보고 교사가 취한 행동이 미칠 장기적인 교육의 효과까지 검토한 후에 행동을 한다. 이 수준에서 교사는 모든 교육적인 행위는 특정한 가치관과 연결되어 있다고 보며 여러 가지 교육목표들 가운데 어떤 것이 더 교육적으로 추구할 만한 가치가 있는지에 대한 고려도 함께 한다.

(3) 비판적 수준

비판적 수준의 교사는 실천행위 안에 도덕적 · 윤리적 기준이 포함된다. 이 수준에서 예비교사 혹은 교사들은 학급에서 일어나는 여러 가지 상황과 그에 영향을 미치는 교육적, 사회적, 정치적, 그리고 경제적 조건들을 연관시켜 볼 수 있는 능력이 생기게 된다. 교사들은 유아들의 장기적인 발달에 혜택을 줄 수 있는 결정을 내릴 뿐만 아니라 자신의 학급을 넘어서서 교육정책에도 공헌을 하게 되는 것이다. 물론 정의, 공평, 평등의 개념이 무엇인가에 대하여는 논란의 여지가 많이 있지만 토론의 대상이 무엇이 가장 효과적인 교수방법인가에서 벗어나 무엇이 옳고 그른가의 차원으로 옮겨진다.

4) 반성적 실천을 위한 방법

(1) 관찰하기

유아교사들은 교육현장을 관찰, 기록, 해석, 평가하는 과정을 통해 교사에게 요구되는 교수 학습 운영에 대한 안목을 기를 수 있다. 관찰할 때에는 유아행동 관찰, 교사행동 관찰, 교실환경 관찰을 수행해야 원하는 정보를 수집할 수 있다. 관찰을 통해 얻은 정보는 반성적 사고를 하기 위한 기초를 마련해 준다.

(2) 포트폴리오 작성하기

포트폴리오는 개인의 수행결과를 모아둔 자료집을 의미하는데, 유아교사들의 포트폴리오는 아동을 교수 학습 하면서 습득한 기술 및 지식, 아동에 대한 정보와 교수 학습의 결과물을 체계적으로 정리한 모음집이라 할 수 있겠다. 포트폴리오 작성을 위해 수집된 자료를 날짜순으로 정리하고 자료의 배경, 과정, 평가 등을 함께 기록하여 두고, 지속적으로 정보를 편집하고 요약하는 과정을 통해 반성적 사고를 실천할 수 있다.

(3) 저널쓰기

저널쓰기는 교사들이 수업에 대해 개인적인 관점을 가지고 기록하는 다양한 형태의 글쓰기를 의미하며, 학습의 기록, 개인의 경험 재구성, 다른 활동의 기초 자료 제공, 그리고 대화의 수단 등의 목적으로 사용할 수 있다. 저널쓰기는 자신의 개인적인 생각을 기록한다는 점에서 일기와 비슷하나, 개인적인 차원이 아닌 전문성을 지닌 교사로서의 의견을 기록한다는 점에 차이가 있다.

저널쓰기는 자신의 생각에 기초하여 기록하는 것이기 때문에 그동안 배웠던 이론, 상황, 다른 사람의 의견 등을 수동적으로 수용하지 않고, 교사 자신의 주관을 가지고 검토하고 비판적으로 받아들이게 한다. 이런 과정에서 교육의 전체를 보다 객관적으로 분석하고 평가할 수 있는 비판적인 사고능력을 기르게 된다.

(4) 자서전 쓰기

자서전은 그것을 쓰는 교사들에게 자신의 교육, 학습, 교사의 역할에 대한 관점을 기록하도록 도와준다. 이것은 교사가 되기 이전 초 · 중 · 고등학교에서 수많은 시간을 보내며 관찰했던 교육의 현장이 현재 자신에게 어떤 영향을 미쳤는지 되돌아보게 하는 역할을 한다. 개인의 경험이라는 것은 개인의 가족사이건, 학교에서의 생활이건 간에 교사가 가지게 되는 신념에 결정적인 영향을 미치기 때문에 교사의 역할이나 신념에 큰 영향을 미친다. 따라서 자서전을 통해 학습자로 경험하는 것들이 교수방법을 건설적이고 긍정적인 방향으로 이끌도록 개선하고 실천해야 한다.

PART 05

보육공동체의 협력

CHAPTER 11

보육교직원 간의 협력

1. 보육교직원 협력의 의미

1) 의미

보육기관이라는 사회적 지지의 원천으로서 동료(colleague)는 조직활동을 수행해 나가는 데 있어서 중요한 정보적, 실제적, 정서적 혜택을 제공해 주는 존재이다(Schaufeli, 2001). 조직에서 동료관계를 나타내는 용어는 colleagueship 또는 collegiality라는 개념이다. 먼저 사전적 정의로서 전자는 '일터에서의 동료관계'로 정의되고 있고, 후자는 '동료와의 협력적 상호작용', '특히 협동적인 지적 노력에서 함께 일하는 것'으로 정의된다. 이 두 용어 모두 조직 내에서 동료와의 협력적 관계를 의미한다는 점에서 동일하다고 할 수 있다.

조직은 두 사람 이상이 특정의 목표를 달성하기 위해 구성된 사회적 단위이다(Etzioni, 1964: 윤정일 · 송기창 · 조동섭 · 김병주, 2015에서 재인용). 조직의 목표를 달성하기 위해서는 구성원이 자신에게 주어진 역할을 수행해야 하고, 이 역할을 수행하는 과정에서 다른 구성원과의 상호작용이 필수적이다. 상호작용이 긍정적으로 이루어지면 질수록 조직의 목표달성이 용이해질 것이다. 조직에서의 인간관계는 바로 조직구성원 간의 상호작용을 의미한다고 할 수 있다. 조직 내 인간관계가 긍정적으로 이루어질 때 우리는 이를 협력이란 용어로 표현하게 된다.

어느 조직이든지 그 조직이 제대로 역할을 다하기 위해서는 구성원들 간의 협력이 반드시 필요하다. 일례로 학교구성원들 간에 새로운 아이디어와 제안, 의견을 제시할 수 있도록 격려하는 협력은 조직에 더욱 헌신하고자 하는 마음을 갖게 하며, 교사들 사이의 협력은 학교 개선과 성공에 필수적인 요소로 고려된다(Shah, 2011).

조직에서의 동료협력을 아이디어 이야기하기와 훑어보기(story telling and scanning for ideas), 도와주기(aid and assistance), 나누기(sharing), 협력하여 일하기(joint work)로 낮은 정도의 협력으로부터 높은 정도의 협력으로 구분하였다.

첫째, 아이디어 이야기하기와 훑어보기는 교직원 사이에 완전하지 않은 이야기를 나누거나, 불평하는 형태로 이것은 문제해결에 초점을 맞추기보다 가볍게 의견을 교환하는 것을 의미한다.

둘째, 도와주기는 다른 사람의 일에 대해 평가하거나 간섭하지 않고 서로 도와주는 것을 의미한다.

셋째, 나누기는 교직원 사이에 자원이나 아이디어, 지식, 제안 등에 대해 토론하는 것을 의미하는데 이것은 교육행위의 변화로 진전될 수 있으나, 실제로 공동의 작업이 이루어지는 단계는 아니다.

넷째, 협력하여 일하기는 교직원 사이에 강한 연대가 형성되어 상호 간에 신뢰롭고 생산적인 관계가 이루어지는 것을 의미한다.

교사 학습공동체를 구성하는 요인으로 첫째, 지식, 기술, 전략 등을 발전시키고 새롭게 배운 것을 적용하기 위한 협력, 둘째, 학교 발전을 위한 협력적 성찰, 셋째, 협력적 계획 및 실천, 넷째, 다양한 아이디어의 존중과 대화, 그리고 지속적 탐구, 다섯째, 교수학습향상을 위해서는 학생들의 학습결과물에 대해 협력적이어야 한다.

보육기관조직에서의 동료 교사 협력은 학습공동체나 협동적 조직문화와 같은 용어로 다루어지고, 조직의 목표 달성에서 교사집단이 차지하는 비중이 크다는 사실에 주목하고 있다. 협력은 둘 이상의 여러 사람들이 같이 일할 때 나타나는 것으로 이해하면서, 학교에서의 협력은 교사들이 교육활동에 필요한 자료를 공유하거나, 수업 개선 또는 학급 문제 해결을 위해 조력을 주고받는 활동이라 하였다.

2) 교사협력의 구성요인

교사협력을 '교사의 직무수행 과정에서 공동의 목적을 달성하기 위해 상호 간 지식과 정보를 공유하고 신뢰하며 자신의 맡은 책임을 지면서 자율적으로 함께 일하는 것'으로 정의하였다. 교사협력의 하위 구성으로, 지식 · 정보공유, 상호신뢰, 공동목적의 의식, 책임감, 자율성으로 구분하였다. 본 연구에서 위의 다섯 가지 요인을 살펴보고자 한다.

(1) 지식 · 정보 공유

지식과 정보 공유는 교사들이 수행하는 과업과 깊은 관련이 있으며, 교사는 홀로 수업을 진행을 하지만, 수업과 관련하여 동료 교사들 간 지식 · 정보 공유는 교사 개인의 성장뿐만 아니라 조직학습과정에도 도움이 될 수 있다. 무엇보다 교사들이 수행하는 과업은 지식과 정보를 바탕으로 하는 전문적인 내용을 담고 있으므로 자신이 알고 있는 지식과 정보를 다른 동료교사들과 함께 나누는 것을 협력의 내용의 일부분을 구성하는 것으로 볼 수 있다(권순형 · 김도기, 2013).

(2) 상호 신뢰

상호 신뢰는 교사 개인이 협력에 관하여 인식하는 사회 · 심리적 차원의 요인이라고 할 수 있다. 신뢰주체가 신뢰 대상자의 능력, 믿음직함, 배려, 개방성에 대한 믿음에 기초하여 자발적으로 기꺼이 위험을 감수하려는 의지이다(Mishra, 1996; 이쌍철, 2007). 상호신뢰는 양 당사자 상호 간의 능력, 믿음직함, 배려, 개방성에 대한 믿음에 기초하여 상호 자발적으로 위험을 감수하려는 의지라 볼 수 있다(권순형 · 김도기, 2013).

(3) 공동 목적의식

조직 속에서 구성원들은 공동의 목적을 달성하기 위해 함께 일해 나가는 것이 일반적이다. 조직구성원 개개인은 개인임과 동시에 조직의 구성원으로서 함께 일하는 이유가 명확할수록 조직의 목적달성을 극대화시킬 수 있다. 공동의 목적의식은 조직구성원들이 함께 일하는 이유가 될 수 있고 협력의 동인이라고 할 수 있다(권순형 · 김도기 2013).

(4) 책임감

책임감은 협력관계를 보다 강하게 만드는 요인이며, 협력의 당사자인 개인의 과업 완수에 대한 개인적 기대 내지는 믿음과 같은 심리적 속성을 포함하고 있으며, 이와 같이 책임감이 강하면 강할수록 다음 기회에 교사 협력은 보다 강하게 나타날 가능성에 교사협력의 당사자들은 과업수행에 중요한 의미를 지닌다(권순형 · 김도기, 2013).

(5) 자율성

자율성이란 조직 내에서 행정적인 제약과 의무감에 의해서 일어나는 협력이 아니라 교사가 자발적으로 즐겁고 생산적으로 일하는 경험과 성향이 교사들 사이에서 지각된 이치로부터 나오는 것을 말한다(Hergreaves, 1994; 이은하, 2016). 학교 조직 내에서 자율적인 분위기는 제안되고 고안된 협력이 아닌 진정한 의미의 교사협력을 이룰 수 있는 중요한 요인이다(권순형 · 김도기, 2013).

2. 보육교직원 협력의 저해요인

1) 정부의 지나친 간섭, 안일한 대응, 전문직 선발 부당함, 자율성의 문제

교육과정과 교사에 대한 국가 통제는 보육시설의 한 원인이라고 할 수 있다. 즉, 국가가 교사들에게 국가가 정한 교육과정 및 이데올로기의 전달 기능만을 강요하고 유아들보다 상급자의 눈치를 살피도록 행정 우위 구조를 견지해 왔기 때문에, 교사들은 유아들이 원하는 교육을 제공하지 못하였고 그 결과 보육시설이 붕괴하였다는 것이다.

정부는 교사의 권위를 실추시킴으로써 문제의 원인을 제공했다. 그러나 그에 따른 대응은 존재하지 않는다. 이랬다가 저랬다가 자주 바뀌는 교육정책, 또 그 변화과정에서의 안일함은 교육계에서 존재해서는 안 되는 것이다. 정책 변화에 따른 구체적인 대응과 체계적인 계획이 잡아져 있어야 할 것인데, 그것이 미처 수행되지 못하고 있는 것이다.

현 정부가 들어서서 교육개혁이니 구조조정이니 해서 교사를 개혁의 대상으로 삼아 교사들의 사기를 짓밟아 버렸으니 교사의 권위가 설 수 없다. 권위주의는 없어져야 하지만 교사의 권위는 존중해야 한다. 교사에게 주어지는 권위는 학생에게는 믿음이요 신뢰가 되기 때문이다. 그리고 그 교사의 권위는 지도력의 원천이다(이은하, 2016).

현장에서 교수, 학습, 인성지도를 충실히 하면서 정책 대안을 제시할 줄 아는 교사가 전문직으로 진출해야 한다. 유아들에 대한 교수 학습 분야에 더 힘을 쏟는 교사가 전문직으로 진출할 수 있도록 제도화되어야 할 것이다.

교사행정에 있어서 자율성의 문제 역시 대두되고 있다. 교사의 자율성의 문제는 기본적인 교권에 속하는 것이다. 교직에서 바라는 자율성이 절대적이고 무조건적인 자유를 향유하는 것은 아니다. 단지 학생을 가르치는 일에 한하여, 또한 교사의 사적인 이익추구나 임의적인 자유를 배제하는 한에서 그리고 책임성과 도덕성을 동반한 교육적 행위에 대하여 자율성을 갖는 것을 말한다.

2) 교사평가 문제

교육에 뜻을 두고 의욕에 넘쳐 학교에 발을 들여놓은 젊은 교사들도 몇 년 가지 못해 그 의지가 꺾이는 게 지금 교육현장의 현실이다. 이러한 현실에서 지금의 교사평가제도가 교사에게 획일화와 체제 안주를 강요하고 있다.

보육교사 양성제도 문제도 거론될 수 있다. 우리 교육계의 모든 교원들이 사명감을 가졌다고 생각하지 않는다. 사명감을 가진 교사들이 부족한 게 우리 교육계의 현실이다. 이 시점에서 중요한 것은 보육교사 양성제도의 검토가 아닐 수 없다. 교사가 되려는 사람에게는 특별한 적성검사와 인성검사가 이루어져야 하며, 상담계열의 과목을 사범대에 개설해서 상담 전문 교원을 양성하는 것도 중요한 것인데 현 교육계에서는 그다지 큰 움직임을 보이지 않고 있다. 이것 역시 교직의 발전을 저해하는 요인이라 생각한다.

3) 교원의 인력충원 문제

구조조정이 인원 감축을 목표로 하고 있다면, 보육교사는 항상 정원을 채우지 못한 부족한 상태였으므로 구조조정의 대상이 될 수 없다. 아동수가 줄어들고 세대교체란 그렇게 화급한 것이 아니었다. 시간을 두고 순차에 따라 순리적으로 이루어졌어야 할 문제가 너무 조급하게 이루어진 것이다. 그에 관련된 다른 요소에 대한 어떠한 검토와 대책도 없이 말이다(이은하, 2016).

보육기관의 전체를 혼란에 빠뜨리고서도 책임질 관료가 없다면 말이 안 된다. 이것은 권력의 횡포에 지나지 않는 것이다. 그리고 그러한 권력의 횡포에 교사들은 사기를 잃고 또 그러한 교사들은 학생들도 보기 싫어할 것이다. 이렇게 됨으로써 교직의 발전을 저해하는 요인이라 생각한다.

4) 교직환경에 대한 문제

교사들은 가르치는 일 이외에 지나친 많은 업무에 시달리고 있다. 과중한 경쟁화된 교육은 유아들에게 부담을 주는 것만이 아닌 교사들에게도 자기를 위한 시간적 여유까지도 빼앗는다. 그리고 급변하는 교육개혁과 입시제도의 변화는 가르치는 고유업무 이외에 잡무에 시달리게 하는 요인으로 작용한다.

교사 자신의 자아계발을 위한 노력이 부족하며, 간접적으로 시간의 여유가 없으며, 자기 발전을 위한 일에 재정적인 도움이 적다. 또한 교사의 근무조건이 열악하다. 과중한 업무, 교사 상호 간의 갈등, 교사와 교육행정가 간의 갈등 등으로 인한 스트레스를 받고 있다.

3. 보육교직원 협력의 방안

1) 교사는 바른 인성 갖추기

제각기 존엄성을 지니고 있는 인간을 교육하기 위해서는 항상 유아를 사랑하는 마음을 가져야 하며 그들 각각의 개성을 존중할 줄 알아야 한다. 자신의 확고한 가치관과 교육관에 의거하여 자신의 이해보다 유아들을 항상 먼저 생각하고, 유아들에게 인간다운 인간으로서의 모습을 보여주는 하나의 올바른 인격체가 되어야 한다는 것이다. 세상이 아무리 바뀌고 구시대적인 것은 보내버린다고 해도 교사는 유아들 앞에서는 인간으로서 바른 모습을 보여주어야 하는 것이다.

단지 직업인으로서가 아니라 끝없이 애정을 가진 천직이라 생각하고 교육에 임하는 바람직한 인격을 가진 교사가 되어야지만 학생들의 자아실현에 도움을 줄 수 있고 바람직한 자아와 인격을 가진 하나의 인격체로 성장해 나가는 데 도움을 줄 수 있다.

2) 교사는 지혜로움으로 전문적인 자질이 필요

올바른 인격과 함께 아주 중요한 것은 교사의 전문성이라고 생각한다. 유아들이 배우고 행동하는 것을 돕기 위해서는 완성이 되어야 한다. 오늘날 우리사회가 복잡해지고 무엇보다도 전문성이 우선시됨에 따라 교사의 역할과 기대도 증대되고 있다고 볼 수 있다. 교사가 교육이라는 과정을 통해 개인의 성장과 사회와 국가의 발전에 이바지한다는 점으로 알 수 있듯이 교육의 질이 높아지고 있다.

교사도 교육력을 높이고 교사의 질을 향상시키기 위해서 학생들을 아끼고 사랑하는 것과 동시에 자신의 분야에서 전문적인 자질을 지녀야 유아들을 이해하고 학생들의 생활이나 학업을 지도하는 데 많은 도움이 될 것이다.

3) 교사는 끊임없는 배움의 자세가 필요

바람직한 교사가 되기 위해서는 항상 노력을 아끼지 않아야 하며 배움에 대해 항상 긍정적으로 받아들이는 자세가 되어 있어야 한다. 유아들을 무조건적으로 사랑하며, 교육자라는 것을 항상 생각하여 유아들을 위해 희생하며 봉사해야 한다고 생각한다. 유아들에게서도 배울 점이 너무나도 많고 배움에는 끝이 없지만 교사가 자신의 직업을 단지 물질적인 가치로만 생각한다면 교육이란 것이 일회성에 지나지 않을 것이다.

교육은 인간을 두고 행해지는 것이기 때문에 물질적인 가치보다 정신적인 가치가 훨씬 중요하다. 교육을 통해 얻어지는 가치는 돈으로도 환산할 수 없음은 물론이고, 무엇과도 바꿀 수 없는 아주 귀한 것이 되는 것이다. 인간의 특성상 인간이란 존재는 모두가 다르고 그마다의 개성이 있듯이 유아들도 저마다 개성이 다를 것이며 그 가치를 위해 봉사하려면 누구보다 끊임없이 노력하고 배워서 그들을 대하고 받아들일 준비가 되어 있어야 하는 것이다.

4) 교사는 바람직한 교육관과 가치관 함양

요즘은 유아들뿐만 아니라 중 · 고등학생들, 심지어는 성인이라는 대학생들도 도덕을 외면하고 예의에 어긋나는 행동을 아무렇지도 않게 하는 경우가 많은데 이를 집단 이기주의라고 한다. 오직 자기 자신밖에 모르고 주위를 둘러보는 여유와 유연성도 많이 지니지 못하여 남을 배려하고 다른 사람을 위해서가 아니면 다른 사람을 도우며 살아가는 여유와 지혜가 많이 부족하다.

이러한 행동들과 생각들을 올바르게 지도해서 그래도 따뜻한 인간을 만들어 나가기 위해서는 교사가 올바른 가치관을 먼저 지녀야 한다. 사회가 집단 이기주의에 빠지고 나아가 국가가 집단 이기주의에 빠지지 않도록 이러한 것들을 올바른 교육관과 가치관을 지닌 교사들이 바로 잡아 주어야 할 것이다.

다른 목적을 달성하기 위한 수단으로 일시적으로 교사가 된다거나 앞에서 말한 대로 자신의 박봉과 이익만을 챙기려고 교사가 된다면 올바른 교육관과 가치관을 상실한 채 교단에 서게 될 것이다. 유아들과 학부모는 물론 사회와 국가에 신뢰감을 줄 수 있는 바람직한 교육관과 가치관을 지녀야 한다고 생각한다.

5) 교사는 교육을 통해 인간과 사회 그리고 국가의 발전에 이바지

교사는 유아들에게 단순하게 지식을 주입시키는 것만으로 교육을 했다고 할 수 없다. 인터넷이나 TV 등 정보통신매체가 너무나도 많이 발달되어 있는 21세기 정보화 사회인 요즘은 정보 하나로 인해서 사회를 변화 시킬 만큼의 많은 지식과 정보가 있어 단순한 지식 주입 같은 것은 교사가 아니더라도 누구나 무난하게 할 수 있고 심지어는 혼자서도 별 어려움 없이 할 수 있는 일이기도 하다.

전문적인 자질을 지니고 올바른 인격을 지닌 교사의 무한한 노력으로 교사의 질이 높아지고 그에 따라 교육의 질이 높아지는 것이다. 그러한 교사는 교육으로서 유아들에게 자아의 개념을 잘 형성해 나갈 수 있도록 도와줄 것이며, 유아들과 보육기관을 통해서 사회의 복지에 이바지하며 나아가 국가에도 공헌하게 될 것이다.

급속히 변하는 현대사회에 신축성 있게 적응하고 융통성 있게 대응하기 위해서 노력해야 하며 유아들의 꿈과 희망을 마음껏 펼칠 수 있도록 도와주어야 한다. 그리고 학생들로 하여금 바람직한 인생의 목표를 설정할 수 있도록 도와주어야 하며, 더욱이 소외되어 있거나 올바르지 못한 사고와 행동을 하는 유아들도 밝은 빛을 볼 수 있도록 잘 인도해 주어야 한다.

CHAPTER 12

가정 및 지역사회와의 연계

1. 가정과의 연계

1) 목표

보육기관과 가정의 연계 목표는 자녀교육과 양육에 대한 부모의 자질을 향상시키고, 나아가 영유아 발달에 있어 부모의 적절한 역할을 수행하게 함과 동시에 부모의 요구사항을 보육기관의 방침에 적극 투영함에 있다 할 것이다. 또한 보육기관은 가정과의 유기적 연계로 가정으로부터 영유아 발달에 대한 여러 정보를 얻을 수 있고, 이를 바탕으로 보다 완성도 높은 보육과정을 수립하게 될 수 있는 것이다.

즉, 보육기관과 가정의 협력은 자녀교육에 어려움을 호소하는 부모에게 실질적 도움을 줄 수 있을 뿐만 아니라 부모의 행동이 자녀에게 직접적인 영향을 미친다는 것을 부모에게 각인시킴으로써 자녀교육에 보다 올바르게 다가설 수 있도록 도와주는 것이다.

2) 필요성

(1) 가정의 책임성

현대사회 많은 영유아들이 유아전문 교육기관에서 양육되고 있다. 그러나 전문 교육기관에서 양육된다 하더라도, 가정의 관심과 애정은 영유아 발달에 있어 매우 큰 부분을 차지한다. 그리고 영유아 발달과 성장에 대한 결과는 전적으로 가정이 책임져야 할 부분이기 때문에 유아교육기관 측면에서 가정 연계 및 협력은 필수라 할 수 있는 것이다.

(2) 영유아의 올바른 성장

영유아 내부의 심리학적 기제를 강조하는 보육시설과 부모와의 협력은 아동의 발달이 유아 내부로부터 자연스럽게 펼쳐진다고 가정한다. 이러한 영유아중심 부모협력은 부모들에게 영유아 발달에 관한 정보를 제공하고, 부모들이 영유아의 심리학적 요구를 이해하도록 돕는다. 부모의 역할은 아동 내부로부터 자연스러운 발달을 격려하기 위하여 충분히 준비된 환경을 제공해주는 것이다. 아동이 위기에 약한 경우에라도 부모가 매우 기술적이고 반응적이라면 문제가 나타나는 것을 예방할 수 있고 아동이 겪는 스트레스나 장애의 정도도 감소시킬 수 있다(김유진, 2003).

한편 부모와의 협력을 통한 영유아의 행동 수정에 관한 연구에서 보육시설에서 적절한 부모교육을 받은 실험집단의 부모들이 사후검사에서 높은 점수를 얻어 보육시설에서의 부모교육이 효과적이었음을 말해주었다. 유아의 문제행동 수정에는 반드시 부모가 참여하여야 하며 부모교육이 유아의 문제행동 수정에 효과가 있었음을 시사하고 있다.

보육시설에서의 부모협력 개발과정에 관한 연구에서 부모들은 어떤 경로를 통해서든 부모 역할과 아동 발달 등에 관하여 다양한 지식을 획득하여 가지고 있다. 그런데 그러한 지식이 항상 옳은 것은 아니고, 부모들을 잘못된 방향으로 유도할 수 있으므로 부모교육을 통하여 프로그램 참여 부모들에게 가장 적합하고 옳은 내용과 방향을 제시해 주어야 한다. 또한 부모들의 새로운 것에 대한 욕구를 충족시키고 부모교육 프로그램의 일반화를 위해서도 다양한 프로그램에 포함시킬 필요가 있다.

(3) 가족기능 약화 방지

현대사회 가족의 가장 큰 특징은 가족의 형태라고 할 수 있다. 과거 우리나라 가족형태는 대가족형태로서 가족기능이 강하여, 가족 내에서 자녀양육과 교육을 시행하는 데 있어 비교적 큰 어려움을 겪지 않았다. 그러나 현대사회 가족형태, 즉 핵가족, 동성애 가족, 다문화가족, 맞벌이가족 등은 전통적 가족형태에 비하여 가족기능이 많이 약화되어 있으며, 친척관계에 있어서도 상호 간의 의무마저 기대하기 어려울 정도로 상호 간의 관계가 많이 약화되어 자녀양육에 대한 가족의 기능이 약화되었다고 할 수 있다. 이에 따라 보육시설과 부모와의 협력의 필요성이 증대된 것이다(고문숙 외, 2014).

(4) 자녀에게 롤모델을 보여줄 수 있는 가정

오늘날 대부분의 아동들은 부모의 경제활동으로 인하여 보육시설에서 양육되어지고 있어, 부모와의 애착형성에 어려움을 겪는 경우가 많고, 빠르게 변화하는 사회상에 맞추어 부모는 자녀에게 적절한 사회적 가치관과 규범을 교육할 필요가 있는 것이다. 또한 보육시설과 부모와의 협력을 바탕으로 자녀가 적절한 사회성과 대인관계 능력을 배양하도록 해야 한다. 이 밖에 자녀에 대한 보호기능을 바탕으로 자녀가 추위와 더위, 배고픔에서 벗어나 올바로 성장할 수 있도록 해야 되며, 시기적절한 교육의 제공으로 자녀가 민주사회 시민으로 성장할 수 있도록 배려해야 하는 것이다.

3) 가정과의 연계방안

(1) 가정통신문을 이용한 실천법

가정통신문은 가정을 대상으로 서신을 교환하는 것을 의미한다. 현재 보육시설에서 사용하는 가장 대표적인 부모협력 방법이 바로 가정통신문이라고 할 수 있으며, 기간의 간격을 두고 편지 형식으로 영유아의 부모에게 자녀발달 및 보육시설의 공지사항을 전달하게 된다. 영유아의 발달적 특징 및 연령별 가정에서 진행할 수 있는 언어교육방법을 기재하여 가정통신문으로 가정의 협력을 이끌어 낼 수 있다.

(2) 부모용 소책자를 이용한 실천법

부모용 소책자는 시간이나 공간의 제약을 받지 않고 언제 어디서든 유용하게 사용될 수 있다는 장점을 지니고 있다. 또한 부모용 소책자는 부모에게 자녀양육을 위해 꼭 필요하다고 여겨지는 정보로 구성되며, 자녀의 발달특징에서부터 자녀 보육 계획에 이르기까지 부모용 소책자의 내용은 다양하게 구성될 수 있다.

(3) 게시판을 이용한 실천법

게시판은 일반적으로 보육시설의 인터넷 홈페이지 게시판을 의미한다. 부모들은 보육시설의 게시판을 통하여 보육시설의 중요정보와 공지사항을 한눈에 볼 수 있으며, 게시판에는 주로 보육시설의 행사나 보육계획이 게제된다.

(4) 전화와 인터넷 통신을 이용한 실천법

전화와 인터넷 통신을 이용한 부모협력은 주로 시간적 여유가 없는 부모를 위한 것이다. 교사는 부모에게 꼭 알려야 할 부분에 대해서 부모에게 전화 혹은 인터넷 통신을 통한 부모협력을 원하게 된다. 또한 전화와 인터넷 통신은 시간적 · 공간적 제약이 거의 없다는 것에서 부모들이 가장 선호하는 방식이기도 하다.

(5) 오리엔테이션을 이용한 실천법

부모를 대상으로 한 오리엔테이션은 보통 자녀의 보육시설 신규입소 때 많이 행해진다. 또한 오리엔테이션을 통하여 부모는 보육시설의 전반적 운용과 보육계획에 대한 정보를 얻게 되고, 교직원들과 직접대면을 통해 상호 신뢰감을 형성하게 된다.

(6) 부모대상 토론 및 좌담회를 이용한 실천법

부모대상 토론 및 좌담회로 부모들은 자녀양육에 대한 전문적 지식을 쌓을 수 있다. 이때 강사로 나서는 사람은 일반적으로 영유아 양육 및 교육에 관한 전문가로 구성되며, 효과적인 자녀지도법이나, 영유아의 발달적 특징을 강연하게 된다.

(7) 부모대상 면담을 이용한 실천법

부모대상 면담은 교사와 부모가 직접적인 1 : 1 대면을 한다는 것이 다른 부모협력 유형과 차별되는 특징이라고 할 수 있다. 면담으로 부모는 자녀의 전반적 발달특징과 행동양식에 대한 지식을 얻을 수 있고, 이를 바탕으로 자녀양육에 대한 보다 나은 방식을 교육받을 수도 있다.

2. 지역사회와의 연계

1) 목표

영유아들은 가정에서 만나는 부모나 형제처럼 그들의 삶에 직접적인 영향을 주며 그들의 생활과 매우 근접하게 존재하는 사람들로부터 영향을 받는다. 또한 지역사회의 각종 시설에서 일하는 사람들이나 영유아들이 살고 있는 공동체와 지역 혹은 도시나 국가 등의 정책이나 행정의 방향을 결정하는 사람들에 이르기까지 직접적으로 상호작용을 하지 않는 환경에 의해서도 간접적으로 많은 영향을 받고 있다.

보육시설은 지역사회의 영유아 관련 단체, 대학, 연구소 등과 같은 지역사회의 전문기관이나 유관단체와의 협력관계를 통해 영유아에 대한 이론적, 실제적 지식과 정보를 얻을 수 있다. 또한 대중매체를 통해서 지역사회와 의사소통을 활발히 하는 것도 지역사회 참여의 예가 된다.

그 외에도 지역사회의 생활에 영향을 미치는 집단이나 기관, 위원회에 참여하는 방법으로 타 기관과 연대하거나 관련을 맺을 수 있다. 지역의 문화행사 등에 참여하는 것은 영유아와 가족, 보육시설이 지역사회의 공동체 의식을 형성하는 방법이 된다. 또한 레지오 에밀리아 프로젝트를 통해 유아의 주도적인 학습으로 찾아내고 알아내며 자율적으로 구축한 지식으로 사회적 참여를 통해 지역사회에 기여함으로써 공동체적 의식과 성취감을 갖게 된다.

그리고 영유아들은 가정에서 만나는 부모나 형제처럼 그들의 삶에 직접적인 영향을 주며 그들의 생활과 매우 근접하게 존재하는 사람들로부터 영향을 받는다. 또한 지역사회의 각종 시설에서 일하는 사람들이나 영유아들이 살고 있는 공동체와 지역 혹은 도시나 국가 등의 정책이나 행정의 방향을 결정하는 사람들에 이르기까지 직접적으로 상호작용을 하지 않는 환경에 의해서도 간접적으로 많은 영향을 받고 있다.

또한 주변 지역에 대한 관심은 사람, 동네, 일, 역할 개념을 포함하는 사회과학의 지리 개념을 반영하여, 장소나 지역 내에서의 관계와 이동 등의 내용을 포함한다. 유아는 자신이 속해 있는 지역사회의 시설이나 기관들을 방문하고 조사하여 각 장소에서 일하는 사람들의 역할과 우리 생활과의 협력관계를 이해할 수 있게 될 것이다(권수정 외, 2014).

2) 필요성

영유아는 태어나 가정과 다양한 지역사회 속에서 자아를 형성해 가고 지역사회의 구성원과 상호작용하면서 직·간접적인 학습과정을 통해 사회화된다. 영유아들이 살고 있는 지역 공동체는 생기 있게 살아 숨쉬는 수도 없이 많은 다양한 자원들의 보고이다. 영유아들은 이러한 자원들과 접하며 그들의 삶의 의미를 학습한다. 지역사회는 영유아들 자신이 다니고 있는 어린이집에서뿐만 아니라 그 어린이집을 둘러싸고 있는 거리와 거리를 거닐며 만나게 되는 사람들, 가까운 곳에 위치한 공원과 나무, 새, 꽃, 그리고 아주 작은 풀, 슈퍼마켓, 병원과 우체국 등을 접하면서 능력 있는 어른으로 성장할 수 있도록 돕는다(김경신, 2010).

영유아의 바람직한 발달은 가정이나 보육시설만의 노력으로 이루어질 수 있는 것이 아니며 영유아가 속해 있는 사회체계 모두의 노력을 필요로 한다. 이와 더불어 최근 보육서비스에 대한 중요성이 강조되고 이에 대한 사회적 욕구가 다양화되면서 영유아에 대한 보육서비스는 그 가족과 지역사회를 포괄하는 포괄적 보육서비스로서의 필요성이 증가되었다.

즉, 보육시설은 가정 및 지역사회와 연계하는 보육 프로그램의 필요함을 인식하고 영유아뿐 아니라 영유아의 가족과 지역사회가 연계된 보육시설의 복지기능 강화와 지역사회 복지네트워크 형성을 통하여 다양하고 포괄적인 보육서비스를 제공하는 것이 필요하다.

또한, 보육시설과 지역사회는 서로 도움을 주고받는 상호보완적 협력관계로 보육시설은 지역사회의 특성이나 요구, 지원 등에 따라 많은 영향을 받게 되며 보육시설 또한 지역주민의 복지를 위해 많은 기여를 할 수 있다. 따라서 보육시설 시설장과 교직원은 지역사회 주민과 기관, 지역사회 인사들과 원만한 관계를 유지하고, 인적 · 물적 자원을 교류하도록 한다. 영유아를 둘러싼 보육시설 환경을 포함하여 가정환경, 지역사회 환경을 안전하고 건강하게 하는 것은 보육시설 혼자서 감당하기에는 무리가 있다. 예를 들어 교통안전, 약물오남용, 소방안전 등은 지역사회의 유관기관과의 협조가 필수적일 것이다.

3) 지역사회와의 연계방안

(1) 지역사회 기관과의 협조체제

보육프로그램 활동내용은 주로 영유아의 실생활 및 주변 환경과 밀접한 관계가 있는 것이어야 한다. 영유아가 가정 및 보육시설 외에 지역사회 환경에 대해 보다 친밀하게 이해하도록 병원, 경찰서, 도서관, 초등학교, 대학, 동(면)사무소, 예비군 중대본부, 공원관리사무소, 소방서 등의 가까운 장소를 방문할 수 있는 기회를 제공한다. 또한 해당 업무에 종사하는 사람을 만나게 하는 등 대부분의 지역사회에 있는 공통된 자원뿐 아니라 그 지역만의 독특한 자원을 이용한 활동을 해볼 수도 있다. 더 바람직하게는 영유아가 지역사회 기관과 연계된 프로그램에 참여할 수도 있다. 예를 들어 지역사회의 도서관과 연계하여 책이나 놀잇감을 빌려주는 것, 인근 노인정과 연계하여 영유아와 노인이 함께 활동을 진행하는 것도 가능하다(조복희 외, 2013).

지역사회의 다양한 물적 · 인적 자원을 활용하기 위해서는 보육교사가 자원에 대한 기본적인 정보를 수집하고 있어야 하며 동시에 가족들로부터 활용 가능한 인적 자원에 관한 정보를 얻을 수 있어야 한다. 예를 들면, 보육시설에서 활용 가능한 인적 자원으로는 의사, 간호사, 경찰관, 소방관으로 보육시설에서 영유아들의 진료활동에 참여하거나 소방훈련, 안전생활과 관련되어 이루어질 수 있다.

대부분의 영유아 보육활동은 시설에서 이루어지지만, 교사는 지역사회의 자원을 이용함으로써 보육활동을 풍부하게 구성할 수 있다. 즉, 생물과 관련된 주제를 전개한 후, 지역사회 대학에서 열리는 생물 표본전시회로 현장학습을 나가는 것은 유아에게 많은 흥미와 즐거움을 준다. 그러나 현장학습이 효과적이 되려면 적절히 계획되어야 하고, 유아가 현장학습의 목적과 상황을 사전에 충분히 알 수 있도록 사전에 지도해야 한다.

보육시설은 지역의 유적지, 공원, 인근 산, 논, 밭, 들, 과수원, 하천, 바다 등을 활용하여 영유아들에게 무한한 자연체험에 대한 기회 제공과 환경보호에 대한 인식을 고취시킬 수 있다. 또한 영유아들은 자연스럽게 지역의 역사와 문화유산에 대해 이해할 수 있으며, 관련된 직업의 종류, 그곳에서 생산되는 생산물에 대해 이해하게 된다.

(2) 지역사회의 지원 및 기부문화 활성화

우리 주변의 지역사회에는 전문가들이 많이 있다. 예를 들면, 보건소 직원, 경찰관, 소방관, 의사 등의 경우 보육현장에 직접 찾아와 위생과 건강을 위한 홍보, 성폭력과 유괴로부터의 안전, 교통안전, 화재 시의 대처요령에 대한 정보를 제공해주는 경우가 늘어나고 있다.

보육시설은 보육프로그램 진행에 필요한 다양한 물품 및 비용 등을 지역사회로부터 지원받을 수 있다. 보육시설은 질적인 보육운영을 위한 경제적 지원뿐만 아니라 프로그램 운영에 필요한 물품, 예를 들면 미술용품, 종이상자, 다양한 질감의 작은 나무 조각, 장난감 등을 지원 및 기부받을 수 있다. 이러한 지원 및 기부는 보육시설의 다양하고 풍부한 활동에 기여하고, 지역사회의 홍보 효과와 재활용의 활성화를 꾀할 수 있다. 보육시설과 지역사회는 지역사회의 지원 및 기부문화를 활성화시키기 위해 노력해야 한다(조복희 외, 2013).

(3) 지역사회 전문가와의 협조

보육시설에서는 가정환경이나 발달적 특성이 또래와 달라서 특별한 보호를 필요로 하는 영유아가 있다. 특수한 요구사항의 예로는 영유아의 개별적인 행동문제(예 : 다른 영유아에 비해 어떤 사물을 아주 무서워 함)에서부터 부모의 이혼이나 학대, 질병에 이르기까지 다양하다. 보육시설에서는 이러한 요구를 가진 영유아와 가족이 건강하고 심리적으로 안정된 생활을 영위할 수 있도록 필요한 도움을 주어야 한다.

일반적으로 부모는 자신의 자녀를 객관적으로 관찰하기 어렵기 때문에 자녀의 특수한 요구를 파악하지 못하는 경우가 많다. 또한 부모의 이혼과 같은 가족의 문제는 영유아 생활에 큰 영향을 줄 수 있다. 따라서 시설장과 보육교사는 영유아와 가족의 다양한 문제를 이해하고, 이들의 특수한 요구를 파악할 수 있는 능력을 길러야 한다.

보육시설에서는 영유아와 가족의 특정 문제를 도와줄 전문기관에 대한 실질적인 정보(예 : 서비스 종류, 전화번호, 비용)를 가지고 있어, 가족이 전문가를 찾아가 도움을 구하도록 격려해 주어야 한다. 또한 특수한 요구가 있는 영유아를 위해 관련 전문가와 협조하여 함께 문제를 해결하도록 노력해야 한다.

참고문헌

강민경(2002). 보육교사 직무실태와 후생복지에 관한 연구. 단국대학교 행정법무대학원 석사학위논문.

고문숙 외(2007). 보육과정. 양서원.

고문숙 외(2014). 보육과정. 양서원.

교육과학기술부(2013). 3-5세 연령별 누리과정 해설서. 교육과학기술부.

교육과학기술부(2015). 인성교육진흥법. 교육과학기술부.

교육과학기술부, 보건복지부(2012). 5세 누리과정 해설서. 교육과학기술부 · 보건복지부.

구광현 외(2002). 부모역할과 자녀교육. 교육과학사.

권성민, 강명화, 공영미, 곽은복, 윤혜영, 최윤지(2019). 유아사회교육. 양성원.

권수정 외(2014). 보육과정. 공동체.

권혜진 외(2016). 아이와 교사가 즐거운 놀이지도. 양서원.

김경미 외(2007). 현장중심 유아과학교육. 창지사.

김경신(2010). 인성교육에 대한 유아교사의 인식과 실태에 관한 연구. 원광대학교 대학원 석사학위논문.

김경이(2001). 교직의 이해. 문음사.

김광병, 김기화(2015). 유치원교사와 보육교사의 법적 지위 비교 분석. 교육문화연구, 21(5), 203-227.

김광은(2004). 성인애착유형과 요인에 따른 성격특성 및 스트레스 대처방식. 한국 심리학회지 상담 및 심리치료, 16(1), 53-69.

김금주 외(2012). 유아교사를 위한 일과 운영 방법. 학지사.

김길숙, 문무경, 이민경(2015). 유치원 · 어린이집 교사 권익 보호 실태 및 증진 방안. 육아정책연구소.

김대현 외(1999). 프로젝트 학습의 운영. 학지사.

김명희 외(2007). 영 · 유아 교수학습방법론. 양서원.

김상림 외(2013). 보육과정. 양서원.

김선희(2012). 어머니의 초기단절 및 거절 도식이 양육행동에 미치는 영향. 서강대학교 대학원 석사학위논문.

김성희 외(2001). 유아발달. 교육과학사.

김신복(1983). 우리나라 대학교육의 기회균등. 대학교육. Vol.2.

김신옥(2015). 영유아 교수학습방법론. 공동체.

김연순(2003). 애완동물 기르기와 아동의 외로움 및 또래관계. 숙명여자대학교 대학원 석사학위논문.

김영실 외(2006). 영유아를 위한 언어지도. 공동체.

김영옥 외(1995). 유아기 민주시민 교육의 내용, 방법 및 교사의 인식에 관한 연구－다문화적 관점을 중심으로. 유아교육연구, 15(1), 39-58.

김영희 외(2006). 유아교육과정. 동문사.

김용숙(2008). 보육과정. 서현사.

김유진(2003). 영아보육교사의 전문성 인식과 직무스트레스에 관한 연구. 덕성여자대학교 석사학위논문.

김은영(2014). 만 2세 영아반 미술놀이 영역의 활성화를 위한 협력적 실행연구. 부산대학교 교육대학원 석사학위논문.

김이영, 곽은복, 김태인, 김현정, 윤정임, 이경희, 장기덕, 장정애(2018). 아동관찰 및 행동연구. 양성원.

김익균 외(2000). 보육학 개론. 대학출판사.

김재춘(2005). 교실 수업 개선을 우한 교수·학습 활동의 이론과 실제. 교육과학사.

김정래(2002). 아동권리향연. 교육과학사.

김정원 외(2005). 보육학개론. 정민사.

김정휘(1994). 교사의 직무스트레스 연구. 배영사.

김종만(2007). 아이들 민속놀이 백가지. 우리교육.

김지은 외(2013). 보육과정. 창지사.

김지현(2006). 어린이집에서 영아 보육이 지니는 의미. 덕성여자대학교 대학원 박사학위논문.

김진숙(2009). 보육교사가 인식하는 영유아권리존중 보육의 의미와 실행수준. 숙명여자대학교 대학원 박사학위논문.

김철훈(2001). 한국 학교문화와 입시드라마. 문음사.

김효숙(1992). 서울시내 초·중등교사의 직무만족도 분석. 성균관대학교 행정대학원 석사학위논문.

나종혜 외(2014). 보육학개론. 양서원.

남성휘(2016). 학부모가 선호하는 유아교사의 자질. 경남대학교 대학원 석사학위논문.

도남희(2015). 보육교직원의 직무 현황과 개선 방향. 육아정책연구소.

도명애(2010). 유아교육교사의 직무스트레스 및 대처방식. 대구대학교 대학원 박사학위논문.

목혜정(2013). 보육교사의 교사효능감과 교직윤리의식에 관한 연구. 경희대학교 교육대학원 석사학위논문.

문명란(2016). 보육교사의 자아탄력성과 직무만족도가 영아권리존중 보육 실행에 미치는 영향. 목포대학교 대학원 석사학위논문.

문미옥(2009). 영유아교육과정. 창지사.

문미옥(2013). 교육과 보육을 위한 영유아 교육과정. 창지사.

문정희(2015). 미술이론과 현장. 한국미술이론학회. 제19호.

미국유아교육협회. http://www.naeyc.org

박근주, 송원호, 김연진, 이화영 (2011). 영유아교사론. 양서원.

박미선(2000). 유치원 교사의 직무 만족도 및 관련 변인에 관한 연구. 인천대학교 교육대학원 석사학위논문.

박성연 외(2007). 영유아교수법. 교문사.

박순호(2017). 영유아 교수-학습방법. 공동체.

박용호(2014). 영유아보육법. 진원사.

박은혜(2003). 유아교사론. 창지사.

박은혜(2009). 유아교사론. 창지사.

박찬옥 외(2014). 보육과정. 정민사.

박찬옥(2002). 유아놀이지도. 학문사.

박혜경(2012). 흥미 영역의 놀이 규칙에서 교사와 유아의 상호작용 전략간의 관계. 계명대학교 교육대학원 석사학위논문.

배종근(1979). 적정교육경비의 확보. 대한사립중고등학교장회. Vol.10 No.1.

보건복지가족부(2009). 보육시설 평가인증 지침서. 보육시설 평가인증사무국.

보건복지부(2011). 2011어린이집 평가인증지침서. 보건복지부.

서인덕(1986). 한국기업의 조직문화류형과 조직특성간의 관련성 연구. 서울대학교대학원 박사학위논문.

성구진(1993). 반편견(anti-bias) 그림동화가 유아의 성역할 고정관념에 미치는 영향. 이화여자대학교 대학원 석사학위논문.

손순복 외(2015). 영유아 교수학습 방법. 학지사.

손은주(2014). 영유아 교수방법론. 교육과학사.

송순옥(2016). 유아교사의 권리 및 의무에 관한 인식이 이직의도에 미치는 영향. 안양대학교 대학원 박사학위논문.

송유진(1993). 유아교육기관의 조작풍토와 교사의 직무만족도에 관한 연구. 이화여자대학교 대학원 석사학위논문.

신명희, 강소연, 김은경, 김정민, 노원경, 서은희, 송수지, 원영실, 임호용(2016). 유아발달. 학지사.

신은수, 유흥옥, 안부금, 안경숙, 김은정, 유영의, 김소향(2013). 유아교사론. 학지사.

신재한(2013). 영유아교육과정의 이론과 실제. 교육과학사.

신혜원 외(2016). 보육 교사론. 양서원.

심성경 외 7인(2014). 보육학개론. 경기: 공동체.

양승희 외(2006). 보육과정. 동문사.

양옥승 외(2009). 영유아보육개론. 학지사.

양옥승 외(2011). 영아의 발달과 보육. 신정.

오미경 외(2016). 놀이지도. 공동체.

오은순(2015). 보육학개론. 양서원.

위영희 외(2013). 영유아교수법. 창지사.

유구종 외(2015). 최신 영유아 보육학개론. 공동체.

유민임(2007). 유아교과교육론. 학지사.

윤경순(2011). 어머니와 함께하는 창의성 미술 프로그램이 영아의 표현활동에 미치는 영향. 경기대학교 교육대학원 석사학위논문.

윤은종(2014). 보육학개론(영유아를 위한). 동문사.

윤정한 외(2006). 영·유아 교수 방법론. 형설출판사.

윤종건(1996). 포스트모더니즘의 교육적 재해석과 학교경영에의 시사점. 한국교육행정학회, 14(2), 280-297.

이경순(2003). 유아들의 쌓기 놀이 영역에 관한 질적 연구. 서울여자대학교 대학원 박사학위논문.

이광희(2013). 영유아 교수법과 교수매체. 남두도서.

이귀애(2003). 민간보육교사의 근무환경와 후생복지에 따른 직무 만족에 관한 연구: 안산시 민간 보육 시설 종사자를 중심으로. 경기대학교 행정대학원 석사학위논문.

이기숙 외(2006). 유아교육개론. 양서원.

이기숙 외(2014). 영유아 프로그램 개발과 평가. 정민사.

이기숙(2008). 유아교육과정. 교문사.

이미정 외(2009). 보육학개론. 창지사.

이소은 외(2013). 아동생활지도. 교문사.

이숙재(2006). 유아를 위한 놀이의 이론과 실제. 창지사.

이숙재(2014). 영유아 놀이의 이론과 실제. 창지사.

이순형 외(2005). 영유아 보육·교육 프로그램의 이해. 학지사.

이순형 외(2007). 영·유아 교수방법. 학지사.

이순형 외(2013). 보육학개론. 학지사.

이영석 외(2003). 현대유아교육과정. 형설출판사.

이영자(2004). 유아 언어 발달과 교육. 양서원.

이원주(2002). 구성주의 유아교육을 위한 유치원 실내 학습·놀이 공간 디자인에 관한 연구. 울산대학교 대학원 석사학위논문.

이은화 외(2008). 유아사회교육. 양서원.

이재환(2004). 유아교육 교수학습방법. 교문사.

이정미(2011). 보육시설 학부모의 평가인증에 대한 인식과 만족도. 광주여자대학교 교육대학원 석사학위논문.

이차숙(1991). 유아교사를 위한 제언. 양서원.

이현섭 외(2001). 아동발달 심리. 학지사.

임수기(2005). 효율적인 문제학습을 위한 Blended-learning 기법 연구. 한국교원대학교 교육대학원 석사학위논문.

장현주 외(2014). 보육과정. 공동체.

전남련(2002). 보육 실습의 실제. 형설출판사.

전남련(2006). 보육과정. 양서원.

전남련(2007). 아동복지론. 학현사.

정영희(2005). 유아교육기관에서의 이야기 나누기 수업절차모형 적용 연구. 숙명여자대학교 대학원 박사학위논문.

정옥분(2002). 아동발달의 이해. 학지사.

정옥분(2013). 보육과정. 학지사.

정정옥 외(2012). 최신 보육학개론(영유아 교사를 위한). 교육아카데미.

정훈희(2004). 기관 유형에 따른 유아교사의 이직의도와 직무만족도 및 교직관의 관계연구. 덕성여자대학교 교육대학원 석사학위논문.

조남두(1992). 학교조직의 환경 · 문화 · 효과성간의 관계연구. 고려대학교 박사학위논문.

조복희 외(2013). 보육과정. 교육과학사.

조성연 외(2006). 영유아보육의 이해. 학지사.

조정숙 외(2005). 유아언어교육. 창지사.

조필수(2007). 보육교사의 교직윤리 인식에 관한 연구-교사교육 프로그램 및 윤리강령 제정을 위한 기초. 연세대학교 행정대학원 석사학위논문.

조형숙(2009). 유아교사의 교직윤리관련 딜렘에 나타난 갈등요인. 유아교육학논집, 제13권 제2호, 243-276.

중앙육아지원센터(http://central.chilcare.go.kr).

천은영 외(2014). 보육학개론. 정민사.

최미정(2006). 창의성 교육을 위한 교사연수 교육과정 개발. 대한사고개발학회 학술 발표대회 발표논문집. Vol.2 No.2.

최양미(2015). 경기도 영유아교사 교권 확립에 관한 정책연구. 경기도의회 교권신장추진특별위원회.

최은희(1997). 유치원 교사의 직무 만족도에 관한 조사 연구. 계명대학교 교육대학원 석사학위논문.

최인순(1995). 국민학교 병설유치원 교사의 직무만족도에 관한 연구. 한국교원대학교 대학원 석사학위논문.

하수연, 신현경, 이해정, 정재은, 김보경, 서영민(2015). 3-5세 연령별 누리과정에 의거한 유아사회 교육. 공동체.

하정연 외(2015). 영유아 놀이지도. 공동체.

허미애(2007). 유아교사의 이야기 나누기에 대한 실천적 지식 탐구. 중앙대학교 대학원 박사학위논문.

허혜경 외(2003). 아동건강교육. 창시사.

홍연애(1991). 유아의 성역할 고정관념 발달과 이야기 유형의 효과. 한국아동학회지, 12, 94-110.

홍효의(2017). 어린이집 교사의 영유아 권리존중 보육 실행수준, 교사민감성 및 직무스트레스 간의 관계 연구. 중앙대학교 대학원 박사학위논문.

황보영란(2011). 유치원 교원의 법적 지위에 관한 연구. 유아교육연구, 31(5), 87-112.

황유세 외(2009). 유아교육기관 및 어린이집 운영관리. 공동체.

황해익 외(2009). 유아행동관찰법. 창지사.

황해익 외(2013). 영유아 프로그램 개발과 평가. 공동체.

황해익(2009). 유아교육평가의 이해. 정민사.

황해익, 송연숙, 최혜진, 정혜영, 손원경(2009). 유아 포트폴리오 평가. 창지사.

Abidin, R. R. (1992). The determinants of parenting behavior. *Journal of Clinical Child Psychology*, 21, 407-412.

Adams, R. J. (1987). An evaluation of color Preference in early infancy. *Infar Behavior and Developrnent*, 10.

Adams, R. J. (1989). Newborns' discrimination among mid-and long-wavelength stimuli. *Journal of Experimental Child Psychology*, 47, 130-141.

Administration on Children, Youth, and Families (1994). Comprehensive child development program: A national family support demonstration, interim report to Congress. Washington, DC: U.S. Department of Health and Human Services.

Ainsworth, M. D. S. (1982). Attachment: Retrospect and prdspect. In C. M. Parkes & J. Stevenson-Hinde (Eds.), *The place of attachment in human behavior*(pp.3-30). New York: Basic Books.

Akai, C. E., Guttentag, C. L., Baggett, K. M., Noria, C. C., & Willard (2008). Enhancing parenting practices of at-risk mothers. *Journal of Primary Prevention*, 29(3), 223-242.

Albert, D., & Mori, T.(2001). Contributions of cognitive psychology to the future ofe-learning. *Bulletin ofthe Graduate School of Education*, 50, 25-34.

Albrecht, K., & Miller, L. G. (2001). *Innovation: Infant & toddler development.* MD: Gryphon House, Inc.

Amabile, T. M. (1983). *The social psychology of creativity.* New York: Springer-Verlag.

Anderson, E. S. (1984). Acquisition of Japanese. In D. I. Slob in (Ed.), *The cross-linguistic study of language acquisition* (Vol. I). Hillsdale, NJ: Erlbaum.

Anglin, J. M. (1933). Vocabulary development: A morphological analysis Monographs of the society for Research in Child Development, 58(10, Serial No238).

Ardelt, M., & Eccles, J. S. (2001). Effects of mother's parental efficacy beliefs and promotive parenting strategies on inner-city youth. *Journal of Family Issues*, 28(8), 944-972.

Arsenio, W. F., & Kramer, R. (1992). Victimizers and their victims : Children's conceptions of mixed emotional consequences of moral transgression. *Child Development,* 63, 915-927.

Ault, R. L. (1982). 아동의 인지발달. 곽금주 역(1989). 중앙적성출판사,

Ausabel, D. P. (1958). *Theory and problems of child development.* New York: Grane & Station

Bailey, D. B., & Simeonsson, R. J. (1998). Assessing need of families with handicapped infants. *The Journal of Special Education*, 22(1), 117-127.

Bailey, L. B. (2006). Interactive homework: A tool for fostering parent-child interactions and improving learning outcomes for at-risk young children. *Early Childhood Education Journal,* 34(2), 155-167.

Bandura (1977). Self efficacy : Toward a unifying theory of behavioral change. *Psychological Review*, 84(1), 191-215.

Bandura A., Grusec, J. E., & Menlove, P. L. (1967). Some determinants of self - monitoring reinforcement systems. *Journal of Personality and Social Psychology*, S.

Bandura, A. (1997). *Social learning theory.* Englewood Cliffs NJ: Prentiee-hall.

Barker, C., & Martin, B. (2009). Dilemmas in teaching happiness. *Journal of University Teaching & Learning Practice*, 6, 1-14.

Bar-tal, D. Raviv, A., & Goldberg, M. (1992). Helping behavior among preschool children: A observational study. *Child Deuelopment*, 53.

Bartholomew & Horowitz. (1991). Attachment styles among young adults: A test of a four-category model. *Journal of Personality and Social Psychology*, 61(2), 26-224.

Baumgardner, S. R., & Crothers, M. K. (2009). *Positive psychology.* London: Pearson Education.

Baumrind, D. (1973). The development of instrumental competence through socialization. In A. D. Pick (Ed.), *Minnesota symposia on child psychology*, 7, 3-46. Minneapolis: University of Minnesota Press.

Baumrind, D. (1984). Child care practices anteceding three patters of preschool behavior. *Genetic psychology Monographs*, 75, 43-88.

Baumrind, D. (1991). Effective parenting during the carly adolescent transition. In P. A. Cowan & E. M. Hetherington (Eds.), *Advances in Family research*(Vol 2). Hillsdale, New Jersey: Erlbaum.

Belsky, J. (1984). The determinants of parenting: A process model. *Child Development*, 55(1), 83-96.

Belsky, J. (1996). Parent, infant, and social comextual antecedents of father-son attachment security. *Developmental Psycholrgy*, 32.

Belsky, J., Putnam, S., & Crnic, K. (1996). Coparenting, parenting, and early emotional development. In J. P. McHale & P. A. Cowan (Eds.), New directions for child development: Understanding how family-level dynamics affect children's development: Studies of two-parent families(pp. 93-106). San Francisco, CA: Jossey-Bass.

Benasich, A. A., & Brooks-Gunn, J. (1996). Maternal attitudes and knowledge of child rearing : Associations with family and child outcomes. *Child Development*, 67, 1186-1205.

Berger, K. S. (2003). *Developing Person Through Childhood and Adolescence*. NY: Worth publishers.

Berk, E. L. & Winsler, A. (1995). 어린이들의 학습에 비계설정(Scaffolding) : 비고스키와 유아교육. 홍용희 역. 창지사.

Berndt, T. J. (1999) Friends' inftuence on children's adjustment. In W. A. Collins & B. Laursen (Eds.), *Relationships as developmental contexts*. Mahwah NJ: Erlbaum.

Biller, H. B. (1974). *Paternal depreoation: Family, school, sexuality and society*. Lexington. MA: Heath.

Bjarklund. D. F. (1995). *Children's thinking: Developmental funcinon and undraidual differences* (2nd ed.). Pacifie Grove, CA: Books/Cole.

Bloom, B. S. (1964). *Stability and nhange in human characeristics*. New York: Jphn Willey & Sons.

Bobzien, J., Richels, C., Raver, S. A., Hester, P., Browning, E., & Morin, L. (2012). An observational study of social communication skills in eight preschoolers with and without hearing loss during cooperative play. *Childhood Education Journal*, 41(5), 339-346.

Bornstein, M. H., & Sigman, M. D. (1986). *Continuity in mental development from in infancy Child Develoment*, 57.

Bowlby, J. (1952). Maternal care and Mental health. *Originally published in the Bulletin of the World Health Organization*, 3, 355-534.

Bowlby, J. (1958). The natureof the child' slieto mother. *International Jowrnal of psychoanahysis*, 41.

Bowlby, J. (1969). Attachment and loss: Vol. 1. Attachment. New York: Basic Books.

Bowlby, J. (1988). *A secure base: Parent-child attachment and healthy luenan development.* New York: Basic Books .

Bowlby, J. (1988). *A secure bass: Clinical application of attachment theary.* London Tavistock.

Brady, E., & Hill, S. (1987). Young Children and microcomputers. *Young Children*, 39, 49-61.

Brazeltan, T. B & Nugent, J. K. (1995). Neonatal Behacioral Assessrment Scale(NBAS) Handbook. Boston. MA: The Brazelton Instiute.

Brazeltan, T. B. (1973). Neonatal behauioral assessment scale Philadelphia: Lippin-cot.

Bredekamp, S., & Copple, C. (1999). *Developmentally appropriate practice in early childhood programs* (Rev. ed.). Washington, DC: National Association for the Education of Young Children.

Bronfenbrenner, U. (1990). Discovering what families do. In D. Blankenhorn, S. Baume, & J. B. Elshtain (Eds.), *Rebuilding the nest: A new commitment to the American family* (pp. 27-38). Milwaukee, WI: Family Service America.

Brown, W. H., & Odom, S. L. (1994). Strategies and tactics for promoting generalization and maintenance of young children's social behavior. *Research in Developmental Disabilities*, 15(2), 99-118.

Brown-Gorton, R., & Wolery, M. (1988). Teaching mothers to imitate their handicapped children: Effects on maternal mands. *The Journal of Special Education*, 22, 97-107.

Buck, R. (1984). *The communication of emotion.* New York: Guilford.

Bullock, M. & Lutkentaus, P. (1990). Who am I? Self-understanding in toddlers. *Merrill-Paimer Quartely*, 36.

Campbell, S. B., Cohn, J. F., & Meyers, T. (1995). Depression in first-time mother: Mother-infant intervention and depression chronicity. *Developmental Psychology*, 60, 349-357.

Capian, M., Vespo. J. Pedersen, J., & Hay, D. F. (1991). Comflict and its resoluuion in small groups of one-and two-year-olds. *Child Development*, 62.

Caropreso, E. J., & Weese. A. W. (2004). Educative Ethics: Lessons for Teacher Programs.

Carr, W. and Kemmis, S. (1986). *Becoming critical: education, knowledge, and action research.* London: Falmer Press.

Carter, E. A. & McGoldrick, M. (1980). *The Family Life Cycle: A Framework. For Family Therapy.* New York: Gardner Press.

Cartwright, G. P. (1974). *Developing observation skills.* New York, McGraw: Hill Book Co.

Chang, C. W., Lee, J. H., Wang, C. Y., & Chen, G. D. (2010). Improving the authentic learning experience by integrating robots into the mixed-reality environment. *Computers & Education*, 55(4), 1572-1578.

Chomsky, N. (1972). *Language and Mind* (2nd ed.). New York : HarCourt Brace Jovanovich.

Chomsky, N. (1986). Language of language: Its nature. origin and use. Praeger Publishers.

Chou, Y. C., Tzou, P. Y., Pu, C. Y., Kröoger, T., & Lee, W. P. (2008). Respite care as a community care services: factors associated with the effects on family cares of adults with intellectual disability in Taiwan. *Journal of Intellectual & Developmental Disability*, 33(1), 12-21.

Clermont, C. M. (1990). Teletision and development. In R. M. Thomas (Ed.), The encycolopedia of human development and education Theary, research, muddies. Oxford: Peramon Press.

Cohen, S., & Wills, T. A. (1985). Stress, social support and the buffering hypothesis. *Psychol Bulletin*, 98(2), 310-357.

Coleman, P. K., & Karraker, K. H. (1997). Self-efficacy and parenting quality : Findings and future applications. *Developmental Review*, 18, 47-85.

Comenius, J. A. (1910). 대교수학. (정확실 역). 교육과학사.

Coopecrstock, M. S., Bakewell, J., Herman. A., & Schramm W. F. (1998). Effeets of fetal sex and race on risk of very preterm birth in twins, American Journal of Obssetrics Gyusecolgy, Hall.

Coopersmith, S. (1967). Parental characteristics related to self-esteem. In S. Coopersmith (Ed.), *Antecedents of self-esteem* (96-117). CA : Freeman.

Costa, P. T., & McCrae, R. R. (1988). Personality in adulthood: A six-year longitudinal study of self-reports and spouse ratings on the NEO personality inventory. *Journal of personality and social psychology*, 54, 853-863.

Crain, W. (2005). 발달의 이론[*Theories of development: Concepts and application*]. (송길연, 유봉현 공역). 시그마프레스. (원전은 2000년에 출판).

Cubertson. J. L., & Gyuke, J. (1990). Assessment of cognitive and motor development in infancy and childhood. In J. H. Johson & J. Goldman (Eds.), *Developmental assessmeru in clinical child psychology: A handbook*(pp. 100-131). New York: Pergmaon Press.

Damast, A. M., Tamis-LeMonda, C. S., & Bornstein, M. H. (1996). Mother-child play: Sequential interactions and the relation between maternal beliefs and behaviors. *Child Development*, 67(4), 1752-1766.

Danemiller, J. L. & Stephens, B. R. (1998). A. critical test of infant patten preference models. *Child Development*, 59.

Deal & Kennedy (1983). *Corporate Clture*. Messachusetts: Addision-Wesley Publishing Co.

Dempsey, I., & Dunst, C. J. (2004). Helpgiving styles and parent empowerment in families with a young child with a disability. *Journal of Intellectual & Developmental Disability*, 29(1), 40-51.

Denham, S. A. (1986). Social cognition, presocial behavior, and emotion in preschoolers : Contextual validation. *Child Development*, 57, 194-201.

DesJardin, J. L., & Eisenberg, L. S. (2007). Maternal contributions: Supporting language development in young children with cochlear implants. *Ear and Hearing*, 28(4), 456-469.

Dianmind, M. & Hospom, J. (1998). *Magic treses of the mind.* NY: Plume.

Donnna S. Wittmer & Sandra H. Petersen (2011). 영아발달과 반응적 교육–관계중심 접근법–.(이승연, 김은영, 강재희 공역). 학지사.

Dorsey, S., Klein, K., Forehand, R., & Family Health Project Research Group (1999). Parenting self-efficacy of HIV-infected mothers: The role of social support. *Journal of Marriage and the Family*, 61(2), 295-305.

Dunst, C . J ., Trivette, C. M., & Johanson, C. (1994). Parent-professional collaboration and partnerships. In C. J. Dunst, C. M. Trivette, & A. G. Deal (Eds.), *Supporting and strengthening families* (pp. 29-59). Cambridge, MA: Brookline Books.

Dunst, C. J., Trivette, C. M., & Tompson, R. (1991). New directions for family resource and support programs, In D. G. Unger & D. R. Powell (Eds.), *Family as nurturing system: Support across the life span* (pp. 19-43). New York: Haworth Press.

Eiseqberg, N. & Miller, P. A. (1987). The Relation of empathy to proeccial and retated bchmumqa Prychologial Bulletin, 101.

Erikson, E. H. (1989). 아동기와 인간발달 8단계 이론[*Childhood and society*]. (윤진, 김인경 공역). 중앙적성출판사. (원전은 1964년에 출판).

Erikson, M. F., Sroufe, L. A., & England, B. (1985). The Relationship between quality of attachment and behavior problems in preschool in high-risk sample. In I. Bretherton & E. Waters (Eds.), Growing points of attachment theory and research(pp.147-166), *Monographs of the Society for Research in Child Development*, 50, (1-2, Serial No. 209).

Families and Work Institute (2001). 유아의 두뇌발달. (곽노의, 김유미 공역). 양서원. (원전은 2000년에 출판).

Farmer, E. M. Z., Burns, B. J., Wagner, H. R., Murray, M., & Southerland, D. G. (2010). Enhancing "usual practice" treatment foster care: findings from a randomized trial on improving youths' outcomes. *Psychiatric Services,* 61(6), 555-561.

Feedman, H. G. (1982). *Thinking without language : psychological implication of deafness.* New York: The Free Prss.

Feng, J. (1987). Play and its role in the social development of young children. (ED 320 686, 1-17). Retrieved from Memphis State University.

Fenson, L. & Schell, R. E. (1986). The origins of expioratory play, In P. K. smith(Ed.), *Childen's play Rescarch devclopment and practical applications.* New York: Gordon and Breach.

Fergus P. Hughes (2010). *children, play, and development.* 4th ed. Sage publications, Inc. 놀이와 아동 발달. 유미숙, 박영애, 유가효, 방은령, 장현숙 역. 시그마 프레스.

Fiavell, J. H., Miller. P. H. & Miller. S. A. (1933). *Cognitive development*(3rd ed.). Englewood Cliffs, NJ: Prentice-Hall.

Field, T. (1979). Games parents play with normal and high-risk infants. *Child Psychiatry and Human Development*, 10, 41-48.

Field, T., Roseman, S., DeSteFano, L., & Koewlerek, J. H. (1981). Play behaviors of handicapped preschool children in the presence and absence of non handicapped peers. *Journal of Applied Developmental Psychology*, 2, 49-58.

Flavell , J. H. (1985). 인지발달론. 서봉연, 송명자 역(1990). 중앙 적성 출판사.

Fowler, A. E. (1988). Determinants or rate of language growth in children with Down Syndrome. In L. Nadel(Ed.), *The psychology of Down Syndrome*. Cambridge, MA: The MIT Press.

Fredrick Leboyer, M. D. (2012). 폭력 없는 탄생[*Pour une naissance sans violence*].(하윤기 역). 예영커뮤니케이션. (원전은 1975년에 출판).

Galambos, S. J., & Goldin - Meadow, S. (1990). The effects of learning two languages on level of metalinguistic awareness, Cogniton, 34, 1-56.

Garder, H. (1933). *Multiple intelligence*. New York: Books.

Genesee, F., Paradise , J., & Cargo , B. M. (2004). Dual language development and disorders : A handbook on bilingualism and second language learning. Balimore. Paul H. Brookes.

Gidden, L. M., Bamberger, K. T., Turek. K. C., & Hill, K. L. (2010). Predicting mother/father-child interaction: Parental personality and well-being, socioeconomic variables and child disability status. *Journal of Applied Research in Intellectual Disabilities*, 23(1), 3-13.

Goleman, D. (1995). *Emotional intellingence*. NY: Bantam Books.

Graves, S., Gargiulo, R., & Sluder, L. (1996). *Young children: An introduction to early childhood education*. St. Paul, MN: West.

Gray, K. M., & Tonge, B. J. (2001). Are there early features of autism in infants and preschool children? *Journal of Paediatrics & Child Health*, 37(3), 221-22.

Gresham, F. M., Sugai, G., & Honer, R. (2001). Interpreting outcomes of social skills training for students with high-incidence disabilities. *Exceptional Children*, 67(3), 331-344.

Griggs, R. A. (2012). 심리학과의 만남. [*Psychology: a concise introduction*]. (3rd ed). (신성만, 박권생, 박승호 공역). 시그마 프레스.

Guralnick, M. J., & Weinhouse, E. M. (1984). Peer-related social interactions of developmentally delayed children: Development and characteristics. *Developmental Psychology*, 20, 815-827.

Hamilton, M., & Litterick-Biggs, A. (2007). *The Incredible Years Parent Training Programme in Tauranga*. New Zealand: A research summary.

Harlow, H. F. & Zimmerman, R. R. (1959). Affectional responacs in the infant monkey. *Scicnce*, 1,

30.

Harlow, H. R., Zimmerman, R. (1959). Affectional responses in the infant monkey. *Science*, 130, 421-432.

Harter, S. (1994). Devlopmental changes in self-understanding across the 5 to 7 shift In A. Sameroff & M. M. Haith(Eds.), *Reason and responsivility: The passage through childhood*. Chicago: University of Chicago Press.

hmberlain, D. B. (2006). 갓난아기 심리학[*The mind of your newborn baby*]. (김채옥, 이성우, 김은진 공역). 도서출판 바람. (원전은 1998년에 출판).

Hoffman, M. L. (1998). Moral development. In M. H. Bomstien & M. E. Lamb (Eds.), *Deoelopmental psychology: An adoanced textbook*(2nd ed.). Hillsdale, NewJesesy LErlbaum.

Hoodecheck, J., & Kearns, E. (1990). PAT program description. parent-child programs. district 742 community education's early childhood family education project [revised]. st. Cloud Independent School District 742.

Hoover, L. (1994). Reflective writing as a window on preservice teachers' thought processes. *Teaching and Teacher Education*, 10, 83-93.

Hundert, J., & Houghton, A. (1992). Promoting social interaction of children with disabilities in integrated preschools: A failure to generalize. *Exceptional Children*, 58(4), 311-320.

Izard, C. E. (1971). *The face of emotion*. New York : Appletion-century-crofts.

Izard, C. E. (1977). *Human emotion*. New York: Plenum.

Johnson, H. K. & Smith , J. A. (1981). A comparison of the effects of pure and modified whole language instruction on the decoding skill of kindergartners, Eric Document No. 372-367.

Johom, M. H. (1998). The netral basis of cohnitfive thevelogment In D Kugn & R. S. Siegler(Ed.), Handbook of child Psyckotogy: Vol 2. Cohnirion Perceprfin and langange(5th ed.). New York. Wfley.

Kaczmarek, P. (2001). *Experiental teaching strategies applied to an ethics and professional issues course*. Speeches/Meeting Papers. ERIC Document Reproduction Service No. ED 458-493.

Kail, R. V. (2002.). *Children. Upper Saddle River*. NJ: Prenolice Hall.

Kail, R. V. (2008). 아동과 발달[*Children and their development*]. (권민균, 김정민, 최형성 공역). 시그마프레스. (원전은 2007년에 출판).

Kaiser, A. P., Hemmeter, M. L., Ostrosky, M. M., Fischer, R., Yoder, P., & Keefer, M. (1996). The effects of teaching parents to use responsive interaction strategies. *Topic in Early Childhood Special Education*, 16(3), 375-406.

Kaminski, J. W., Valle, L. A., Filene, J. H., & Boyle, C. L. (2008). A etaanalytic review of components associated with parent training program effectiveness. *Journal of Abnormal Child*

Psychology, 36(4), 567-589.

Katz, L. G. (1988). "Where is Early Childhood Education as a Profession?" in B. Spodek, O. N. Saracho, and D. L. Peters (Eds.), New York: Teachers College Press Professionalis and the Early Childhood Practitioner, 79081.

Kelly, J. F., & Barnard, K. E. (1999). Parent education in a relationship-focused early intervention model. *Topics in Early Childhood Special Education*, 19(3), 151-156.

Kohlberg. L. A. (1969). *Stage and sequence: The cognitiue-developmcntal approach to of socfation theory and resrarch.* Chicaho: Rand McNally.

Kohlberg. L. A. (1976). Moral stages and moralization: The cogruitine development approach. In T. Likona (Ed.), *Moral deuelpment and becavior: Theory, research, and social issnes.* New York: Holt, Rinchart & Winston.

Kohn, M. L. (1977). *Class and conformity : A study in value.* Chicago: Chicago University Press.

Kopp, C. B. (1987). The growth of selg regulation Caregivers and childen. In N. Eisenberg (Ed.), *Contemparay topics in developmeutal Psychology.* NY: Wiley.

Kopp, C. B. (1989). Regulation of distress and negative emotions : A development view.

Kopp, C. B., Baker, B. L., & Brown, K. W. (1992). Social skills and their correlates: Preschoolers with developmental delays. *American Journal on Mental Retardation*, 96(4), 357-366.

Krauss. R, M. & Glucksberg. S. (1969.). The development of connunication: Competence as a function of age Child Development.

lamb, M. E. (2000). The history of research on father involvement: An overview. *Marriage and Family Review*, 29, 23-42.

Lefancois, G. R. (1986). *Of children*(5th ed.). Calif: Wadswarth Publishing Company.

Letarte, M., Normandeau, S., & Allard, J. (2010). Effectiveness of a parent training program "Incredible Years" in a child protection service. *Child Abuse & Neglect: The International Journal*, 34(4), 253-261.

Lewis, M. & Brooks-Gunn. J. (1978). Self-knonledge and emotional development. In M. Lewis & L. Rosenbhan(Eds.), *The development of affect.* Cambridge UK: Cambridge University Press.

Locke (1983). "The Nature and Causes of Job Satisfaction," in Marvin D. Dunete, *Hand Book of Industrial and Organizational Psychology.* Chicago: Rand McNaly Colego Publishing Company.

Lorenz, K. Z. (1965). *Rcolution and the modification of behavior.* Chicago: University of Chicago Press.

Low, S. M. (2003). Self-regulation in children with and without developmental delays: Roles of cognition, temperament and parenting. Unpublished doctoral Dissertation. The Pennsylvania State University.

Lowell, D. I., Carter, A. S., Godoy, L., Paulicin, B., & Briggs-Gowan, M. J. (2011). A randomized controlled trial of child FIRST: A comprehensive home-based intervention translating research into early childhood practice. *Child Development*, 82(1), 193-208.

Maag, J. M. (2006). Social skills training for students with emotional and behavioral disorders: A review of reviews. *Behavioral Disorders*, 32(1), 5-17.

Mahoney, G. & Perales, F. (2003). Using relationship-focused intervention to enhance the social-emotional functioning of young children with autism spectrum disrders. *Topics in Early Childhood Special Education*, 23(3), 77-89.

Mahoney, G. (1999). *Family/Child Curriculum: A relationship focused approach to parent education/early intervention.* Akron, OH: Family Child Learning Center.

Marrin, C. L. & Halversom. C. F. Jr. (1987). The roles of cognition in sex-roles and sex-typing In D. B. Carter (Ed.), *Conceptions of sex-roles and sex-typing: Theory and research.* NY: Pracger.

Maslow, A. H. (1965). A theory of human motiuation. In D. E. Hamachek (Ed.), *The self in growth, teaking learning.* New Jersey: Prentice-Hall.

McGilloway, S., Ni Mhaille, G., Bywater, T., Furlong, M., Leckey, Y., Kelly, P. et al. (2012). A parenting intervention for childhood behavioral problems: A randomized controlled trial in disadvantaged community-based settings. *Journal of Consulting and Clinical Psychology*, 80, 116-127.

McIntyre, L. L. (2008). Adapting webster-stratton's incredible years parent training for children with developmental delay: Findings from a treatment group only study. *Journal of Intellectual Disability Research*, 52(12), 1176-1192.

Montigny, C., & Lacharite, C. (2005). Perceived parental efficacy: Concept analysis. *Journal of Advanced Nursing*, 49(4), 387-396.

Newsweek. (2001). 귀여운 우리아기 II: 태어나서 3세까지 부모가 알아야 할 모든 것. [*You child: birth to three*]. 중앙일보 미디어 인터내셔널(뉴스위크 한국판).

Norris, J. A. (1991). Providing developmentally appropriate intervention to infants and young children with handicaps. *Topics in Early Childhood Special Education*, 11, 21-35.

Odom, S. L., & Brown, W. H. (1994). Social interaction skills interventions for young children with disabilities in integrated settings. In C. Peck. S. Odom, & D. Bricker (Eds.), *Integrating young children with disabilities into community programs* (pp. 39-64). Baltimore, MD: Paul Brookes.

Odom, S. L., & McEvoy, M. A. (1988). Integration of young children with handicaps and normally developing children. In S. Odom and M. Karnes (Eds.), *Early intervention for infants and children with handicaps : An empirical base* (pp. 89-108) Baltimore : Paul Brooks.

Olson. D. (1977). From utterance to text : The bias of language in speech writing. *Hanard Education Review*, 47(3), 257-258.

Owens, R. E. (1995). *Language disorders Needham Heger.* MA : Simon & Schu ster Company.

Papalia, D. E., Olds, S. W., & Feldman, R. D. (1993). 인간발달 I: 아동발달[*Human development*]. (박성연 역). 교육과학사. (원전은 1987년에 출판).

Parke, R. D., Omstein. P. A., Riser, j. j., & Zahn-Waxler, C. (2004). 발달심리학 거장들의 핵심이론 연구[*A Century of developmental psychology*]. (이민희, 정태연 공역). 학지사. (원전은 1995년에 출판).

Pascale & Athos (1981). The Art of Japanese Management. Published 1982 by Warner Books Written in English.

Paul Holinger & Kalia Doner (2003). 말하기 전 아이가 하는 말- 아이가 보내는 아홉가지 감정 신호 [*what babies say before they can talk*]. (이경아 역). 도서출판 우리가.

Peterson, P., Carta, J., & Greenwood, C. (2005). Teaching Enhanced Milieu Language teaching skills to Parents in multiple risk families. *Journal of Early Intervention*, 27(2), 94-109.

Phillips, D., McCartney, K., & Scarr, S. (1987). Child care - quality and children's social development Developmental Psychology, 25, 537-543.

Robert D. Nue (1999). 프로이드·스키너·로저스. 이영만, 유병관 역. 중앙적성출판사.

Robinson, P. W., Robinson, M. P., & Dunn, T. W. (2003). STEP parenting: A review of the research. *Canadian Journal of Counselling*, 37(4), 270-278.

Rosenberg, S., & Robinson, C. (1988). Interactions of parents with their young handicapped children. In S. Odom & Karnes (Eds.), *Early intervention for infants and children with handicaps: An empirical base* (pp. 241-248) Baltimore: Brookes.

Rosenholtz (1989). Workplace conditions that affect teacher quality and commitment: Implications for teacher induction programs. *The Elementary School Journal*, 89(4). Nias, Southworth, & Yeomans.

Rubin, K. H. & Asendorpf, J. B. (Eds.) (1993). *Social withdrawal, inhibition, and slyness in Childhood.* H. Hillsdale, NJ: Erlbaum.

Russell, A., & Saebel, J. (1997). *Individual differences in parent-child play styles: Their nature and possible consequences.* Baltimore, MD: National Information Services Corporation.

Ryff, C. D. (1989). Happiness is everything of is it? Explorations on the meaning of psychological well-being. *Journal of Personality and Social Psychology*, 57, 1069-1081.

Santrock, J. W. (2001). *Child Development.* Seoul.

Santrock, J. W. (2006). 아동발달심리학[*Child Development*]. (곽금주 외 4인 공역). 박학사. (원전은 2004년에 출판).

Schein (1985). *organizational culture and Leadership.* California San Francisco: Jossey-Bass.

Shaffer, D. R. (2005). *Social and Personality Development*, 5/e.(송길연, 이지연 역). 시그마 프레스.

Shaffer, D. R. (2005). 발달심리학[*Childhood & adolescence*]. (송길연 외 3인 공역). 시그마프레스 (원전은 2002년에 출판).

Siegler, R. S. & Alibali, M. W. (2005). 아동사고의 발달[*Children's thinking*]. (박영신 외 3인 공역). 아카데미프레스. (원전은 2004년에 출판).

Siller, M., & Sigman, M. (2002). The Behaviors of parents of children with autism predict the subsequent development of their children's communication. *Journal of Autism and Developmental Disorders*, 32(2), 77-89.

Smilansky, S., & Shefatya, L. (1990). Facilitating Play: A medium for promoting cognitive, social-emotional, academic development in young children. Gathers burg. MD: Psychosocial and Educational Publications.

Stephenson, J. R. & Dowrick, M. (2000). Parent priorities in communication intervention for young students with severe disabilities. *Education and Training in Mental Retardation and Developmental Disabilities*, 35(1), 25-35.

Teti, D. M., & Gelfand D. M. (1991). Behavioral competence among mothers of infants in the first year: The mediational role of maternal self-efficacy. *Child Development*, 62, 918-929.

Theresa, L. E. & Linnea, F. G. (2000). Valuing families: Social work practice with families from a strengths perspective. *Social Work*, 45(2), 118-138.

Thomas.A. & Chess, S. (1986). The New York Logitudinal Study. From infancy to early adult life. In R Plomin & J. Dunn (Eds.), *The study temperament : Changes, continuities and challenges.* Hillscale, NJ, Erlbaum.

Vygotsky, L. S. (1962). *Thought and language.* Cambridge, MA: MTT Press.

Vygotsky, L. S. (1978). *Mind of aociety: The developnebt of psychological Processes.* Cambridge, MA : Havard University press.

Vygotsky, L. S. (1987). Thinking and speech In The collected Works of L. S. Vygotsky. Vol. 1. Problems of general Psychology(pp.37-285). New York: Pienum.

Webster-Stratton, C. (2000). *The incredible years training series: parents, teachers, and children's training series.* Seattle WA: Incredible years, Inc.

Wertsch, J. V. (1985). 비고츠키 : 마음의 사회적 형성. 한양대 사회인지발달연구모임 역. 정민사.

White, S. H. (1992). G. Stanly Hall: From Philosophy to developmental psychology. *Developmetal Psycology*, 28, 25-34.

Wittimer, D. S. & Peterson, S. H. (2011). 영아발달과 반응적 교육: 관계중심접근법 [*Infant and tod-*

dler development and responsive program planning: a relationship-based approach]. (이승연 외 역). 학지사.

Wortham, S. C. (2001). *Assessment in early Childhood education* (3rd ed.). Colombus. OH: Merrill Prentice Hall.

Yoder, P. J., Kaiser, A. P., Goldstein, H., Alpert, C., Mousetis, L., Kaczmark, L., & Fischer, R. (1995). A comparison of milieu teaching and responsive interaction in classroom applications. *Journal of Behavioral Education*, 19(3), 151-171.

Zeanah, C. H., Mannen, O., & Lieberman, A. (1993). Disorders of attachment. In C. H. Zeanah, Jr. (Ed.), *Handbook of infant mental health* (pp.332-349). New York: Guilford Press.

Zigler, E., & Berman, W. (1983). Discerning the future of early childhood intervention. *American Psychologist*, 38, 894-906.

찾아보기

인 명

내 용

저/자/소/개

- **김 선** 한국영상대학교 유아교육과 교수
- **김진선** 제주한라대학교 사회복지과 교수
- **곽은복** 충청대학교 유아교육과 교수
- **박연희** 조선이공대학교 사회복지학과 교수
- **전혜숙** 경민대학교 아동미술지도과 겸임교수

보육교사인성론

1판 1쇄 인쇄 – 2019년 4월 10일
1판 1쇄 발행 – 2019년 4월 15일

저 자 - 김선 김진선 곽은복 박연희 전혜숙
발 행 인 - 강 성 민
발 행 처 - 수 양 재
주 소 - 경기도 파주시 검산로 173번길 29-20
전 화 - 031-946-3863(代)
팩 스 - 031-946-3864
이 메 일 - syjpub@naver.com
출판등록 - 2016년 6월 3일 제 406-2016-000069 호

ISBN 979-11-89457-05-1

정가 17,000원